세상의 속도를
따라잡고 싶다면

Do
it!

기초부터 **함수형 코드까지** 챙기는 실속 코스!

타입스크립트
프로그래밍

10만 건의 **빅데이터 배치** 프로그램 만들기
Node.js ➕ MongoDB ➕ Express ➕ React.js를 활용한 리액트 웹 애플리케이션 만들기

전예홍 지음

이지스 퍼블리싱

세상의 속도를 따라잡고 싶다면 **Do it!**
변화의 속도를 즐기게 될 것입니다.

Do it!

기초부터 함수형 코드까지 챙기는 실속 코스!

타입스크립트 프로그래밍

초판 발행 • 2020년 2월 27일
초판 3쇄 • 2022년 7월 15일

지은이 • 전예홍
펴낸이 • 이지연
펴낸곳 • 이지스퍼블리싱(주)
출판사 등록번호 • 제313-2010-123호
주소 • 서울특별시 마포구 잔다리로 109 이지스빌딩 4층(우편번호 04003)
대표전화 • 02-325-1722 | **팩스** • 02-326-1723
홈페이지 • www.easyspub.co.kr | **페이스북** • www.facebook.com/easyspub
Do it! 스터디룸 카페 • cafe.naver.com/doitstudyroom | **이메일** • service@easyspub.co.kr

기획 및 책임 편집 • 이인호(inho@easyspub.co.kr) | **교정교열** • 박명희
표지 및 내지 디자인 • 트인글터 | **본문 전산편집** • 트인글터 | **인쇄 및 제본** • 보광문화사
마케팅 • 박정현, 한송이 | **독자지원** • 오경신 | **영업** • 이주동, 이나리(ri7951@easyspub.co.kr)

ISBN 979-11-6303-148-2 13000
가격 25,000원

저는 타입스크립트를 좋아합니다. 최고죠.

라이언 달(Ryan Dahl, Node.js 창시자)

타입스크립트는 C#처럼 우수한 개발 경험을 제공함으로써
팀의 지식을 재사용하고 개발 속도를 유지하는 데
도움이 되었습니다.
자바스크립트보다 훨씬 향상된 기능을 제공합니다.

발리오 스토이체프(Valio Stoychev, NativeScript PM 리드)

타입스크립트를 사용한 후 내 인생의 품질이 달라졌어요.
타입스크립트는 프런트엔드,
백엔드 개발자 모두에게 필요합니다.

니꼴라스 세라노 아레발로(Nicolás Serrano Arévalo , 노마드 코더 운영자)

대규모 프로젝트를 진행하는 기업에서
타입스크립트 개발자를 찾고 있어요

**프런트엔드, 백엔드 개발자가 연봉을 올릴 수 있는 가장 확실한 방법,
타입스크립트를 시작하세요!**

타입스크립트는 2012년 등장했습니다. 마이크로소프트가 자바스크립트의 문법을 그대로 수용하면서 그에 없는 선택적 정적 타이핑, 클래스 선언, 모듈 지원 등 기능을 추가한 형태로 선보였습니다. 그리고 5년 후 구글은 타입스크립트를 사내 프런트엔드 표준 언어로 승인했습니다. 구글이 대규모 웹 애플리케이션 개발 프로젝트에 자바스크립트 이상의 생산성을 보장하는 프로그래밍 언어로 타입스크립트를 인정했다는 뜻입니다.

자바스크립트는 코드에 명시적으로 타입을 기술할 수 없으므로 타이핑 실수를 코드 작성 단계에서 찾아내기 어렵고, 다른 사람이 작성한 코드를 어떻게 사용해야 하는지 파악하기도 쉽지 않습니다. 하지만 타입스크립트는 코드에 타입을 명시적으로 기술할 수 있으므로 코드 작성자와 사용자가 다를 때 생기는 혼란을 줄일 수 있습니다.

타입스크립트의 이런 장점 때문에 오늘날 많은 오픈 소스 라이브러리가 타입스크립트로 작성되고 있습니다. 특히 여러 사람이 참여하는 기업용 프로젝트는 대부분 타입스크립트를 사용하고 있습니다. 프로그래밍 언어 인기 순위를 발표하는 사이트에서 타입스크립트는 매년 상위권에 올라 있으며, 각종 취업 포털에서도 자바스크립트 개발자보다 더 많은 연봉을 받는 것으로 조사되고 있습니다.

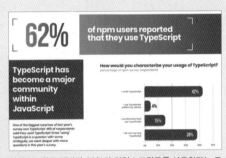

자바스크립트 개발자 62%가 타입스크립트를 사용한다는 조사 결과(출처: 「Enterprise JavaScript in 2019」 보고서)

이 책은 자바스크립트 개발자가 타입스크립트의 핵심을 빠르게 학습할 수 있게 설계되었습니다. ES6+ 자바스크립트의 문법과 기능을 타입스크립트로는 어떻게 작성하는지 알려줍니다. 또 타입스크립트만의 고유한 문법과 기능도 알려줍니다. 이 책에서 제시하는 코드는 단순히 문법을 소개하는 수준을 넘어 타입스크립트의 장점을 최대한 살렸습니다. 간결하고 구조적이며 읽기가 쉽습니다. 따라서 코드의 안전성과 성능, 유지보수성을 고려하는 실무에서 바로 적용할 수 있습니다.

타입스크립트 개발자 평균 연봉이 자바스크립트보다 1,100만원가량 더 높다는 조사 결과(출처: itjobswatch.co.uk)

이제 자바스크립트는 익숙하잖아요?
다음은 타입스크립트로 함수형 프로그래밍까지 도전해 보세요!

함수형 설계 방식으로 작성한 코드는 객체지향 방식의 코드보다 간결하고 논리 정연합니다. 함수형 프로그래밍에서는 불변성이라는 원칙에 따라 값이 변하는 것을 최대한 배제하므로 프로그램 검증과 최적화, 그리고 동시에 여러 스레드에서 문제없이 동작하는 프로그램을 쉽게 작성할 수 있습니다. 또한, 함수를 하나의 값처럼 다룰 수 있어서 재사용이 수월하고, 값을 미리 계산하지 않고 꼭 필요할 때만 계산하므로 메모리 절약과 프로그램의 성능에도 긍정적인 영향을 줍니다. 따라서 코드를 함수형 프로그래밍으로 작성하면 전체 개발 시간을 줄이고 유지보수를 쉽게 해서 프로젝트의 생산성을 높일 수 있습니다.

이 책은 선언형 프로그래밍, 함수 조합, 제네릭, 모나드 등 네 가지 방식의 함수형 프로그래밍을 타입스크립트로 구현하는 방법을 알려줍니다. 독자는 이 책을 통해 타입스크립트와 함수형 프로그래밍의 여러 가지 개념과 기법을 배울 수 있고, 자바스크립트 생태계에서 가장 미래가 밝은 기술로 인정받는 타입스크립트와 함수형 프로그래밍을 자신의 기술 스택에 장착할 수 있습니다.

빅데이터 배치 프로그램을 만들어 보세요!
데이터베이스와 API 서버를 구축하고 웹 애플리케이션까지 개발해 보세요!

이 책의 마지막 장에서는 타입스크립트가 실무에 어떻게 적용되는지를 보여줍니다. 사실 지금까지 Node.js 환경에서 엄청난 분량의 데이터를 다루는 배치 프로그램을 만드는 것은 어려웠지만, 이 책의 코드를 사용하면 빅데이터를 처리하는 배치 프로그램을 매우 쉽게 작성할 수 있습니다. 책에서는 10만 건의 데이터만을 대상으로 하지만 데이터가 1,000만 건, 1억 건이 되더라도 최소한의 메모리만 소비하면서 동작합니다. 그리고 이 데이터를 몽고DB에 저장한 후 익스프레스 API 서버와 리액트를 이용해 서비스하는 과정까지 실습합니다.

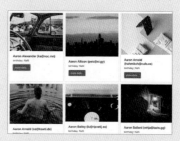

이 책에서 만드는 웹 애플리케이션 모습

고마운 사람들

오랜 집필 기간 동안 포기하지 않고 마침내 결실을 볼 수 있게 해주신 이지스퍼블리싱 출판사의 이지연 대표님과 이인호 편집자님, 그리고 직원분들께 감사의 마음을 보냅니다. 또한 저와 많은 프로젝트를 함께 진행하면서 동료와 함께 개발하는 즐거움을 느끼게 해준 김성경 님께도 감사의 마음을 전합니다.

전예홍 드림 (yehongj2020@gmail.com)

타입스크립트 기본기부터 탄탄하게!

01장
•
타입스크립트와
개발 환경 만들기

타입스크립트를 소개하고 이 책에서 다루는 핵심 문법을 요약해서 보여줍니다. 그리고 타입스크립트와 Node.js, 비주얼스튜디오 코드 등을 설치해 실습 환경을 구성합니다. 윈도우에서 각종 프로그램을 설치할 때 복잡성을 줄이고 버전 관리를 쉽게 하고자 윈도우용 커맨드 기반의 패키지 관리자인 scoop을 이용합니다.

02장
•
타입스크립트
프로젝트 생성과 관리

타입스크립트로 첫 번째 프로젝트를 만들어 봅니다. 그러면서 모듈이라는 개념을 살펴보고 import와 export로 모듈을 활용하면서 프로젝트를 구성하는 방법을 익힙니다. 그리고 타입스크립트를 처음 시작할 때 장애물 중 하나로 알려진 tsconfig.json 파일을 뜯어봅니다.

03장
•
객체와 타입

자바스크립트는 타입이 없는 객체를 만들 수 있지만, C++나 Java, Python과 같은 전통적인 객체지향 언어와 비교해 독특한 특징이 있습니다. 3장에서는 자바스크립트 관점에서 객체지향 프로그래밍의 특징을 살펴보고, 타입스크립트에서 interface 키워드를 이용해 객체를 구현하는 방법을 살펴봅니다.

04장
•
함수와 메서드

놀랍게도 함수형 언어에서 함수는 객체입니다. 다른 언어를 경험한 독자라면 이 부분이 낯설 텐데요. 04장에서는 함수형 프로그래밍의 핵심인 객체로서의 함수, 즉 '일등 함수'를 다룹니다.

05장
•
배열과 튜플

함수형 프로그래밍은 명령형 프로그래밍 대신 선언형 프로그래밍 방식을 사용합니다. 선언형 프로그래밍의 핵심은 데이터를 배열로 만들고 map이나 filter, reduce와 같은 메서드를 통해 가공하는 것입니다. 05장에서는 함수형 프로그래밍 관점에서 배열을 다루는 방법을 '순수 함수' 방식과 함께 다룹니다.

06장
•
반복기와 생성기

for...in, for...of와 같은 구문은 모두 반복기와 반복기 제공자, 생성기 구문과 결합된 형태로 동작합니다. 06장에서는 이런 방식의 동작 원리를 설명합니다.

함수형 프로그래밍 기본기를 다지고,
10만 건의 빅데이터를 활용한 리액트 웹 애플리케이션 개발까지!

07장
Promise와 async/ await 구문

동기/비동기 방식의 특징을 알아보고 비동기 방식으로 구현하기 위해 타입스크립트의 Promise 객체를 async/await 구문으로 어떻게 다루는지 설명합니다.

08장
함수 조합의 원리와 응용

함수형 프로그래밍에서 자주 등장하는 함수 조합을 다룹니다. 함수 조합이 가능하려면 프로그래밍 언어 문법이 일등 함수 기능을 제공해야 합니다. 그리고 일등 함수 기능은 고차 함수와 클로저, 그리고 커리와 같은 또 다른 문법 기능을 제공해야 동작합니다. 08장은 이런 내용을 설명합니다.

09장
람다 라이브러리

lodash는 자바스크립트 분야에서 널리 사용되는 유틸리티 패키지입니다. 그런데 lodash는 함수 조합 방식으로 사용하는 데 불편함이 있어서 주로 ramda 패키지를 사용합니다. 09장은 ramda 패키지가 제공하는 다양한 기능을 소개합니다.

10장
제네릭 프로그래밍

제네릭은 타입에 무관한 클래스나 함수를 만들 때 사용합니다. 제네릭은 보통 객체 지향 언어의 기능으로 인식되지만 함수형 프로그래밍을 할 때도 사용됩니다. 10장은 함수형 프로그래밍 관점에서 제네릭을 설명합니다.

11장
모나드

타입스크립트 관점에서 모나드를 어떻게 설계하고 이용하는지 설명합니다. 비교적 널리 알려진 Identity, Maybe, Validation, IO 모나드를 직접 제작해 가는 방식으로 설명합니다.

12장
타입스크립트 함수형 프로그래밍 실습

타입스크립트가 실무에서 어떻게 활용될 수 있는지 구체적으로 알아봅니다. 생성기 문법을 사용해 데이터를 10만 개 생성한 후 이를 CSV 파일 포맷으로 저장하고, 이 파일을 읽어서 몽고DB에 저장합니다. 그다음 API 서버를 만들고 이를 리액트로 동작하는 웹 애플리케이션을 제작하는 실습을 진행합니다.

궁금한 내용은 저자에게 질문해 보세요

책을 읽다가 궁금한 내용이 있으면 다음 메일 주소로 저자에게 질문해 보세요. 몇 쪽에서 어떤 점이 궁금한지 자세히 적어야 정확하고 빠른 답변을 받을 수 있습니다

- 저자 메일 주소: yehongj2020@gmail.com

코드를 입력할 때 참고해 보세요 — 전체 소스 무료 공개

내가 입력한 코드가 잘 입력되었는지 확인하고 싶다면 이지스퍼블리싱 자료실에서 제공하는 전체 소스를 비교하며 공부해 보세요.

- 이지스퍼블리싱 공식 홈페이지(easyspub.co.kr)에 회원가입하여 [자료실]에서 'Do it! 타입스크립트 프로 그래밍'을 검색해 보세요.

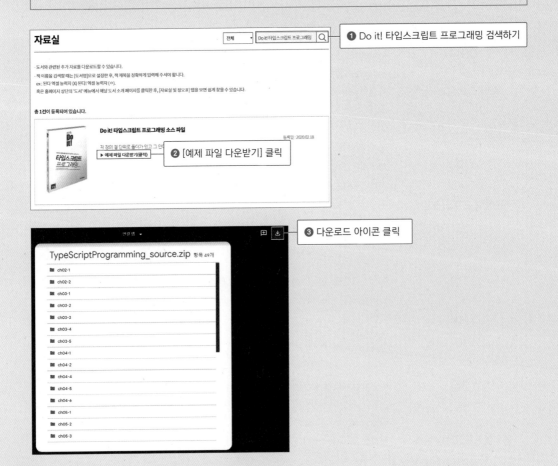

책을 통해 스스로 발전하는 지적인 독자를 만나보세요 — Do it! 스터디룸 카페

같은 고민을 하는 친구들과 함께 공부해 보세요. 내가 잘 이해한 내용은 남을 도와주고 내가 잘 이해하지 못한 내용은 도움을 받아가며 공부하면 복습 효과도 누릴 수 있습니다. 서로서로 코드와 개념 리뷰를 하며 훌륭한 개발자로 성장해 보세요 (회원 가입과 등업은 필수).

https://cafe.naver.com/doitstudyroom

스터디 노트도 쓰고 책 선물도 받고! — Do it! 공부단 상시 모집 중

혼자 공부하다 보면 계획을 세워도 잘 지켜지지 않죠? Do it! 스터디룸에서 운영하는 공부단에 지원해 보세요! 공부단에서는 자기 목표를 공유하고 매일 공부한 내용을 스터디 노트로 작성합니다. 꾸준히 공부할 수 있어 목표 달성하기가 훨씬 수월하겠죠? 스터디 노트를 쓰며 책을 완독하면 원하는 책 한 권을 선물로 드립니다. 공부단 지원이나 진행에 관한 자세한 방법은 다음 설명을 참고해 주세요.

ⓤ 'Do it! 스터디룸' 카페 회원 가입 필수, 회원 등급 '두잇 독자(게시글 1, 댓글 10, 출석 2회)'부터 이용 가능!

1. Do it! 스터디룸 카페에 방문하면 '■커뮤니티■' 메뉴에 'Do it! 공부단 지원 & 책 선물 받기' 게시판이 있습니다. 게시판에 입장하여 [글쓰기]를 누른 다음 공부단 지원 글 양식에 맞춰 작성해 주세요. 자세한 방법은 아래 링크를 참고하세요.

https://cafe.naver.com/doitstudyroom/13482

■ 커뮤니티 ■

└🗐 스터디룸 공지
└🗐 가입 인사 ⓝ
└☑ 출석 게시판 ⓝ
└🗐 자유 게시판
└🗐 세미나/공모전
└🖿 진로&고민 상담
└☑ 스터디 그룹 모집

└🗐 Do it! 커리큘럼
└🗐 **Do it! 공부단 지원 & 책 선물 받기** ⓝ

2. 스터디 노트는 '■공부하자!■' 메뉴의 '공부단 스터디 노트' 게시판을 이용해 주세요. 이때 글 맨 위에 '책 DB'를 등록해 주세요.

■ 공부하자! ■

└🗐 공부단 스터디 노트 ⓝ

└🗐 베스트 자료

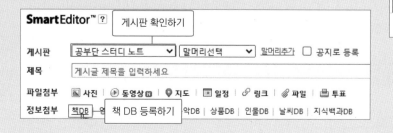

도전!
30일 완성

날짜와 공부한 범위를 진도표에 기록하여 계획에 맞게 공부했는지 확인해 보세요.

월 일	월 일	월 일	월 일	월 일
공부한 범위 (13 ~)	공부한 범위 (~)	공부한 범위 (~)	공부한 범위 (~)	공부한 범위 (~)
월 일	월 일	월 일	월 일	월 일
공부한 범위 (~)	공부한 범위 (~)	공부한 범위 (~)	공부한 범위 (~)	공부한 범위 (~)
월 일	월 일	월 일	월 일	월 일
공부한 범위 (~)	공부한 범위 (~)	공부한 범위 (~)	공부한 범위 (~)	공부한 범위 (~)
월 일	월 일	월 일	월 일	월 일
공부한 범위 (~)	공부한 범위 (~)	공부한 범위 (~)	공부한 범위 (~)	공부한 범위 (~)
월 일	월 일	월 일	월 일	월 일
공부한 범위 (~)	공부한 범위 (~)	공부한 범위 (~)	공부한 범위 (~)	공부한 범위 (~)
월 일	월 일	월 일	월 일	월 일
공부한 범위 (~)	공부한 범위 (~)	공부한 범위 (~)	공부한 범위 (~)	공부한 범위 (~ 402)

타입스크립트와 개발 환경 만들기

이 장에서는 타입스크립트에 관해 알아보고, 타입스크립트 개발 관련 프로그램
설치와 사용 방법을 살펴보겠습니다.

01-1 타입스크립트란 무엇인가?

세 종류의 자바스크립트

자바스크립트는 현재 세 가지 종류가 있습니다. 웹 브라우저에서 동작하는 표준 자바스크립트인 ES5(ECMAScript 5)와 2015년부터 매년 새로운 버전을 발표하는 ESNext, 그리고 ESNext에 타입(type) 기능을 추가한 타입스크립트(TypeScript)입니다.

다음 그림은 ES5, ESNext, 타입스크립트 간의 관계를 보여줍니다.

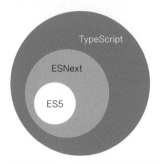

ES5와 ESNext, 타입스크립트의 관계도

ESNext는 ES5의 모든 문법을 포함하고, 타입스크립트는 ESNext의 모든 문법을 포함합니다. 따라서 타입스크립트로 개발했더라도 타입 기능을 사용하지 않는다면 ESNext 소스나 마찬가지입니다.

예홍쌤의
한마디

ESNext 자바스크립트란?

자바스크립트의 공식 표준은 ECMAScript(줄여서 ES)입니다. 2009년 발표된 ES5 버전이 있었는데 2015년에 발표된 ES6 버전에서 큰 변화가 있었습니다. 그래서 ES6 이후 버전을 통틀어 가리킬 때는 '새로운 자바스크립트'라는 뜻에서 'ESNext'라고 합니다.

그리고 2015년에 ECMAScript 공식 버전 표기법이 바뀌었습니다. ES6부터는 발표 연도를 붙여 'ECMAScript 2015(줄여서 ES2015)'처럼 부르기로 했습니다. 또한, 1년 주기로 새로운 버전을 발표하기로 해서 2019년 말 현재 ECMAScript 2019까지 나왔습니다. 따라서 이 책에서 ESNext라고 하면 ECMAScript 2015~ECMAScript 2019까지를 의미합니다.

타입스크립트는 누가 만들었나?

타입스크립트는 마이크로소프트가 개발하고 유지하고 있는 오픈소스 프로그래밍 언어로 2012년 말 처음 발표되었습니다. 타입스크립트는 C# 언어를 창시한 아네르스 하일스베르 (Anders Hejlsberg)가 핵심 개발자로 참여하고 있습니다. 구글의 Angular.js 팀이 앵귤러 (Angular) 버전 2를 만들면서 타입스크립트를 채택한 이후부터 널리 알려졌습니다. 요즘은 앵 귤러의 경쟁 프레임워크인 리액트(React.js)나 뷰(Vue.js)조차도 타입스크립트를 사용해 개발 되고 있습니다.

자바스크립트에 타입 기능이 있으면 좋은 이유

오늘날 소프트웨어는 상당히 복잡하므로 보통 여러 사람이나 팀이 협력해 하나의 제품을 개발 합니다. 그런데 이런 상황에서는 항상 코드를 작성한 쪽과 사용하는 쪽 사이에 커뮤니케이션이 중요합니다. 예를 들어, A라는 개발자가 다음과 같은 코드를 만들었다고 가정해 봅시다.

```
function makePerson(name, age) {}
```

B라는 개발자가 이 코드를 이용하려고 다음 코드를 만들어 실행했을 때 오류가 발생했다면, B 개발자는 오류의 원인이 무엇인지 찾기가 어렵습니다.

```
makePerson(32, "Jack")
```

그런데 처음 코드를 다음처럼 타입스크립트의 타입 기능을 이용해 구현했다면 이러한 문제 는 발생하지 않았을 것입니다.

```
function makePerson(name: string, age: number) {}
```

그리고 타입스크립트 컴파일러는 다음 화면처럼 문제의 원인이 어디에 있는지 친절하게 알 려주므로 코드를 좀 더 수월하게 작성할 수 있습니다.

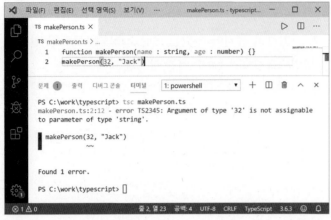

오류의 원인을 알려주는 타입스크립트 컴파일러

이 때문에 개발자들은 대규모 소프트웨어를 개발할 때 자바스크립트보다 타입스크립트를 선호하게 되었습니다.

트랜스파일

ESNext 자바스크립트 소스코드는 바벨(Babel)이라는 트랜스파일러(transpiler)를 거치면 ES5 자바스크립트 코드로 변환됩니다. 바벨과 유사하게 타입스크립트 소스코드는 TSC (TypeScript compiler)라는 트랜스파일러를 통해 ES5 자바스크립트 코드로 변환됩니다.

여기서 트랜스파일러란, 어떤 프로그래밍 언어로 작성된 소스코드를 또 다른 프로그래밍 언어로 된 소스코드로 바꿔주는 프로그램을 말합니다. 트랜스파일러는 텍스트로 된 소스코드를 바이너리 코드로 바꿔주는 컴파일러(compiler)와 구분하기 위해 생긴 용어입니다.

> ⒞ 트랜스파일과 컴파일은 '무엇인가를 또 다른 무엇으로 바꿔준다'는 관점에서는 크게 차이가 없으므로, 요즘은 둘을 구분하지 않는 경향이 있습니다. 따라서 이 책에서는 트랜스파일이라는 용어보다는 컴파일이라는 용어를 주로 사용합니다.

01-2 타입스크립트 주요 문법 살펴보기

지금까지 타입스크립트가 무엇인지 간략하게 알아보았습니다. 이제부터는 타입스크립트의 주요 문법을 살펴보겠습니다. 여기서 소개하는 문법은 뒤에서 더 자세하게 다룰 예정이므로 지금은 가볍게 읽고 넘어가도 괜찮습니다.

타입스크립트는 ESNext 문법을 지원하므로 타입스크립트를 다루려면 ESNext 문법을 알아야 합니다. 그리고 타입스크립트에만 고유한 문법도 있습니다. 두 가지 문법을 구분해서 알아봅시다.

ESNext의 주요 문법 살펴보기

(1) 비구조화 할당

ESNext는 '비구조화 할당(destructuring assignment)'이라고 하는 구문을 제공합니다. 비구조화 할당은 객체와 배열에 적용할 수 있습니다. 다음 코드는 비구조화 할당을 적용한 예입니다.

비구조화 할당 예

```
01: let person = {name: "Jane", age: 22}
02: let {name, age} = person      // name = "jane", age = 22
03:
04: let array = [1, 2, 3, 4]
05: let [head, ...rest] = array  // head = 1, rest = [2, 3, 4]
06:
07: let a = 1, b = 2;
08: [a, b] = [b, a]   // a = 2, b = 1
```

02행을 살펴보면 person 객체의 name과 age 속성을 비구조화 할당을 통해 쉽게 각 멤버를 얻습니다. 05행은 배열에 비구조화 할당을 적용한 예입니다. 배열에서 첫 번째 요소와 나머지 요소를 비구조화 할당을 통해 쉽게 분리해서 얻습니다. 08행은 두 변수 a와 b의 값을 서로 교환(swap)하는 예입니다.

ⓒ 비구조화 할당은 03장에서 자세하게 다룹니다.

(2) 화살표 함수

자바스크립트에서 함수를 선언할 때는 다음 코드의 01행처럼 **function** 키워드를 사용합니다. 그런데 ESNext에서는 **function** 키워드 외에도 화살표(=>)로 함수를 선언할 수 있습니다. 02행에서는 화살표로 **add2** 함수를 만들었는데, 이처럼 화살표로 만든 함수를 '화살표 함수 (arrow function)'라고 합니다.

> **화살표 함수 예**
>
> ```
> 01: function add(a, b) {return a + b}
> 02: const add2 = (a, b) => a + b
> ```

코드는 될 수 있으면 간결하게 작성해야 읽기 좋습니다. 화살표 함수를 사용하면 **function** 키워드 방식보다 코드를 간결하게 만들 수 있습니다. 참고로 이 책의 코드는 대부분 화살표 함수 형태로 구현되었습니다.

ⓒ 화살표 함수는 04장에서 자세하게 다룹니다.

(3) 클래스

ESNext에서는 클래스라는 기능을 제공해 C++나 Java 언어에서 보던 객체지향 프로그래밍을 지원합니다. 객체지향 프로그래밍은 프로그래밍 언어가 '캡슐화(encapsulation)'와 '상속 (inheritance)', '다형성(polymorphism)'이라는 세 가지 요소를 지원합니다. 다음 코드는 객체지향 프로그래밍의 세 가지 요소를 모두 보여줍니다.

> **클래스 예**
>
> ```
> 01: abstract class Animal {
> 02:   constructor(public name?: string, public age?: number) { }
> 03:   abstract say(): string
> 04: }
> 05: class Cat extends Animal {
> 06:   say() {return '야옹'}
> 07: }
> 08: class Dog extends Animal {
> 09:   say() {return '멍멍'}
> 10: }
> 11:
> 12: let animals: Animal[] = [new Cat('야옹이', 2), new Dog('멍멍이', 3)]
> 13: let sounds = animals.map(a =>a.say())  // ["야옹", "멍멍"]
> ```

이 코드는 C++나 자바와 같은 언어로 객체지향 프로그래밍을 경험해 본 독자라면 낯설지 않을 것입니다. ES5 자바스크립트로는 이러한 형태로 코드를 작성하지 못합니다. ⓒ 클래스는 03장에서 자세하게 다룹니다.

(4) 모듈

모듈을 사용하면 코드를 여러 개 파일로 분할해서 작성할 수 있습니다. 변수나 함수, 클래스 등에 export 키워드를 사용해 모듈로 만들면 다른 파일에서도 사용할 수 있습니다. 그리고 이렇게 만든 모듈을 가져오고 싶을 때는 import 키워드를 사용합니다. 이처럼 ES5와 다르게 ESNext는 파일을 분할해서 구현할 수 있게 해주는 모듈 기능을 제공합니다. ⓒ 모듈은 02장에서 자세하게 다룹니다.

모듈 예

```
01: import * as fs from 'fs'
02: export function writeFile(filepath: string, content: any) {
03:   fs.writeFile(filepath, content, (err) => {
04:     err && console.log('error', err)
05:   }
06: }
```

(5) 생성기

타입스크립트는 물론 파이썬이나 PHP와 같은 몇몇 프로그래밍 언어는 yield라는 특별한 키워드를 제공합니다. yield 문은 '반복자'를 의미하는 반복기(iterator)를 생성할 때 사용합니다. 그런데 반복기는 독립적으로 존재하지 않고 반복기 제공자(iterable)를 통해 얻습니다. 이처럼 yield 문을 이용해 반복기를 만들어 내는 반복기 제공자를 '생성기(generator)'라고 부릅니다.

생성기는 function 키워드에 별표(*)를 결합한 function*과 yield 키워드를 이용해 만듭니다. 타입스크립트에서 yield는 반드시 function*으로 만들어진 함수 내부에서만 사용할 수 있습니다.

생성기 예

```
01: function* gen() {
02:   yield* [1,2]
03: }
04: for(let value of gen()) { console.log(value) } // 1, 2
```

코드에서 01행의 function*을 생성기라고 합니다. 이 생성기 덕분에 02행에서 yield라는 키
워드를 사용할 수 있습니다. 코드에서 yield가 호출되면 프로그램 실행이 02행에서 일시 정
지한 후 점프해서 04행을 실행합니다. 그리고 04행 실행을 마치면 다시 02행을 실행하고, 이
과정을 02행의 배열 [1, 2]의 요소를 모두 순회할 때까지 반복합니다. 이처럼 yield는 특별한
실행 흐름을 보여줍니다.   😊 생성기는 06장에서 자세하게 다룹니다.

(6) Promise와 async/await 구문

ES5로 비동기 콜백 함수(asynchronous callback function)를 구현하려면 코드가 상당히 복잡하
고 번거로워집니다. 이 때문에 '콜백 지옥(callback hell)'이라는 표현이 있을 정도입니다.
Promise는 웹 브라우저와 노드제이에스(Node.js)에서 모두 제공하는 기본 타입으로 비동기
콜백 함수를 상대적으로 쉽게 구현할 목적으로 만들어졌습니다. ESNext는 C# 4.5 버전의
async/await 구문을 빌려서 여러 개의 Promise 호출을 결합한 좀 더 복잡한 형태의 코드를 간
결하게 구현할 수 있게 합니다.

Promise와 async/await 예

```
01: async function get() {
02:   let values = []
03:   values.push(await Promise.resolve(1))
04:   values.push(await Promise.resolve(2))
05:   values.push(await Promise.resolve(3))
06:   return values
07: }
08: get().then(values => console.log(values))  // [1, 2, 3]
```

코드에서 01행의 함수는 async 함수 수정자(function modifier)를 사용합니다. async를 사용한
함수는 본문에서 await 키워드를 사용할 수 있습니다. await는 Promise 객체를 해소(resolve)
해 줍니다. 따라서 아래 get 함수는 [1, 2, 3] 값을 Promise 형태로 반환합니다. get이 반환한
Promise 객체는 then 메서드를 호출해 실제 값을 얻을 수   😊 Promise와 async/await 구문은 07장
있습니다.   에서 자세하게 다룹니다.

타입스크립트 고유의 문법 살펴보기

(1) 타입 주석과 타입 추론

다음 코드에서 01행의 변수 n 뒤에는 콜론(:)과 타입 이름이 있습니다. 이것을 '타입 주석(type annotation)'이라고 합니다.

> **타입 주석과 타입 추론 예**
>
> ```
> 01: let n: number = 1
> 02: let m = 2
> ```

그런데 타입스크립트는 02행처럼 타입 부분을 생략할 수도 있습니다. 타입스크립트는 변수의 타입 부분이 생략되면 대입 연산자(=)의 오른쪽 값을 분석해 왼쪽 변수의 타입을 결정합니다. 이를 '타입 추론(type inference)'이라고 합니다. 타입스크립트의 타입 추론 기능은 자바스크립트 소스코드와 호환성을 보장하는 데 큰 역할을 합니다. 타입 추론 덕분에 자바스크립트로 작성된 '.js' 파일을 확장자만 '.ts'로 바꾸면 타입스크립트 환경에서도 바로 동작합니다.

(2) 인터페이스

다음 코드의 인터페이스 구문은 타입이 있는 언어를 경험해 본 독자라면 낯설지 않을 것입니다.

> ☺ 인터페이스 구문은 03장에서 자세하게 다룹니다.

> **인터페이스 예**
>
> ```
> 01: interface Person {
> 02:    name: string
> 03:    age?: number
> 04: }
> 05:
> 06: let person: Person = { name: "Jane" }
> ```

(3) 튜플

파이썬과 같은 몇몇 프로그래밍 언어에는 튜플(tuple)이라는 타입이 있습니다. 튜플은 물리적으로는 배열과 같습니다. 다만, 배열에 저장되는 아이템의 데이터 타입이 모두 같으면 배열, 다르면 튜플입니다.

> ☺ 튜플은 05장에서 자세하게 다룹니다.

```
01: let numberArray: number[ ] = [1, 2, 3]  // 배열
02: let tuple: [boolean, number, string] = [true, 1, 'Ok']  // 튜플
```

(4) 제네릭 타입

제네릭 타입은 다양한 타입을 한꺼번에 취급할 수 있게 해줍니다. 다음 코드에서 Container 클래스는 value 속성을 포함합니다. 이 클래스는 Container<number>, Container<string>, Container<number[]>, Container<boolean>처럼 여러 가지 타입을 대상으로 동작할 수 있는데 이를 '제네릭 타입 (generic type)'이라고 합니다.

ⓒ 제네릭 타입은 05장, 08장, 10장에서 자세하게 다룹니다.

```
01: class Container<T> {
02:   constructor(public value: T) { }
03: }
04: let numberContainer: Container<number> = new Container<number>(1)
05: let stringContainer: Contaienr<string> = new Container<string>('Hello world')
```

(5) 대수 타입

ADT란, 추상 데이터 타입(abstract data type)을 의미하기도 하지만 대수 타입(algebraic data type)이라는 의미로도 사용됩니다. 대수 타입이란, 다른 자료형의 값을 가지는 자료형을 의미합니다. 대수 타입에는 크게 합집합 타입(union 또는 sum type)과 교집합 타입(intersection 또는 product type) 두 가지가 있습니다. 합집합 타입은 '|' 기호를, 교집합 타입은 '&' 기호를 사용해 다음 코드처럼 여러 타입을 결합해서 만들 수 있습니다.

ⓒ 대수 타입은 10장에서 자세하게 다룹니다.

```
01: type NumberOrString = number | string  // 합집합 타입 예
02: type AnimalAndPerson = Animal & Person // 교집합 타입 예
```

01-3 타입스크립트 개발 환경 만들기

scoop 프로그램 설치

타입스크립트 개발 환경은 노드제이에스 개발 환경과 똑같습니다. 즉, 노드제이에스를 설치하고 비주얼 스튜디오 코드와 크롬 브라우저를 설치하면 바로 개발할 수 있습니다. 이 프로그램들은 각 웹 사이트에 접속해서 내려받아 설치해야 합니다. 그런데 이렇게 설치하면 프로그램을 판올림할 때 같은 과정을 반복해야 합니다. 따라서 이 책은 scoop이라는 설치 프로그램을 사용하겠습니다. scoop으로 설치한 프로그램들은 **scoop update** * 명령으로 한꺼번에 가장 최신 버전으로 업데이트됩니다.

① 윈도우 파워셸 실행

먼저, 윈도우 10 바탕화면에서 왼쪽 아래에 있는 시작 버튼을 마우스 오른쪽으로 클릭하고 [Window PowerShell(관리자)] 메뉴를 선택합니다.

윈도우 파워셸 실행

② scoop 설치

관리자 권한으로 실행한 윈도우 파워셸에서 다음과 같은 명령을 차례로 실행합니다.

```
> Set-ExecutionPolicy RemoteSigned -scope CurrentUser  ← 명령 실행 후 Ⓐ 입력
> $env:SCOOP='C:\Scoop'
> iex (new-object net.webclient).downloadstring('https://get.scoop.sh')
> scoop install aria2
> scoop install git
```

첫 번째 명령은 세번 째 명령이 정상적으로 동작하도록 윈도우 실행 규칙을 변경합니다. 이때 실행 정책 변경을 묻는 질문에 A를 입력합니다. 두 번째 명령은 앞으로 scoop을 이용해 설치하는 모든 프로그램의 경로를 'C:\Scoop'으로 설정합니다. 세 번째 명령은 scoop을 설치합니다.

네 번째 명령은 scoop을 이용해 aria2를 설치합니다. aria2를 설치해 놓으면 scoop이 다중 내려받기를 할 수 있어서 프로그램 설치 시간이 절감됩니다. 마지막 명령은 git을 설치합니다. scoop은 내부적으로 다양한 설치 관련 정보를 깃허브(GitHub)라는 저장소에서 얻습니다.

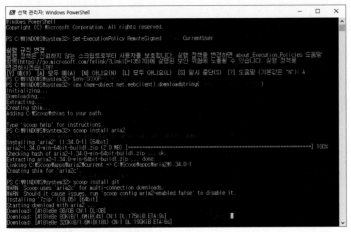

윈도우 파워셸에서 scoop 설치 명령 실행

모든 것이 정상적으로 설치되었다면 C:\Scoop 디렉터리가 만들어지고, 그 안에 몇 가지 하위 디렉터리가 만들어집니다. 그중 apps 디렉터리에 들어가 보면 앞서 설치한 프로그램의 이름으로 된 디렉터리가 있습니다. 만일, 특정 디렉터리를 지우면 사실상 해당 디렉터리의 프로그램이 제거(uninstall)됩니다. 또한, 관리자 모드 파워셸에서 **scoop update *** 명령을 실행하면 지금까지 설치한 모든 프로그램을 대상으로 한꺼번에 최신 버전으로 판올림할 수 있습니다.

예홍쌤의 한마디 — 윈도우 환경 변수 설정

scoop으로 프로그램을 설치할 때 앞에서는 $env:Scoop 명령으로 설치 경로를 지정했습니다. 만약, 프로그램을 설치할 때마다 경로를 지정하는 것이 번거롭다면, 윈도우 환경 변수에 설정해 주면 됩니다. 윈도우 검색에서 '시스템 환경 변수 편집'이라는 키워드로 찾으면 환경 변수를 설정할 수 있습니다. 새 사용자 변수 창에서 '변수 이름'에 "Scoop"을 입력하고, '변수 값'에 경로를 입력합니다. 이로써 Scoop이라는 이름의 환경 변수가 윈도우에 등록됩니다.

환경 변수 만들기

비주얼 스튜디오 코드 설치

비주얼 스튜디오 코드(Visual Studio Code, 이하 VSCode)는 마이크로소프트에서 만들어 무료로 배포하는 코드 편집기입니다. VSCode는 타입스크립트 지원에 가장 많은 공을 들인 편집기지만, 다른 프로그래밍 언어를 사용하는 개발자들도 매우 선호합니다.

① VSCode 설치

윈도우 파워셸에서 다음 명령으로 VSCode를 설치합니다.

```
> scoop bucket add extras
> scoop install vscode
```

첫 번째 명령은 두 번째 명령에 필요한 scoop 부가 정보(extras)를 설치합니다. 그리고 두 번째 명령은 VSCode를 설치합니다.

② VSCode를 마우스 오른쪽 단축 메뉴에 등록

앞서 `scoop install vscode` 명령을 실행하면 맨 마지막에 다음과 같은 메시지가 출력됩니다.

```
Add Visual Studio Code as a context menu option by running: "C:\Scoop\apps\vscode\
current\vscode-install-context.reg"
```

이 메시지는 C:\Scoop의 apps/vscode/current 디렉터리에 있는 vscode-install-context.reg 파일을 실행하라는 의미입니다. 이 파일을 실행하면 마우스 오른쪽 단축 메뉴에 VSCode 실행 메뉴가 나타납니다.

vscode-install-context.reg 파일 실행

③ 실습 디렉터리 만들기

윈도우 탐색기를 열고 적당한 위치에 실습 디렉터리를 만듭니다. 필자는 C 드라이브 아래 work\typescript 디렉터리를 만들었습니다. 이 책의 모든 실습 파일을 이곳에 장별로 보관하기로 합니다.

실습 디렉터리 만들기

④ VSCode 실행하기

앞에서 만든 실습 디렉터리에 마우스 오른쪽을 누르고 단축 메뉴에서 [Open with Code]를 선택합니다.

실습 디렉터리에서 VSCode 실행

그러면 다음처럼 VSCode가 실행됩니다.

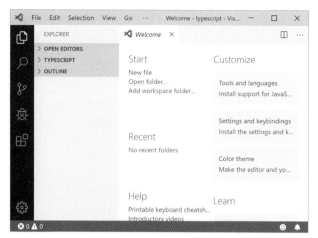

VSCode

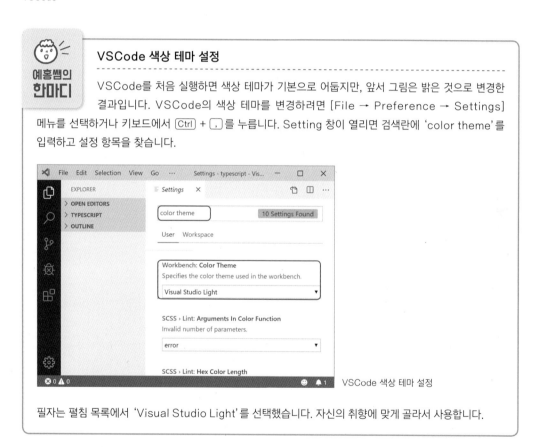

예홍쌤의
한마디

VSCode 색상 테마 설정

VSCode를 처음 실행하면 색상 테마가 기본으로 어둡지만, 앞서 그림은 밝은 것으로 변경한 결과입니다. VSCode의 색상 테마를 변경하려면 [File → Preference → Settings] 메뉴를 선택하거나 키보드에서 Ctrl + , 를 누릅니다. Setting 창이 열리면 검색란에 'color theme'를 입력하고 설정 항목을 찾습니다.

VSCode 색상 테마 설정

필자는 펼침 목록에서 'Visual Studio Light'를 선택했습니다. 자신의 취향에 맞게 골라서 사용합니다.

⑤ 한국어 언어 팩 설치하기

scoop으로 설치한 VSCode는 기본적으로 영문 버전입니다. 이를 한국어로 바꾸려면 한국어 언어 팩을 설치해야 합니다. 한국어 언어 팩은 VSCode의 확장(extension) 마켓플레이스에서 내려받아 설치합니다. 확장 마켓플레이스를 열려면 왼쪽 사이드 메뉴에서 마지막 아이콘(🔡)을 누르거나 [View → Extensions] 메뉴를 선택합니다. 또는 키보드에서 Ctrl + Shift + X를 누릅니다.

VSCode 확장 마켓플레이스

확장 마켓플레이스가 열리면 검색란에 "Korean"을 입력하고 목록에서 한국어 언어 팩을 찾아 〈Install〉 버튼을 누릅니다. 설치가 완료되면 오른쪽 아래에 팝업으로 나타나는 메시지에서 〈재시작〉 버튼을 누릅니다. 다음은 한국어 언어 팩이 적용된 VSCode입니다.

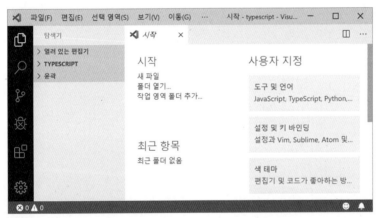

한국어 언어 팩이 적용된 VSCode

⑥ 터미널 열기

VSCode는 윈도우 파워셀 같은 터미널 기능도 지원합니다. VSCode에서 터미널 창을 보이게(또는 안 보이게) 하려면 [보기 → 터미널] 메뉴를 선택하거나 Ctrl + ˋ를 누릅니다. 그러면 아래쪽에 다음과 같은 터미널 창이 나타납니다.

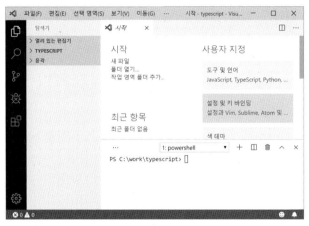

터미널 창 열기

VSCode는 이처럼 터미널을 제공함으로써 타입스크립트를 개발할 때 모든 작업을 VSCode 안에서 간편하게 할 수 있습니다. 터미널을 여러 개 실행하려면 터미널 창 오른쪽에 + 모양의 아이콘을 클릭하거나 Ctrl + Shift + ~를 누릅니다.

> **~ 키의 활용**
>
> 키보드 왼쪽 Tab 키 위에는 ~ 키가 있습니다. ~ 키는 두 가지 문자를 입력할 수 있는데, 그냥 누르면 역따옴표(`, backtick)가, Shift 키와 함께 누르면 물결표(~, tilde)가 입력됩니다. ~ 키는 앞서 설명한 것처럼 VSCode에서 터미널을 보이거나 감추고 새 터미널을 실행하는 단축키로 사용됩니다. 그리고 타입스크립트 코드에서는 '템플릿 문자열(template string)'이라는 특별한 기능을 수행할 때도 사용됩니다.

노드제이에스 설치

앞에서 VSCode를 설치했고 VSCode에서 터미널을 사용할 수 있다고 했지만, 윈도우 운영체제의 보안 정책에 따라 scoop과 같은 설치 프로그램은 반드시 관리자 모드로 동작해야 합니다. 따라서 윈도우 운영체제에서는 관리자 모드로 동작하는 터미널이 필요하므로, 앞으로 설치는 계속 관리자 모드로 동작하는 윈도우 파워셸에서 진행합니다. 만약, 리눅스나 macOS 운영체제라면 VSCode 내부 터미널에서 **apt**나 **brew**와 같은 명령으로 설치할 수 있습니다.

노드제이에스는 다음 명령으로 쉽게 설치할 수 있습니다.

```
> scoop install nodejs-lts
> node -v
```

첫 번째 명령은 scoop을 이용해 노드제이에스 안정 버전(long term support, LTS)을 설치합니다. 두 번째 명령은 설치된 노드제이에스의 버전을 확인합니다.

노드제이에스 설치 및 버전 확인

구글 크롬 브라우저 설치

웹 브라우저를 사용하는 개발에서 구글의 크롬(Chrome) 브라우저를 가장 많이 사용합니다. 크롬 브라우저가 웹 표준을 가장 많이 준수하는 이유도 있지만, 브라우저가 제공하는 개발자 기능이 매우 편리하기 때문입니다.

크롬 브라우저는 윈도우 파워셸이나 VSCode 터미널에서 다음 명령으로 설치할 수 있습니다.

```
> scoop install googlechrome
> chrome
```

첫 번째 명령은 크로미움 브라우저를 설치합니다. 두 번째 명령은 설치가 정상적으로 끝났는지 알기 위해 브라우저를 실행해 보는 것입니다.

타입스크립트 컴파일러 설치

이제 타입스크립트 컴파일러를 설치할 차례입니다. VSCode를 실행하고 터미널에 다음 명령을 입력해 typescript 패키지를 설치합니다.

```
> npm i -g typescript
> tsc --version
```

첫 번째 명령은 typescript 패키지를 설치합니다. 앞에서 설치한 프로그램들과 달리 타입스크립트는 노드제이에스 환경에서만 동작합니다. 따라서 scoop이 아닌 노드제이에스의 패키지 관리자인 npm을 사용해서 설치합니다. 참고로 i는 install, -g는 global, 즉 전역 공간에 설치하라는 의미입니다.

typescript 패키지는 서버와 클라이언트로 동작하는 두 개의 프로그램을 포함하고 있습니다. 따라서 타입스크립트 컴파일러 이름은 패키지 이름과 달리 'tsc'입니다. 즉, 타입스크립트 컴파일러(typescript compiler)와 클라이언트(client)라는 의미가 동시에 있습니다.

두 번째 명령은 설치된 컴파일러의 버전을 확인하는 명령으로 다음 화면에서 보듯 4.1.3 버전의 타입스크립트가 설치되었습니다.

```
선택 관리자: Windows PowerShell
PS C:\Windows\system32> tsc --version
Version 4.1.3
PS C:\Windows\system32> _
```

타입스크립트 컴파일러 설치 및 버전 확인

touch 프로그램 설치

리눅스 계열 운영체제에는 touch라는 프로그램이 기본으로 설치되어 있습니다. touch 프로그램은 파일을 생성할 때 지정한 이름의 파일이 이미 있으면 무시하고, 없으면 해당 이름으로 파일을 만들어 줍니다. 윈도우 운영체제에서 touch 프로그램은 다음 명령으로 설치할 수 있습니다.

```
> scoop install touch
```

VSCode의 터미널에서 **touch** 명령으로 hello.ts 파일을 생성합니다. 그러면 VSCode에서 왼쪽에 보이는 탐색기에 새로 생성된 hello.ts가 보입니다. 다음 그림은 이 파일을 선택해 편집 창이 열린 모습입니다.

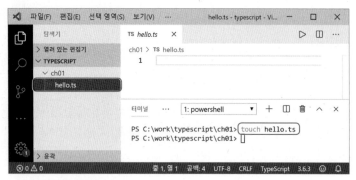

touch로 파일 생성 및 열기

타입스크립트 컴파일과 실행

이제 hello.ts 파일에 다음 코드를 입력하고 Ctrl + S 키를 눌러 저장합니다.

• ch01/hello.ts

```
01: console.log('Hello world!')
```

그리고 다음처럼 터미널에서 명령을 실행하면 hello.js 파일이 생기는 것을 확인할 수 있습니다.

```
> tsc hello.ts
```

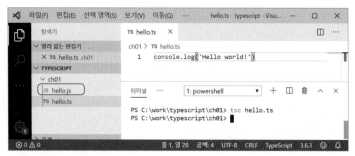

ts 파일 컴파일 후 js 파일 생성

즉, 타입스크립트 소스(hello.ts)가 TSC에 의해 트랜스파일되어 hello.js 파일이 생성되었습니다. 이제 노드제이에스로 hello.js 파일을 실행해 봅시다.

```
> node hello.js
Hello world!
```

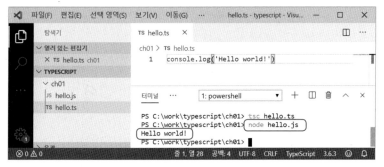

js 파일 실행 결과

ts-node 설치

tsc는 타입스크립트 코드를 ES5 형식의 자바스크립트 코드로 변환만 할 뿐 실행하지는 않습니다. 만약, 타입스크립트 코드를 ES5로 변환하고 실행까지 동시에 하려면 ts-node라는 프로그램을 설치해야 합니다. ts-node는 다음 명령으로 설치할 수 있습니다.

```
> npm i -g ts-node
```

ts-node를 설치한 뒤, -v 옵션으로 프로그램의 버전을 확인합니다.

ts-node 버전 확인

이제 VSCode 터미널에서 다음 명령으로 컴파일과 실행을 동시에 진행해 봅시다.

```
> ts-node hello.ts
Hello world!
```

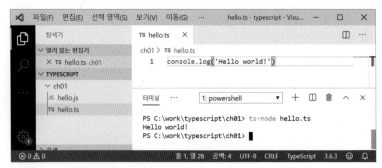

ts-node로 컴파일과 실행 동시 진행

이제 타입스크립트를 개발할 준비가 되었습니다. 다음 장에서는 타입스크립트 프로젝트를 생성하고 관리하는 내용을 살펴보겠습니다.

타입스크립트 프로젝트 생성과 관리

이 장에서는 타입스크립트로 프로젝트를 개발하는 방법과 타입스크립트의 import 와 export 키워드를 사용해 여러 개의 소스 파일을 관리하는 방법, 그리고 tsc 타입스크립트 컴파일러의 설정 파일인 tsconfig.json의 내용을 살펴봅니다.

02-1 타입스크립트 프로젝트 만들기

타입스크립트 개발은 노드제이에스 프로젝트를 만든 다음, 개발 언어를 타입스크립트로 설정하는 방식으로 진행합니다. 노드제이에스 프로젝트는 디렉터리를 하나 만들고 여기에 package.json이란 이름의 파일을 만드는 것으로 시작합니다. 보통 package.json은 터미널에서 npm init 명령을 실행해 생성합니다.

VSCode를 실행하고 메뉴에서 [파일 → 폴더 열기]를 선택한 다음, 01장에서 실습 디렉터리로 만든 work 디렉터리 아래 typescript 디렉터리를 선택합니다. VSCode의 터미널에서 다음 명령을 차례로 실행합니다.

```
> mkdir ch02-1
> cd ch02-1
> npm init --y
Wrote to C:\work\typescript\ch02-1\package.json:

{
  "name": "ch02-1",
  "version": "1.0.0",
  "description": "",
  "main": "index.js",
  "scripts": {
    "test": "echo \"Error: no test specified\" && exit 1"
  },
  "keywords": [],
  "author": "",
  "license": "ISC"
}
```

package.json은 노드제이에스가 관리하는 패키지 관리 파일로서 프로젝트 정보와 관련 패키지가 기록됩니다. 이 파일을 이용해 프로젝트를 개발하고 실행하는 데 필요한 패키지를 관리할 수 있습니다.

프로젝트 생성자 관점에서 패키지 설치하기

package.json 파일을 만들었으면 프로젝트 구현에 필요한 다양한 오픈소스 패키지를 `npm install` 또는 간단히 `npm i` 명령으로 설치합니다. 이때 패키지 설치 명령은 다음처럼 두 가지 옵션을 줄 수 있습니다. 이 옵션으로 설치하면 해당 패키지 정보가 package.json 파일에 자동으로 기록됩니다. 이로써 프로젝트를 개발하거나 실행할 때 어떤 패키지가 필요한지 알립니다.

패키지 설치 명령 옵션

npm i 옵션	의미	단축 명령
--save	프로젝트를 실행할 때 필요한 패키지로 설치합니다. 패키지 정보가 package.json 파일의 'dependencies' 항목에 등록됩니다	-S
--save-dev	프로젝트를 개발할 때만 필요한 패키지로 설치합니다. 패키지 정보가 package.json 파일의 'devDependencies' 항목에 등록됩니다	-D

타입스크립트 프로젝트는 보통 typescript와 ts-node 패키지를 설치합니다. 우리는 이미 01장에서 두 패키지를 -g 옵션을 주어 전역에 설치했지만, 이 프로젝트를 전달받아서 이용하는 다른 개발자의 컴퓨터에는 두 패키지가 전역에 설치되어 있지 않을 수도 있습니다.

이를 고려해 터미널에서 다음 명령으로 두 패키지를 -D 옵션으로 설치해 package.json에 등록하는 것이 좋습니다.

```
> npm i -D typescript ts-node
```

타입스크립트는 기본적으로 ESNext 자바스크립트 문법을 포함하고 있지만, 자바스크립트와는 완전히 다른 언어입니다. 즉, 자바스크립트 컴파일러는 'a => a + 1'과 같은 코드를 동작시킬 수 있지만, 타입스크립트 컴파일러는 '(a: number): number => a + 1'처럼 타입이 명시적으로 설정되어 있어야만 코드가 문법에 맞게 작성되었는지를 검증해 코드를 동작시킵니다.

이 때문에 자바스크립트로 개발된 chance, ramda와 같은 라이브러리들은 추가로 @types/chance, @types/ramda와 같은 타입 라이브러리들을 제공해야 합니다. @types/가 앞에 붙는 타입 라이브러리들은 항상 index.d.ts라는 이름의 파일을 가지고 있으며, 타입스크립트 컴파일러는 이 파일의 내용을 바탕으로 chance, ramda와 같은 라이브러리가 제공하는 함수들을 올바르게 사용했는지 검증합니다. 타입스크립트는 또한 웹 브라우저나 노드제이에스가 기본으로 제공하는 타입들의 존재도 그냥은 알지 못합니다. 예를 들어, **Promise**와 같은 타입을 사용하려면 **@types/node**라는 패키지를 설치해야 합니다.

터미널에서 다음 명령을 실행해 **@types/node** 패키지를 설치합니다.

```
> npm i -D @types/node
```

이제 package.json 파일 내용을 확인하면 설치한 패키지가 등록된 것을 볼 수 있습니다.

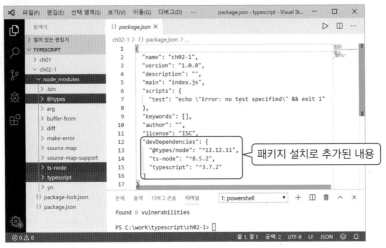

node_modules 디렉터리

또한, 탐색기에서 node_modules 디렉터리와 그 아래 각 패키지의 디렉터리를 확인할 수 있습니다.

프로젝트 이용자 관점에서 패키지 설치하기

타입스크립트 프로젝트를 만드는 사람과 이를 이용하는 사람은 다를 수 있습니다. 마찬가지로 프로젝트를 만드는 과정과 이용하는 과정도 다릅니다. 앞에서 설명한 내용은 프로젝트를 만드는 과정이었습니다. 프로젝트를 만드는 과정에서 패키지를 설치하면 자연스럽게 프로젝트 디렉터리 아래에 node_modules이라는 디렉터리가 생기고, 여기에 해당 패키지가 설치됩니다.

하지만 보통은 프로젝트를 구현하면서 여러 패키지를 설치하게 되므로 node_modules 디렉터리 크기가 매우 커집니다. 그래서 다른 사람에게 프로젝트를 전달할 때는 node_modules

디렉터리를 모두 지웁니다. 따라서 다른 사람이 작성한 프로젝트를 전달받아 이용할 때는 가장 먼저 package.json 파일이 있는 디렉터리에서 다음 명령을 실행해야 합니다.

```
> npm i
```

그러면 package.json에 등록된 패키지들이 node_modules 디렉터리에 자동으로 설치됩니다.

tsconfig.json 파일 만들기

타입스크립트 프로젝트는 타입스크립트 컴파일러의 설정 파일인 tsconfig.json 파일이 있어야 합니다. 이 파일은 `tsc --init` 명령으로 만들 수 있습니다. 터미널에서 다음 명령을 실행하면 됩니다.

```
> tsc --init
message TS6071: Successfully created a tsconfig.json file.
```

그런데 이렇게 만들어진 기본 tsconfig.json 파일을 열어 보면 실제 개발을 진행하는 데 필요한 많은 옵션이 비활성화되어 있습니다. 따라서 보통은 프로젝트에 필요한 옵션만 설정해서 간략하게 합니다.

tsconfig.json 파일을 열고 내용을 다음처럼 수정합니다.

이 책에서 기본으로 사용하는 tsconfig.json 파일   • ch02-1/tsconfig.json

```
01: {
02:   "compilerOptions": {
03:     "module": "commonjs",
04:     "esModuleInterop": true,
05:     "target": "es5",
06:     "moduleResolution": "node",
07:     "outDir": "dist",
08:     "baseUrl": ".",
09:     "sourceMap": true,
10:     "downlevelIteration": true,
11:     "noImplicitAny": false,
```

```
12:    "paths": { "*": ["node_modules/*"] }
13:  },
14:  "include": ["src/**/*"]
15: }
```

이 책에서는 위와 같은 내용으로 작성된 tsconfig.json 파일을 기본 설정 파일로 삼겠습니다. 따라서 앞으로 새 프로젝트를 만들면 기본적으로 이 파일 로 대체해서 사용하기 바랍니다.

ⓒ tsconfig.json 파일의 각 항목이 의미하 는 바는 02-3절에서 설명합니다.

src 디렉터리와 소스 파일 만들기

앞에서 만든 tsconfig.json 파일에서 14행에 **include** 항목이 있습니다. 이 항목에는 **["src/**/ *"]**라는 값이 설정되어 있는데, 이것은 ./src와 ./src/utils 디렉터리에 이 프로젝트의 모든 타 입스크립트 소스 파일이 있다는 뜻입니다.

tsconfig.json 설정대로 프로젝트를 구성하고자 다음 명령으로 src/utils 디렉터리를 생성합 니다.

```
> mkdir -p src/utils
```

그리고 각 디렉터리에 실습하는 데 필요한 소스 파일을 만들겠습니다. 다음 명령을 입력합니다.

```
> touch src/index.ts src/utils/makePerson.ts
```

지금까지 만든 프로젝트 구성은 다음과 같습니다.

앞에서 생성한 makePerson.ts와 index.ts 파일을 열고 각각 다음과 같은 코드를 작성합니다.

ⓒ 소스코드에서 import와 export 키워드 등은 02-2절에서 설명합니다.

프로젝트 구성

```
01: export function makePerson(name: string, age: number) {
02:   return {name: name, age: age}
03: }
04: export function testMakePerson() {
05:   console.log(
06:     makePerson('Jane', 22),
07:     makePerson('Jack', 33)
08:   )
09: }
```

```
01: import {testMakePerson} from './utils/makePerson'
02: testMakePerson()
```

시작 소스 파일명을 index로 짓는 이유

node나 ts-node로 소스 파일을 실행하려면 `ts-node ./src/index.ts` 명령을 사용합니다. 하지만 소스 파일명이 index이면 파일명을 생략하고 단순히 `ts-node ./src`로 실행할 수 있습니다. 이 때문에 프로젝트의 시작 함수(엔트리 함수라고 합니다)가 있는 소스 파일명은 보통 index로 짓습니다.

package.json 수정

타입스크립트 프로젝트를 개발할 때는 ts-node를 사용하지만, 막상 개발이 완료되면 타입스크립트 소스코드를 ES5 자바스크립트 코드로 변환해 node로 실행해야 합니다. 이를 위해 다음처럼 package.json 파일을 열고 **scripts** 항목에 **dev**와 **build** 명령을 추가합니다.

☺ 이 책에서 새로운 프로젝트를 만들 때마다 package.json 파일을 열고 다음처럼 수정합니다.

```
01: {
02:   "name": "ch02-1",
03:   "version": "1.0.0",
04:   "description": "",
05:   "main": "src/index.js",
06:   "scripts": {
07:     "dev" : "ts-node src",
08:     "build" : "tsc && node dist"
09:   },
10: ...생략...
```

dev 명령은 개발 중에 src 디렉터리에 있는 index.ts 파일을 실행하는 용도로 사용하며, build
명령은 개발이 완료된 후 프로그램을 배포하기 위해 dist 디렉터리에 ES5 자바스크립트 파일
을 만들 때 사용합니다.

VSCode의 탐색기 아래쪽에 [NPM 스크립트]가 있습니다. 이곳을 누르면 package.json의
scripts 항목에 등록한 명령들을 보여줍니다.

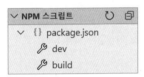

사용자 정의 명령 확인

이 명령들은 'npm run 명령' 형태로 사용합니다. 터미널에서 다음 명령을 실행해 src 디렉터
리에 있는 index.ts 파일을 컴파일하고 실행합니다.

```
> npm run dev
> ch02-1@1.0.0 dev C:\work\typescript\ch02-1
> ts-node src                                    ← dev 명령에 정의된 명령
{ name: 'Jane', age: 22 } { name: 'Jack', age: 33 }   ← 코드 실행 결과
```

터미널에서 다음 명령을 실행해 dist 디렉터리에 ES5 자바스크립트 파일을 만듭니다.

```
> npm run build

> ch02-1@1.0.0 build C:\work\typescript\ch02-1

> tsc && node dist                                    ┌─ dev 명령에 정의된 명령

{ name: 'Jane', age: 22 } { name: 'Jack', age: 33 }   ┌─ 코드 실행 결과
```

다음은 build 명령으로 만든 dist 디렉터리와 ES5로 컴파일된 index.js 파일의 내용입니다.

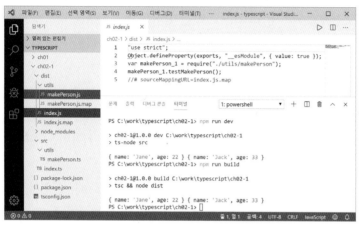

dist 디렉터리와 ES5 소스 파일

두 개의 타입스크립트 소스 파일(index.ts와 makePerson.ts)이 모두 정상적으로 ES5 자바스크립트 파일로 컴파일된 것을 확인할 수 있습니다. 또한, index.js 파일의 내용을 보면 앞서 본 index.ts 파일의 내용과 확연이 다른 것을 볼 수 있습니다.

이 책의 샘플 코드는 모두 이런 과정을 거쳐 만들었습니다. 사실 대부분의 타입스크립트 프로젝트는 이런 과정을 거쳐 만들어지므로 프로젝트를 만들고 설정하는 작업에 익숙해져야 합니다.

02-2 모듈 이해하기

타입스크립트에서는 index.ts와 같은 소스 파일을 모듈(module)이라고 합니다. 02-1절에서 index.ts와 makePerson.ts 등 두 개의 소스 파일을 만들었으므로 모듈을 두 개 만든 것입니다. 원래 소스 파일 하나로 구현해도 되지만, 보통은 코드 관리와 유지·보수를 편리하게 하려고 모듈마다 고유한 기능을 구현하는 방식으로 소스코드를 분할합니다. 이러한 작업을 모듈화(modulization)라고 합니다.

그런데 이처럼 소스코드를 여러 개 모듈로 분할하면 어떤 모듈에 어떤 내용이 있는지를 서로 알게 해줘야 합니다. 타입스크립트는 이를 위해 export와 import라는 키워드를 제공합니다. export는 기능을 제공하는 쪽에서 사용하고 import는 다른 모듈의 기능을 이용하는 쪽에서 사용하는 키워드입니다.

실습 디렉터리(typescript)에 ch02-2라는 이름으로 디렉터리를 만들고, 02-1절에서 진행한 과정을 똑같이 따라 해서 새로운 프로젝트를 하나 만듭니다. 그리고 src 디렉터리에 index.ts 파일을 만들고 다음처럼 작성합니다.

• ch02-2/src/index.ts

```
01: let MAX_AGE = 100
02:
03: interface IPerson {
04:   name: string
05:   age: number
06: }
07:
08: class Person implements IPerson {
09:   constructor(public name: string, public age: number) {}
10: }
11:
12: function makeRandomNumber(max: number = MAX_AGE): number {
13:   return Math.ceil((Math.random() * max))
14: }
15:
16: const makePerson = (name: string,
```

```
17:     age:number = makeRandomNumber()) => ({name, age})
18:
19: const testMakePerson = (): void => {
20:   let jane: IPerson = makePerson('Jane')
21:   let jack: IPerson = makePerson('Jack')
22:   console.log(jane, jack)
23: }
24:
25: testMakePerson()
```

이 코드는 모듈화를 설명하려는 목적으로 작성했습니다. 따라서 소스코드에 관한 구체적인
설명은 03장과 04장에서 하고 여기서는 모듈화에 중점을 두고 설명명하겠습니다.
터미널에서 다음 명령으로 index.ts 파일을 실행합니다.

```
> npm run dev
> ch02-2@1.0.0 dev C:\work\typescript\ch02-2
> ts-node src
{ name: 'Jane', age: 7 } { name: 'Jack', age: 32 }
```

index.ts 파일이 정상적으로 동작은 하지만, 코드를 이해하   ⓒ 앞으로는 실행 정보는 생략하고 소스코
고 수정하려니 내용이 조금 복잡해 보입니다. index.ts 파   드 실행 결과만 표시하겠습니다.
일의 내용을 분리해서 모듈화를 진행해 보겠습니다.

index.ts 파일의 모듈화

index.ts 파일을 모듈화하기 위해 src 디렉터리 아래에 person 디렉터리를 생성 후 그 안에
Person.ts라는 이름의 파일을 만듭니다. 그리고 index.ts 파일에서 다음과 같은 내용을
Person.ts 파일로 옮겨 적습니다.

```
01: let MAX_AGE = 100
02:
03: interface IPerson {
04:   name: string
05:   age: number
06: }
07:
08: class Person implements IPerson {
09:   constructor(public name: string, public age: number) {}
10: }
11:
12: function makeRandomNumber(max: number = MAX_AGE): number {
13:   return Math.ceil((Math.random() * max))
14: }
15:
16: const makePerson = (name: string,
17:     age:number = makeRandomNumber()) => ({name, age})
```

그러면 index.ts 파일은 다음처럼 내용이 간단해집니다.

```
01: const testMakePerson = (): void => {
02:   let jane: IPerson = makePerson('Jane')
03:   let jack: IPerson = makePerson('Jack')
04:   console.log(jane, jack)
05: }
06:
07: testMakePerson()
```

하지만 이 상태로 코드를 실행해 보면 다음처럼 IPerson과 makePerson 이름을 찾을 수 없다
는 오류가 발생합니다.

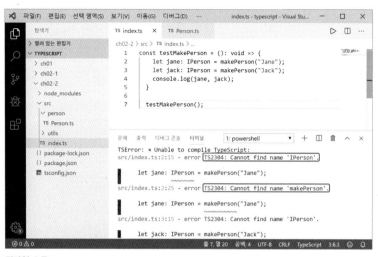

컴파일 오류

이 오류는 타입스크립트 컴파일러가 **IPerson**과 **makePerson**이라는 심벌의 의미를 알 수 없어서 발생한 것으로, 타입스크립트의 **export**와 **import** 구문을 통해 해결할 수 있습니다.

export 키워드

앞에서 작성한 index.ts 파일이 동작하려면 Person.ts 파일에 선언한 **IPerson**과 **makePerson**이란 심벌의 의미를 index.ts에 전달해야 합니다. 이때 export 키워드를 사용합니다.

Person.ts 파일을 열고 **IPerson**과 **makePerson** 선언부에 export 키워드를 추가합니다. 앞서 02-1절에서는 `function` 키워드 앞에 export가 붙었지만, export 키워드는 `interface`, `class`, `type`, `let`, `const` 키워드 앞에도 붙일 수 있습니다.

---

export 키워드 추가 •ch02-2/src/person/Person.ts

```
01: let MAX_AGE = 100
02:
03: export interface IPerson {
04:    name: string
05:    age: number
06: }
... ...생략...
16: export const makePerson = (name: string,
17:     age: number = makeRandomNumber()): IPerson => ({name, age})
```

import 키워드

어떤 파일이 export 키워드로 내보낸 심벌을 받아서 사용하려면 import 키워드로 해당 심벌을 불러와야 합니다. import 키워드를 사용하는 형식은 몇 가지 있지만, 가장 기본적인 형태는 다음과 같습니다.

◎ 타입스크립트 파일을 import할 때는 보통 확장자 .ts를 생략합니다.

> import { 심벌 목록 } from '파일의 상대 경로'

index.ts 파일을 열고 다음처럼 첫 줄에 import 구문을 추가합니다.

import 문 추가 • ch02-2/src/index.ts

```
01: import {IPerson, makePerson} from './person/Person'
02:
03: const testMakePerson = (): void => {
04:   let jane: IPerson = makePerson('Jane')
05:   let jack: IPerson = makePerson('Jack')
06:   console.log(jane, jack)
07: }
08:
09: testMakePerson()
```

import * as 구문

import 구문의 또 다른 형태는 다음처럼 as 키워드를 함께 사용하는 것입니다.

> import * as 심벌 from '파일 상대 경로'

import * as 구문의 사용 예를 알아보겠습니다. src/utils 디렉터리에 makeRandomNumber. ts라는 파일을 만들고 Person.ts에서 다음과 같은 내용을 옮겨 적습니다.

• src/utils/makeRandomNumber.ts

```
01: let MAX_AGE = 100
02:
03: export function makeRandomNumber(max: number = MAX_AGE): number {
04:   return Math.ceil((Math.random() * max))
05: }
```

그리고 Person.ts 파일을 열고 첫 줄에 다음과 같은 **import * as** 구문을 작성한 후 13행에서 **makeRandomNumber** 함수 이름 앞에 **U.** 코드를 추가합니다.

import * as 구문 추가 • ch02-2/src/person/Person.ts

```
01: import * as U from '../utils/makeRandomNumber'
02:
03: export interface IPerson {
04:    name: string
05:    age: number
06: }
07:
08: class Person implements IPerson {
09:    constructor(public name: string, public age: number) {}
10: }
11:
12: export const makePerson = (name: string,
13:    age: number = U.makeRandomNumber()): IPerson => ({name, age});
```

난수 발생 기능을 makeRandomNumber.ts 파일로 분리했으며, Person.ts 파일에서 U라는 심벌로 접근할 수 있도록 **import * as** 구문을 지정했습니다.

export default 키워드

타입스크립트는 자바스크립트와 호환하기 위해 **export default** 구문을 제공합니다. person 디렉터리에 IPerson.ts 파일을 만들고 다음과 같은 내용을 작성합니다.

• ch02-2/src/person/IPerson.ts

```
01: export default interface IPerson {
02:    name: string
03:    age: number
04: }
```

export default 키워드는 한 모듈이 내보내는 기능 중 오직 한 개에만 붙일 수 있습니다. **export default**가 붙은 기능은 **import** 문으로 불러올 때 중괄호 **{}** 없이 사용할 수 있습니다. **export default**는 **export** 등이 있는 파일에서도 사용할 수 있습니다.

Person.ts 파일을 열고 코드를 다음처럼 수정합니다.

```
01: import {makeRandomNumber} from '../utils/makeRandomNumber'
02: import IPerson from './IPerson'
03:
04: export default class Person implements IPerson {
05:   constructor(public name: string, public age: number = makeRandomNumber()) {}
06: }
07:
08: export const makePerson = (name: string,
09:     age:number = makeRandomNumber()): IPerson => ({name, age})
```

02행은 IPerson.ts에서 export default 키워드로 지정한 IPerson을 중괄호 없이 import 문에 지정했습니다. 또한, 흥미롭게도 04행에서 Person 클래스에 export default 키워드를 붙였습니다.

다음 코드는 지금까지 설명한 내용을 모두 반영한 index.ts의 모습입니다.

```
01: import IPerson from './person/IPerson'
02: import Person, {makePerson} from './person/Person'
03:
04: const testMakePerson = (): void => {
05:   let jane: IPerson = makePerson('Jane')
06:   let jack: IPerson = new Person('Jack')
07:   console.log(jane, jack)
08: }
09:
10: testMakePerson()
```

IPerson.ts와 달리 Person.ts 파일은 export default로 지정된 Person과 export로 지정된 makePerson 두 개의 심벌이 있습니다. 02행은 이들을 불러오는 코드입니다.

외부 패키지를 사용할 때 import 문

이번에는 외부 패키지를 사용할 때 import 문 사용법을 알아보겠습니다. 일단 실습을 위해 다음처럼 chance와 ramda라는 패키지를 설치합니다.

```
> npm i -S chance ramda
> npm i -D @types/chance @types/ramda
```

다음은 이 명령의 실행 결과로 변경된 package.json 파일 내용입니다. -S 옵션으로 설치된 chance와 ramda는 dependencies 항목에, -D 옵션으로 설치된 @types/chance와 @types/ramda는 devDependencies 항목에 반영되었습니다.

• ch02-2/package.json

```
01: {
...    ...생략...
12:    "devDependencies": {
13:      "@types/chance": "^1.0.7",
14:      "@types/node": "^12.12.5",
15:      "@types/ramda": "^0.26.36",        ── -D 옵션으로 설치한 패키지들
16:      "ts-node": "^8.4.1"",
17:      "typescript": "^3.7.4"
18:    },
19:    "dependencies": {
20:      "chance": "^1.1.3",               ── -S 옵션으로 설치한 패키지들
21:      "ramda": "^0.26.1"
22:    }
23: }
24:
```

chance 패키지는 그럴듯한 가짜 데이터(fake data)를 만들어 주는 데 사용되며, ramda는 이 책의 09장에서 설명하는 함수형 유틸리티 패키지입니다. 다음은 두 패키지의 사용 예입니다. index.ts 파일을 열고 코드를 다음처럼 수정합니다.

```
01: import IPerson from './person/IPerson'
02: import Person from './person/Person'
03: import Chance from 'chance'
04: import * as R from 'ramda'
05:
06: const chance = new Chance()
07: let persons: IPerson[] = R.range(0, 2)
08:     .map((n: number) => new Person(chance.name(), chance.age()))
09: console.log(persons)
```

chance 패키지는 Chance 클래스 하나만 export default 형태로 제공하므로 import 문을 03
행처럼 사용합니다. 그리고 ramda 패키지는 다양한 기능을 제공하므로 import 문을 04행처
럼 사용합니다. 또한, change와 ramda는 외부 패키지이므로 node_modules 디렉터리에 있
습니다. 따라서 경로에서 ./ 등을 생략한 채 'chance', 'ramda'처럼 사용합니다.

지금까지 작성한 ch02-2 프로젝트의 최종 구성은 다음 그림과 같습니다. 터미널을 열고 npm
run dev와 npm run build 명령을 차례로 실행합니다.

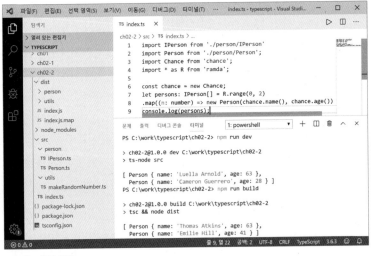

프로젝트 최종 결과

모듈화 과정을 통해 코드가 여러 파일로 나누어졌지만 모두 정상적으로 동작합니다.

02-3 tsconfig.json 파일 살펴보기

터미널에서 **tsc --help**를 실행하면 다음과 같은 내용을 볼 수 있습니다. 이를 통해 tsc 컴파일러는 컴파일 옵션과 대상 파일 목록 두 가지를 입력받는다는 것을 알 수 있습니다.

```
> tsc --help
Version 3.7.4
Syntax:    tsc [options] [file...]  ◁ tsc 명령 형식
Examples: tsc hello.ts
          tsc --outFile file.js file.ts
          tsc @args.txt
          tsc --build tsconfig.json
Options:
 -h, --help                                Print this message.
 -w, --watch                               Watch input files.
...생략...
```

앞에서 만든 tsconfig.json 파일을 보면 다음처럼 구성되었습니다.

```
{
  "compilerOptions" { ...생략... },
  "include": ["src/**/*"]
}
```

compilerOptions 항목은 tsc 명령 형식에서 옵션을 나타내고, include 항목은 대상 파일 목록을 나타냅니다. include 항목에서 **src/**/***은 src 디렉터리는 물론 src의 하위 디렉터리에 있는 모든 파일을 컴파일 대상으로 포함한다는 의미입니다.

이제 tsconfig.json 파일의 각 키를 살펴보겠습니다. 여기서 '키'는 설정 항목을 의미하며 키에 설정하는 값을 '키값'이라고 합니다. 둘은 콜론(:)을 기준으로 '**키:키값**' 형태로 작성합니다.

```
01: {
02:   "compilerOptions": {
03:     "module": "commonjs",
04:     "esModuleInterop": true,
05:     "target": "es5",
06:     "moduleResolution": "node",
07:     "outDir": "dist",
08:     "baseUrl": ".",
09:     "sourceMap": true,
10:     "downlevelIteration": true,
11:     "noImplicitAny": false,
12:     "paths": { "*": ["node_modules/*"] }
13:   },
14:   "include": ["src/**/*"]
15: }
```

module 키

타입스크립트 소스코드가 컴파일되어 만들어진 ES5 자바스크립트 코드는 웹 브라우저와 노드제이에스 양쪽에서 모두 동작해야 합니다. 그런데 웹 브라우저와 노드제이에스는 물리적으로 동작하는 방식이 달라서 여러 개의 파일(즉 모듈)로 분할된 자바스크립트 코드 또한 웹 브라우저와 노드제이에스 양쪽에서 각각 다르게 동작합니다.

자바스크립트 모듈은 웹 브라우저에서는 AMD(asynchronous module definition) 방식으로 동작하고, 노드제이에스처럼 웹 브라우저가 아닌 환경에서는 CommonJS 방식으로 동작합니다.

tsconfig.ts 파일에서 compilerOptions 항목의 module 키는 동작 대상 플랫폼이 웹 브라우저인지 노드제이에스인지를 구분해 그에 맞는 모듈 방식으로 컴파일하려는 목적으로 설정합니다. 플랫폼에 따라 다음과 같은 값을 설정할 수 있습니다.

- 웹 브라우저에서 동작: amd
- 노드제이에스에서 동작: commonjs

moduleResolution 키

module 키의 값이 commonjs이면 노드제이에스에서 동작하는 것을 의미하므로, moduleResolution 키값은 항상 node로 설정합니다. 반면에 module 키값이 amd이면 moduleResolution 키값은 classic으로 설정합니다.

target 키

target 키에는 트랜스파일할 대상 자바스크립트의 버전을 설정합니다. 대부분 es5를 키값으로 설정합니다. 만일, 최신 버전의 노드제이에스를 사용한다면 es6을 설정할 수 있습니다.

baseUrl과 outDir 키

baseUrl과 outDir 키에는 트랜스파일된 ES5 자바스크립트 파일을 저장하는 디렉터리를 설정합니다. tsc는 tsconfig.json 파일이 있는 디렉터리에서 실행됩니다. 따라서 현재 디렉터리(current directory)를 의미하는 "."로 baseUrl 키값을 설정하는 것이 보통입니다. OutDir 키는 baseUrl 설정값을 기준으로 했을 때 하위 디렉터리의 이름입니다. 앞서 이 키는 dist라는 값을 설정했으므로 빌드된 결과가 dist 디렉터리에 만들어집니다.

paths 키

paths 키에는 소스 파일의 import 문에서 from 부분을 해석할 때 찾아야 하는 디렉터리를 설정합니다. import 문이 찾아야 하는 소스가 외부 패키지이면 node_modules 디렉터리에서 찾아야 하므로 키값에 node_modules/*도 포함했습니다.

esModuleInterop 키

오픈소스 자바스크립트 라이브러리 중에는 웹 브라우저에서 동작한다는 가정으로 만들어진 것이 있는데, 이들은 CommonJS 방식으로 동작하는 타입스크립트 코드에 혼란을 줄 수 있습니다. 02-2절에서 사용해 본 chance가 바로 AMD 방식을 전제로 해서 구현된 라이브러리입니다. 따라서 chance 패키지가 동작하려면 esModuleInterop 키값을 반드시 true로 설정해야 합니다.

sourceMap 키

sourceMap 키값이 true이면 트랜스파일 디렉터리에는 .js 파일 이외에도 .js.map 파일이 만들어집니다. 이 소스맵 파일은 변환된 자바스크립트 코드가 타입스크립트 코드의 어디에 해당하는지를 알려줍니다. 소스맵 파일은 주로 디버깅할 때 사용됩니다.

downlevelIteration 키

이 책의 06장에서는 생성기(generator)라는 타입스크립트 구문을 설명하는데, 이 생성기 구문이 정상적으로 동작하려면 `downlevelIteration` 키값을 반드시 `true`로 설정해야 합니다.

noImplicitAny 키

타입스크립트 컴파일러는 기본적으로 f(a, b)처럼 매개변수 a, b에 타입을 명시하지 않은 코드일 경우 f(a: any, b: any)처럼 암시적으로 any 타입을 설정한 것으로 간주합니다. 이런 형태의 코드는 타입스크립트 언어의 장점을 사용하는 것이 아니므로 다음처럼 코드에 문제가 있음을 알려줍니다.

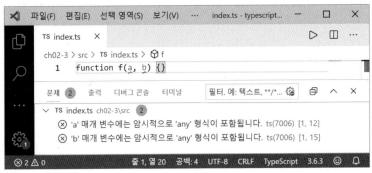

타입 미지정 시 오류

그런데 이 오류는 타입스크립트를 처음 배우는 사람을 매우 혼란스럽게 합니다. 오류 메시지의 의미가 직관적이지 않기 때문입니다. 따라서 이 책은 혼란을 줄이고자 `noImplicitAny` 키값을 `false`로 설정했습니다. 이렇게 하면 타입을 지정하지 않더라도 문제로 인식하지 않습니다.

지금까지 타입스크립트를 본격적으로 다루기 전에 알아야 할 내용들을 살펴봤습니다. 다음 장부터는 타입스크립트의 문법 기능에 관해 살펴보겠습니다.

객체와 타입

이 장에서는 자바스크립트가 아닌 타입스크립트 시각에서 객체와 타입의 개념, 그리고 관련 구문을 살펴봅니다.

03-1 타입스크립트 변수 선언문

타입스크립트 기본 제공 타입

자바스크립트는 다음 표에서 보는 타입을 기본으로 제공합니다. 타입스크립트는 자바스크립트와 호환성을 위해 자바스크립트 타입은 물론 그에 대응하는 타입스크립트 타입 또한 제공합니다.

자바스크립트와 타입스크립트의 기본 타입

유형	자바스크립트 타입	타입스크립트 타입
수 타입	Number	number
불리언 타입	Boolean	boolean
문자열 타입	String	string
객체 타입	Object	object

let과 const 키워드

ES5 자바스크립트는 variable의 앞 세 글자를 딴 var라는 키워드를 사용해 변수를 선언할 수 있습니다. 그런데 var는 다른 프로그래밍 언어와는 다르게 동작합니다. 이 때문에 ESNext 자바스크립트는 let과 const라는 키워드를 도입해 다른 프로그래밍 언어와 같은 방식으로 동작하도록 했습니다. 사실상 ESNext는 var 키워드를 사용하지 말라고 권고합니다.

다음은 ESNext 자바스크립트에서 let 키워드로 변수를 선언하는 방법입니다. let으로 선언한 변수는 코드에서 그 값이 수시로 변경될 수 있음을 암시합니다.

```
let 변수 이름 [= 초깃값]
```

다음은 const 키워드로 변수를 선언하는 방법입니다. const로 변수를 선언할 때는 반드시 초깃값을 명시해야 합니다. const 변수는 코드에서 변숫값이 절대 변하지 않는다는 것을 암시합니다.

```
const 변수 이름 = 초깃값
```

타입 주석

타입스크립트는 자바스크립트 변수 선언문을 확장해 다음과 같은 형태로 타입을 명시할 수 있습니다. 이를 **타입 주석**(type annotation)이라고 합니다.

```
let 변수 이름: 타입 [= 초깃값]
const 변수 이름: 타입 = 초깃값
```

다음 코드는 타입 주석을 붙여 변수를 선언한 예입니다.

타입스크립트 변수 선언문 예

```
01: let n: number = 1
02: let b: boolean = true    // 혹은 false
03: let s: string = 'hello'
04: let o: object = {}
```

그런데 타입스크립트는 자바스크립트와 다르게 let으로 선언한 변숫값은 타입 주석으로 명시한 타입에 해당하는 값으로만 바꿀 수 있습니다. 다음 화면은 선언된 타입과 다른 타입의 값으로 변숫값을 바꾸려고 시도해서 오류가 발생한 예입니다.

타입 불일치 오류 발생 예

```
01: let n: number = 1
02: let b: boolean = true    // 혹은 false
03: let s: string = 'hello'
04: let o: object = {}
05:
06: n = 'a'
07: b = 1          ◁── 타입 불일치 오류 발생
08: s = false
09: o = {name: 'Jack', age: 32}
```

타입 불일치 오류 발생

타입 추론

그런데 타입스크립트는 자바스크립트와 호환성을 위해 타입 주석 부분을 생략할 수 있습니다. 타입스크립트 컴파일러는 다음과 같은 코드를 만나면 대입 연산자 = 오른쪽 값에 따라 변수의 타입을 지정합니다. 이를 **타입 추론**(type inference)이라고 합니다.

> **타입 추론 예**
>
> ```
> 01: let n = 1        // n의 타입을 number로 판단
> 02: let b = true     // b의 타입을 boolean으로 판단
> 03: let s = 'hello'  // s의 타입을 string으로 판단
> 04: let o = {}       // o의 타입을 object로 판단
> ```

즉, 변수 선언문에 타입 주석을 명시하지 않았지만, 컴파일러가 초깃값에 따라 타입을 추론하므로 각 변수는 초깃값에 해당하는 타입으로 지정됩니다. 따라서 이후에 각 변수에는 해당 타입의 값만 저장할 수 있습니다.

any 타입

타입스크립트는 자바스크립트와 호환을 위해 **any**라는 이름의 타입을 제공합니다. 다음 코드에서 변수 a는 타입이 **any**이므로 값의 타입과 무관하게 어떤 종류의 값도 저장할 수 있습니다.

> **any 타입 예**
>
> ```
> 01: let a: any = 0
> 02: a = 'hello'
> 03: a = true
> 04: a = {}
> ```

undefined 타입

자바스크립트에서 undefined는 값입니다. 변수를 초기화하지 않으면 해당 변수는 undefined 값을 가집니다. 그러나 타입스크립트에서 undefined는 타입이기도 하고 값이기도 합니다.

> **undefined 타입 예**
>
> ```
> 01: let u: undefined = undefined
> 02: u = 1 // Type '1' is not assignable to type 'undefined' 오류 발생
> ```

코드에서 01행에 선언한 변수 u는 undefined 타입으로 선언되었으므로 오직 undefined값만 가질 수 있습니다. 그런데 02행은 undefined의 상위 타입인 number 타입 1을 저장하려고 했으므로 오류가 발생합니다.

타입의 상속 관계를 보면 any는 모든 타입의 루트 타입, 즉 최상위 타입입니다. 반면에 undefined는 모든 타입의 최하위 타입입니다. 다음은 타입스크립트의 타입 계층도입니다.

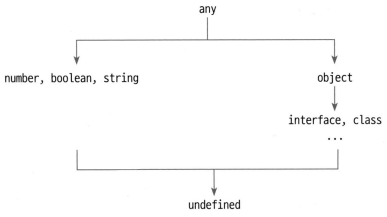

타입스크립트 타입 계층도

템플릿 문자열

타입스크립트에는 변수에 담긴 값을 조합해 문자열을 만들 수 있게 하는 **템플릿 문자열**(template string)을 제공합니다. 이 구문은 역따옴표(backtick) `로 문자열을 감싸고, 변수를 ${} 기호로 감싸는 형태로 만들 수 있습니다.

> `` `${변수 이름}` ``

다음 코드는 템플릿 문자열의 예입니다. 01행의 **count**와 **message** 변수에 담긴 값은 02행 템플릿 문자열에서 문자열로 치환(substitution)되어 **result** 변숫값은 문자열 "Your count is 10"이 됩니다.

템플릿 문자열 예

```
01: let count = 10, message = 'Your count'
02: let result = `${message} is ${count}`
03: console.log(result)   // Your count is 10
```

03-2 객체와 인터페이스

앞서 타입스크립트의 타입 계층도에서 object 타입은 인터페이스와 클래스의 상위 타입입니다. object 타입으로 선언된 변수는 number, boolean, string 타입의 값을 가질 수는 없지만, 다음처럼 속성 이름이 다른 객체를 모두 자유롭게 담을 수 있습니다.

```
01: let o: object = {name: 'Jack', age: 32}
02: o = {first: 1, second: 2}
```

이 코드에서 object 타입은 마치 객체를 대상으로 하는 any 타입처럼 동작합니다. 타입스크립트의 인터페이스 구문은 이렇게 동작하지 않게 하려는 목적으로 고안되었습니다. 즉, 변수 o에는 항상 name과 age 속성으로 구성된 객체만 가질 수 있게 해서 02행과 같은 코드는 오류가 발생하게 합니다.

인터페이스 선언문

타입스크립트는 객체의 타입을 정의할 수 있게 하는 interface라는 키워드를 제공합니다. 인터페이스는 객체의 타입을 정의하는 것이 목적이므로 다음처럼 객체를 의미하는 중괄호 {}로 속성의 이름과 타입을 나열하는 형태로 사용합니다. 다음은 인터페이스의 내용을 한 줄로 표현할 때의 구문입니다.

```
interface 인터페이스 이름 {
  속성 이름[?]: 속성 타입[,...]
}
```

다음 코드는 02-2절에서 보았던 IPerson.ts 파일의 내용입니다. name과 age 속성을 포함하는 객체의 타입으로 IPerson 인터페이스를 정의하고 있습니다. 참고로 인터페이스 속성들을 여러 줄로 구현할 때는 쉼표(,) 대신 세미콜론(;)을 구분자로 쓰거나 다음처럼 단순히 줄바꿈만 해도 됩니다.

```
01: interface IPerson {
02:    name: string
03:    age: number
04: }
```

IPerson 인터페이스의 목적은 name과 age라는 이름의 속성이 둘 다 있는 객체만 유효하도록 객체의 타입 범위를 좁히는 데 있습니다. 따라서 다음처럼 IPerson 인터페이스의 조건을 벗어나는 07~10행 코드는 모두 오류가 발생합니다.

인터페이스의 조건을 벗어나는 예 • IPerson.ts

```
01: interface IPerson {
02:    name: string
03:    age: number
04: }
05: let good: IPerson = {name: 'Jack', age: 32}
06:
07: let bad1: IPerson = {name: 'Jack'}   // age 속성이 없으므로 오류
08: let bad2: IPerson = {age: 32}        // name 속성이 없으므로 오류
09: let bad3: IPerson = {}               // name과 age 속성이 없으므로 오류
10: let bad4: IPerson = {name: 'Jack', age: 32, etc: true} // etc 속성이 있어서 오류
```

선택 속성 구문

인터페이스를 설계할 때 어떤 속성은 반드시 있어야 하지만, 어떤 속성은 있어도 되고 없어도 되는 형태로 만들고 싶을 때가 있습니다. 이러한 속성을 **선택 속성**(optional property)이라고 합니다. 선택 속성은 다음 코드에서 04행처럼 속성 이름 뒤에 물음표 기호를 붙여서 만듭니다. etc는 선택 속성이므로 06, 07행은 모두 정상으로 동작합니다.

etc가 선택 속성인 IPerson2

```
01: interface IPerson2 {
02:    name: string  // 필수 속성
03:    age: number   // 필수 속성
04:    etc?: boolean  // 선택 속성
05: }
06: let good1: IPerson2 = {name: 'Jack', age: 32}
07: let good2: IPerson2 = {name: 'Jack', age: 32, etc: true}
```

익명 인터페이스

타입스크립트는 interface 키워드도 사용하지 않고 인터페이스의 이름도 없는 인터페이스를 만들 수 있습니다. 이를 **익명 인터페이스**(anonymous interface)라고 합니다. 다음 코드에서 변수 ai는 앞에서 선언한 IPerson2 인터페이스와 같은 구성이지만, 익명 인터페이스로 선언했습니다.

익명 인터페이스 예

```
01: let ai: {
02:    name: string
03:    age: number
04:    etc?: boolean
05: } = {name: 'Jack', age: 32}
```

익명 인터페이스는 주로 다음처럼 함수를 구현할 때 사용됩니다.

함수에 사용된 익명 인터페이스 예

```
06: function printMe(me: {name: string, age: number, etc?: boolean}) {
07:    console.log(
08:      me.etc ?
09:        `${me.name} ${me.age} ${me.etc}` :
10:        `${me.name} ${me.age}`
11:    )
12: }
13: printMe(ai)   // Jack 32
```

03-3 객체와 클래스

클래스 선언문

타입스크립트는 C++나 자바와 같은 객체지향 언어에서 흔히 볼 수 있는 class, private, public, protected, implements, extend와 같은 키워드를 제공합니다. 문법적인 차이만 약간 있을 뿐 사실상 그 의미는 다른 언어와 같습니다. 다음은 클래스 선언문의 기본 형태입니다.

```
class 클래스 이름 {
  [private | protected | public] 속성 이름[?]: 속성 타입[...]
}
```

다음 코드는 name과 age라는 속성을 가진 클래스를 선언합니다.

• Person1.ts

```
01: class Person1 {
02:   name: string
03:   age?: number
04: }
```

다음 코드는 Person1 클래스에 new 연산자를 적용해 jack1이라는 이름의 Person1 타입 변수를 만듭니다. jack1은 name과 age 속성을 가지는 타입이므로 06행과 같은 코드를 작성할 수 있습니다.

• Person1.ts

```
... ...생략...
05: let jack1 : Person1 = new Person1()
06: jack1.name = 'Jack'; jack1.age = 32
07: console.log(jack1)    // Person1 { name: 'Jack', age: 32 }
```

접근 제한자

클래스의 속성은 public, private, protect와 같은 접근 제한자(access modifier)를 이름 앞에
붙일 수 있습니다. 만약 생략하면 모두 public으로 간주합니다.

생성자

타입스크립트 클래스는 constructor라는 이름의 특별한 메서드를 포함하는데, 이를 **생성자**
(constructor)라고 합니다. 다른 언어와 다르게 타입스크립트 클래스는 다음 코드에서 02행과
같은 형태로 클래스의 속성(name, age)을 선언할 수 있습니다. 즉, 앞에서 작성한 Person1 클
래스와 다음의 Person2 클래스는 똑같이 동작합니다.

• Person2.ts

```
01: class Person2 {
02:   constructor(public name: string, public age?: number) {}
03: }
04: let jack2 : Person2 = new Person2('Jack', 32)
05: console.log(jack2)   // Person2 { name: 'Jack', age: 32 }
```

타입스크립트는 생성자의 매개변수에 public과 같은 접근 제한자를 붙이면 해당 매개변수의
이름을 가진 속성이 클래스에 선언된 것처럼 동작합니다. 즉, Person2 클래스는 다음 Person3
클래스처럼 장황하게 구현된 것을 함축해서 구현한 것입니다.

• Person3.ts

```
01  class Person3 {
02    name: string
03    age?: number
04    constructor(name: string, age?: number) {
05      this.name = name; this.age = age
06    }
07  }
08  let jack3 : Person3 = new Person3('Jack', 32)
09  console.log(jack3)   // Person3 { name: 'Jack', age: 32 }
```

인터페이스 구현

다른 객체지향 언어와 마찬가지로 타입스크립트 클래스는 인터페이스를 구현할 수 있습니다. 클래스가 인터페이스를 구현할 때는 다음처럼 implements 키워드를 사용합니다.

```
class 클래스 이름 implements 인터페이스 이름 {
  ...
}
```

다음 코드는 IPerson4라는 이름의 인터페이스를 구현하는 예입니다. 여기서 한 가지 앞으로 기억해 둬야 할 점은 인터페이스는 이러이러한 속성이 있어야 한다는 규약(spec)에 불과할 뿐 물리적으로 해당 속성을 만들지 않는다는 점입니다. 따라서 클래스 몸통에는 반드시 인터페이스가 정의하고 있는 속성을 멤버 속성으로 포함해야 합니다.

인터페이스 구현 예

```
01: interface IPerson4 {
02:   name: string
03:   age?: number
04: }
05:
06: class Person4 implements IPerson4 {
07:   name: string
08:   age: number
09: }
```

다음 코드는 앞서 본 Person2 구현 방식(생성자와 public 키워드 사용)을 인터페이스 구현에 응용한 것입니다.

• Person4.ts

```
01: interface IPerson4 {
02:   name: string
03:   age?: number
04: }
05:
```

```
06: class Person4 implements IPerson4 {
07:   constructor(public name: string, public age?: number) {}
08: }
09: let jack4: IPerson4 = new Person4('Jack', 32)
10: console.log(jack4)    // Person4 { name: 'Jack', age: 32 }
```

추상 클래스

타입스크립트는 다른 언어처럼 abstract 키워드를 사용해 추상 클래스를 만들 수 있습니다.
추상 클래스는 다음처럼 abstract 키워드를 class 키워드 앞에 붙여서 만듭니다. 추상 클래
스는 자신의 속성이나 메서드 앞에 abstract를 붙여 나를 상속하는 다른 클래스에서 이 속성
이나 메서드를 구현하게 합니다.

```
abstract class 클래스 이름 {
  abstract 속성 이름: 속성 타입
  abstract 메서드 이름() {}
}
```

다음 AbstractPerson5는 name 속성 앞에 abstract가 붙었으므로 new 연산자를 적용해 객체
를 만들 수 없습니다.

추상 클래스 예   • Person5.ts

```
01: abstract class AbstractPerson5 {
02:   abstract name: string
03:   constructor(public age?: number) {}
04: }
```

클래스의 상속

객체지향 언어는 부모 클래스를 상속받는 상속 클래스를 만들 수 있는데, 타입스크립트는 다
음처럼 extends 키워드를 사용해 상속 클래스를 만듭니다.

```
class 상속 클래스 extends 부모 클래스 { ... }
```

다음 Person5 클래스는 AbstractPerson5 추상 클래스를 상속해 AbstractPerson5가 구현한 age를 얻고, AbstractPerson5를 상속받는 클래스가 구현해야 할 name 속성을 구현합니다. 참고로 타입스크립트에서는 부모 클래스의 생성자를 super 키워드로 호출할 수 있습니다.

```
• Person5.ts
... ...생략...
05: class Person5 extends AbstractPerson5 {
06:   constructor(public name: string, age?: number) {
07:     super(age)
08:   }
09: }
10: let jack5 : Person5 = new Person5('Jack', 32)
11: console.log(jack5)   // Person5 { name: 'Jack', age: 32 }
```

static 속성

다른 객체지향 언어처럼 타입스크립트 클래스는 정적인 속성을 가질 수 있습니다. 클래스의 정적 속성은 다음과 같은 형태로 선언합니다.

```
class 클래스 이름 {
  static 정적 속성 이름: 속성 타입
}
```

다음 코드의 클래스 A는 initValue라는 정적 속성을 가집니다. 클래스의 정적 속성은 05행처럼 '클래스 이름.정적 속성 이름' 형태의 점 표기법(dot notation)을 사용해 값을 얻거나 설정합니다.

```
• static.ts
01: class A {
02:   static initValue = 1
03: }
04:
05: let initVal = A.initValue   // 1
```

03-4 객체의 비구조화 할당문

다음 코드는 name과 age라는 단어가 각기 다른 의미로 사용되므로 personName, company Name처럼 이 둘을 구분하고 있습니다.

구조화가 필요한 코드 예

```
01: let personName = 'Jack'
02: let personAge = 32
03:
04: let companyName = 'Apple Company, Inc'
05: let companyAge = 43
```

그런데 코드를 이런 방식으로 구현하면 작성하기도 번거롭고 기능을 확장하기도 어렵습니다. 따라서 다음처럼 인터페이스나 클래스를 사용해 관련된 정보를 묶어 새로운 타입으로 표현합니다. 이를 **구조화**(structuring)라고 합니다.

• IPerson_ICompany.ts

```
01: export interface IPerson {
02:   name: string
03:   age: number
04: }
05:
06: export interface ICompany {
07:   name: string
08:   age: number
09: }
```

코드를 이처럼 구조화하면 다음 코드에서 보듯 jack이나 apple은 물론 jane이나 ms와 같은 비슷한 유형의 변수를 쉽게 만들 수 있습니다. 이로써 코드의 기능 확장이 수월해집니다.

```
01: import {IPerson, ICompany} from './IPerson_ICompany'
02:
03: let jack: IPerson = {name: 'Jack', age: 32},
04:     jane: IPerson = {name: 'jane', age: 32}
05:
06: let apple: ICompany = {name: 'Apple Computer, Inc', age: 43},
07:     ms: ICompany = {name: 'Microsoft', age: 44}
```

비구조화란?

구조화된 데이터는 어떤 시점에서 데이터의 일부만 사용해야 할 때가 있습니다. 다음 코드는 구조화된 jack 변수에서 jack이 아닌 jack.name, jack.age 부분을 각각 name과 age 변수에 저장합니다. 그런데 이 시점부터는 jack 변수는 더 사용하지 않고 그대신 name과 age 변수만 사용합니다. 이처럼 구조화된 데이터를 분해하는 것을 **비구조화**(destructuring)라고 합니다.

```
let name = jack.name, age = jack.age
```

비구조화 할당

비구조화 할당(destructuring)은 ESNext 자바스크립트의 구문으로 타입스크립트에서도 사용할 수 있습니다. 비구조화 할당은 객체와 더불어 05장에서 설명하는 배열과 튜플에도 적용할 수 있습니다. 비구조화 할당을 객체에 적용하려면 얻고 싶은 속성을 중괄호로 묶습니다.

```
let {name, age} = jack
```

영어 destructuring을 '비구조화'가 아닌 '비구조화 할당'으로 번역한 이유는 다음 코드의 04 행에서 보듯 name과 age 변수가 새롭게 만들어지고, name 변수는 jack.name의 값, age 변수는 jack.age의 값을 각각 초깃값으로 할당받기 때문입니다.

```
01: import {IPerson} from './IPerson_ICompany'
02:
03: let jack: IPerson = {name: 'Jack', age: 32}
04: let {name, age} = jack
05: console.log(name, age)   // Jack 32
```

잔여 연산자

ESNext 자바스크립트와 타입스크립트는 점을 연이어 3개 사용하는 ... 연산자를 제공합니다. 이 연산자는 사용되는 위치에 따라 **잔여 연산자**(rest operator) 혹은 **전개 연산자**(spread operator)라고 부릅니다.

다음 코드에서 address 변수는 5개 속성을 가지고 있는데, 이 중 country와 city를 제외한 나머지 속성을 별도의 detail이라는 변수에 저장하고 싶다면, 08행에서 보듯 detail 변수 앞에 잔여 연산자를 붙입니다.

잔여 연산자 예   • rest.ts

```
01: let address: any = {
02:    country: 'Korea',
03:    city: 'Seoul',
04:    address1: 'Gangnam-gu',
05:    address2: 'Sinsa-dong 123-456',
06:    address3: '789 street, 2 Floor ABC building'
07: }
08: const {country, city, ...detail} = address
09: console.log(detail)
```

:: 실행 결과
```
{ address1: 'Gangnam-gu',
  address2: 'Sinsa-dong 123-456',
  address3: '789 street, 2 Floor ABC building' }
```

실행 결과를 보면 detail 변수에 country와 city를 제외한 나머지 속성이 담겨 있는 것을 확인할 수 있습니다.

전개 연산자

다음 코드에서 01행은 두 객체 앞에 모두 점 3개가 붙었습니다. 그런데 주의 깊게 보면 이 코드는 앞서 설명한 비구조화 할당문이 아님을 알 수 있습니다. 점 3개 연산자가 비구조화 할당문이 아닌 곳에서 사용될 때 이를 전개 연산자(spread operator)라고 합니다.

```
전개 연산자 예

01: let coord = {...{x: 0}, ...{y: 0}}
02: console.log(coord)    // {x: 0, y: 0}
```

전개 연산자는 의미 그대로 객체의 속성을 모두 '전개'해 새로운 객체로 만들어 줍니다. 다음 코드는 01행에 part1, part2, part3이라는 세 개의 객체가 선언되었습니다. 만일, 이를 모두 통합(merge)한 새로운 객체를 만들고 싶다면 03행처럼 전개 연산자를 사용합니다.

• spread.ts

```
01: let part1 = {name: 'jane'}, part2 = {age: 22}, part3 = {city: 'Seoul', country: 'Kr'};
02: let merged = {...part1, ...part2, ...part3}
03: console.log(merged)
```

:: 실행 결과
```
{ name: 'jane', age: 22, city: 'Seoul', country: 'Kr' }
```

03-5 객체의 타입 변환

타입 변환

타입이 있는 언어들은 특정 타입의 변숫값을 다른 타입의 값으로 변환할 수 있는 기능을 제공합니다. 이를 **타입 변환**(type conversion)이라고 합니다. 다음 화면은 타입 변환이 필요한 예를 보여줍니다. 01행의 person 변수의 타입은 object입니다. 그런데 object 타입은 name 속성을 가지지 않으므로 오류가 발생합니다.

object 타입에 name 속성이 없어서 오류 발생

다음은 이 오류를 타입 변환 구문을 사용해 해결한 것입니다. person 변수를 일시적으로 name 속성이 있는 타입, 즉 {name: string} 타입으로 변환해 person.name 속성값을 얻게 했습니다.

타입 변환 구문으로 오류 해결

'type conversion'과 'type casting' 그리고 'type coercion'의 차이

'타입 변환'으로 번역되는 세 가지 프로그래밍 용어로는 'type conversion', 'type casting', 'type coercion'이 있습니다. type conversion은 type casting과 type coercion을 모두 포함하는 의미로 사용됩니다. type casting은 본문에서 보인 명시적 타입 변환(explicit type conversion)을 의미하지만, type coercion은 암시적 타입 변환(implicit type conversion)을 의미합니다. 여기서 '명시적'은 코드에서 직접 표현한다는 의미이고, '암시적'은 코드에 굳이 표현하지 않아도 컴파일러나 해석기가 알아서 처리한다는 의미입니다.

타입 단언

그런데 타입스크립트는 독특하게 타입 변환이 아닌 **타입 단언**(type assertion)이라는 용어를 사용합니다. 타입 단언문은 다음 두 가지 형태가 있습니다.

```
(<타입>객체)
(객체 as 타입)
```

이들은 모두 ES5 자바스크립트 구문이 아닙니다. 따라서 자바스크립트의 타입 변환 구문과 구분하기 위해 타입 단언이라는 용어를 사용합니다.

타입 단언문의 예를 설명하기 전에 코드의 의미를 명확하게 하고자 다음과 같은 인터페이스를 구현한 INameable.ts 파일을 만듭니다.

• INameable.ts

```
01: export default interface INameable {
02:   name: string
03: };
```

다음 코드는 타입 단언의 두 가지 형태를 볼 수 있도록 작성했습니다. 02행의 **object** 타입 객체 **obj**는 04행이나 05행의 코드 형태로 **INameable** 타입 객체로 변환되어 자신에게 담긴 객체의 **name** 속성값을 얻습니다.

```
01: import INameable from './INameable'
02: let obj: object = {name: 'Jack'}
03:
04: let name1 = (<INameable>obj).name
05: let name2 = (obj as INameable).name
06: console.log(name1, name2)   // Jack Jack
```

이처럼 타입 단언의 두 가지 구문은 서로 형태만 다를 뿐 내용상으로는 같습니다.

함수와 메서드

자바스크립트에서 함수는 function 키워드와 화살표(=>) 기호로 만드는 두 가지 방법이 있습니다. 타입스크립트 함수는 이를 바탕으로 타입 기능을 추가한 것입니다. 이번 장은 함수를 효과적으로 구현하는 방법과 클래스의 메서드를 구현하는 방법을 설명합니다.

04-1 함수 선언문

자바스크립트에서 함수는 function 키워드로 만드는 함수와 => 기호로 만드는 화살표 함수 두 가지 있습니다. 다음은 function 키워드로 만드는 함수 선언문의 구조입니다.

ⓘ 화살표 함수는 04-3절에서 설명합니다.

```
function 함수 이름(매개변수1, 매개변수2[, ...]) {
  함수 몸통
}
```

타입스크립트 함수 선언문은 자바스크립트 함수 선언문에서 매개변수와 함수 반환값(return type)에 타입 주석을 붙이는 다음 형태로 구성됩니다.

```
function 함수 이름(매개변수1: 타입1, 매개변수2: 타입2[, ...]) : 반환값 타입 {
  함수 몸통
}
```

다음 코드는 타입스크립트 함수 선언문의 예입니다.

```
01: function add(a: number, b: number): number {
02:   return a + b
03: }
```

매개변수와 인수, 인자

일반적으로 parameter는 '매개변수'라고 하고, argument는 '인수' 혹은 '인자'라고 합니다. 매개변수는 함수 선언문에서 함수 이름 뒤 괄호 안에 선언하는 변수이고, 인수는 함수를 호출할 때 전달하는 값입니다.

즉, 다음 코드에서 01행의 a와 b는 매개변수이고, 05행에서 add 함수를 호출할 때 전달한 1과 2는 인수입니다.

```
01: function add(a: number, b: number): number {
02:    return a + b
03: }
04:
05: let result = add(1, 2)
```

매개변수와 반환값의 타입 주석 생략

변수 때와 마찬가지로 함수 선언문에서도 매개변수와 반환값에 대한 타입 주석을 생략할 수 있습니다. 다만, 변수 때와는 달리 함수의 매개변수 타입과 반환 타입을 생략하는 것은 바람직하지 않습니다. 왜냐하면, 타입이 생략되어 있으면 함수의 구현 의도를 알기 어렵고 잘못 사용하기 쉽기 때문입니다.

void 타입

값을 반환하지 않는 함수는 반환 타입이 **void**입니다. **void** 타입은 함수 반환 타입으로만 사용할 수 있습니다.

void 타입 예

```
01: function printMe(name: string, age: number): void {
02:    console.log(`name: ${name}, age: ${age}`)
03: }
```

함수 시그니처

변수에 타입이 있듯이 함수 또한 타입이 있는데, 함수의 타입을 **함수 시그니처**(function signature)라고 합니다. 함수의 시그니처는 다음과 같은 형태로 표현합니다.

다음 코드는 앞선 예에서 printMe 함수의 시그니처를 이용한 예입니다. printMe 함수는 string과 number 타입의 매개변수가 두 개 있고 반환 타입이 void입니다. 따라서 함수 시그니처는 (string, number) => void입니다.

함수 시그니처 사용 예 • comments.ts

```
01: let printMe: (string, number) => void = function (name: string, age: number): void {}
```

만약, 매개변수가 없으면 단순히 ()로 표현합니다. () => void는 매개변수도 없고 반환값도 없는 함수 시그니처입니다.

type 키워드로 타입 별칭 만들기

타입스크립트는 type이라는 키워드를 제공합니다. type 키워드는 기존에 존재하는 타입을 단순히 이름만 바꿔서 사용할 수 있게 해줍니다. 이러한 기능을 **타입 별칭**(type alias)이라고 합니다.

type 새로운 타입 = 기존 타입

다음 코드에서 01행은 (string, number) => void 함수 시그니처를 stringNumberFunc이라는 이름으로 타입 별칭을 만듭니다. 이 별칭 덕분에 02행과 03행에서 변수 f와 g에 타입 주석을 더 수월하게 붙일 수 있습니다.

type-alias.ts

```
01: type stringNumberFunc = (string, number) => void
02: let f: stringNumberFunc = function(a: string, b: number): void {}
03: let g: stringNumberFunc = function(c: string, d: number): void {}
```

함수의 타입, 즉 함수 시그니처를 명시하면 다음 화면에서 보는 것처럼 매개변수의 개수나 타입, 반환 타입이 다른 함수를 선언하는 잘못을 미연에 방지할 수 있습니다.

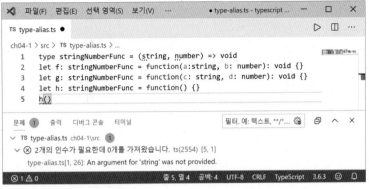

함수 시그니처 활용

undefined 관련 주의 사항

03-1절에서 undefined 타입을 설명했습니다. undefined 타입은 타입스크립트의 타입 계층 도에서 모든 타입 중 최하위 타입입니다. 다음은 undefined 타입을 고려하지 않은 예입니다.

```
undefined를 고려하지 않은 코드 예

01: interface INameable {
02:   name: string
03: }
04: function getName(o: INameable) {return o.name}
05:
06: let n = getName(undefined)    // 오류 발생
07: console.log(n)
```

코드에서 04행의 getName은 INameable 타입의 매개변수를 요구하지만, 06행에서 INameable 타입 객체가 아니라 undefined를 매개변수로 호출해도 구문 오류가 발생하지 않습니다. 즉, undefined는 최하위 타입이므로 INameable을 상속하는 자식 타입으로 간주합니다.

하지만 코드를 실행해 보면 04행의 o.name 부분이 undefined.name이 되어 'Cannot read property 'name' of undefined'라는 오류가 발생합니다. 이런 오류를 방지하려면 매개변숫 값이 undefined인지 판별하는 코드를 작성해야 합니다. 다음 코드에서 getName 함수의 몸통은 매개변수 o의 값이 undefined일 때를 고려한 예입니다.

```
01  interface INameable {
02    name: string
03  }
04  function getName(o: INameable) {
05    return o != undefined ? o.name : 'unknown name'
06  }
07
08  let n = getName(undefined)
09  console.log(n)                          // unknown name
10  console.log(getName({name: 'Jack'}))    // Jack
```

만일, 인터페이스에 선택 속성이 있다면 코드는 다음 05행처럼 구현해야 합니다.

```
01  interface IAgeable {
02    age?: number
03  }
04  function getAge(o: IAgeable) {
05    return o != undefined && o.age ? o.age : 0
06  }
07
08  console.log(getAge(undefined))    // 0
09  console.log(getAge(null))         // 0
10  console.log(getAge({age:32}))     // 32
```

선택적 매개변수

03-2절에서 인터페이스의 선택 속성을 설명했습니다. 함수의 매개변수에도 다음처럼 이름 뒤에 물음표를 붙일 수 있으며, 이를 **선택적 매개변수**(optional parameter)라고 합니다.

```
function fn(arg1: string, arg?: number): void {}
```

선택적 매개변수는 다음 코드에서 03행과 04행의 함수 호출을 모두 가능하게 하고 싶을 때
사용합니다.

• optional-arg.ts

```
01: function fn(arg1: string, arg?: number) {console.log(`arg: ${arg}`)}
02:
03: fn('hello', 1)    // arg: 1
04: fn('hello')       // arg: undefined
```

선택적 매개변수가 있는 함수의 시그니처는 다음처럼 타입 뒤에 물음표를 붙입니다.

```
type OptionalArgFunc = (string, number?) => void
```

04-2 함수 표현식

함수는 객체다

자바스크립트는 함수형 언어 '스킴(scheme)'과 프로토타입(prototype) 기반 객체지향 언어 '셀프(self)'를 모델로 만들어졌습니다. 따라서 자바스크립트는 객체지향 언어와 함수형 언어의 특징이 모두 있습니다. 타입스크립트 또한 자바스크립트의 이런 특징을 모두 포함합니다. 자바스크립트에서 함수는 Function 클래스의 인스턴스(instance)입니다. 다음 코드를 실행해 보면 3이 출력되는데, 이는 add가 함수로서 동작한다는 의미입니다.

• Function.ts

```
01: let add = new Function('a', 'b', 'return a + b')
02: let result = add(1, 2)
03: console.log(result)   // 3
```

그런데 01행의 내용이 조금 특이합니다. add가 함수라면 다음과 같은 구문이어야 하는데, 01행은 변수 선언문 형태로 add 함수를 구현했기 때문입니다.

```
function add(a, b) {return a + b}
```

사실 add 함수는 다음과 같은 형태로도 구현할 수 있습니다.

• function-expression.ts

```
01: let add2 = function(a, b) {return a + b}
02: console.log(add2(1, 2))   // 3
```

이처럼 함수 선언문에서 함수 이름을 제외한 function(a, b) {return a + b}와 같은 코드를 **함수 표현식**(function expression)이라고 합니다. 함수 표현식은 함수형 언어의 핵심 기능입니다. 이제 '일등 함수'라는 용어를 시작으로 함수 표현식이 무엇인지 살펴보겠습니다.

일등 함수

프로그래밍 언어가 일등 함수(first-class function) 기능을 제공하면 '함수형 프로그래밍 언어 (functional programming language)'라고 합니다. 자바스크립트와 타입스크립트는 일등 함수 기능이 있으므로 함수형 프로그래밍 언어입니다. 일등 함수란, 함수와 변수를 구분(혹은 차별) 하지 않는다는 의미입니다.

일등 시민의 의미

간혹 "일등 함수는 일등 시민(first-class citizen)이다"라는 알쏭달쏭한 설명을 접할 때가 있습니다. 여기서 일등 시민은 고대 로마시대의 시민을 떠올려 보면 의미를 좀 더 쉽게 이해할 수 있습니다. 로마 시민과 다른 숙주 국가의 시민은 모두 똑같은 대우를 받았습니다. 변수가 로마 시민이면 함수 또한 로마 시민이므로 변수와 함수를 차별하지 않는다는 의미로 해석할 수 있습니다.

예를 들어, 다음 코드에서 01행의 f는 let 키워드가 앞에 있으므로 변수입니다. f는 변수이므 로 값을 저장할 수 있습니다. 변수 f에는 a + b 형태의 함수 표현식을 저장했습니다. 하지만 f 는 변수이므로 02행처럼 a − b 형태의 함수 표현식도 저장할 수 있습니다.

• first-class.ts

```
01: let f = function(a, b) {return a + b}
02: f = function(a, b) {return a - b}
```

심벌 f가 변수인지 함수인지 사실상 구분할 수 없습니다. 이것이 변수와 함수를 차별하지 않 는다는 의미입니다.

표현식

프로그래밍 언어에서 '표현식(expression)'이라는 용어는 리터럴(literal), 연산자(operator), 변 수, 함수 호출(function call) 등이 복합적으로 구성된 코드 형태를 의미합니다. 예를 들어, 1 + 2는 1과 2라는 리터럴과 덧셈 연산자 +로 구성된 표현식입니다. 표현식은 항상 컴파일러에 의 해 계산법(evaluation)이 적용되어 어떤 값이 됩니다. 예를 들어, 표현식 1 + 2는 컴파일러에 의해 3이라는 값이 됩니다.

함수 표현식

앞에서 작성한 first-class.ts의 01행에서 변수 f에는 function(a, b) {return a + b}를 마치 값처럼 대입하는데, 이 function(a, b) {return a + b;} 부분을 함수 표현식(function expression)이라고 합니다.

계산법

컴파일러는 표현식을 만나면 계산법(evaluation)을 적용해 어떤 값을 만듭니다. 계산법에는 조급한 계산법(eager evaluation)과 느긋한(또는 지연) 계산법(lazy evaluation) 두 가지가 있습니다.

컴파일러가 1 + 2라는 표현식을 만나면 조급한 계산법을 적용해 3이라는 값을 만듭니다. 반면에 컴파일러가 function(a, b) {return a + b}라는 함수 표현식을 만나면, 심벌 a와 b가 어떤 값인지 알 수 없어서 느긋한 계산법을 적용해 계산을 보류합니다.

함수 호출 연산자

어떤 변수가 함수 표현식을 담고 있다면, 변수 이름 뒤에 함수 호출 연산자(function call operator) ()를 붙여서 호출할 수 있습니다. 여기서 '함수 호출'이란, 함수 표현식의 몸통 부분을 실행한다는 뜻입니다. 만약, 함수가 매개변수를 요구한다면 함수 호출 연산자 () 안에 필요한 매개변수를 명시할 수 있습니다.

다음 코드에서 01행의 functionExpression 변수는 function(a, b) {return a + b}라는 함수 표현식을 담고 있습니다. functionExpression 변수는 함수 표현식을 담고 있으므로, 02행처럼 변수 이름 뒤에 함수 호출 연산자 (1, 2)를 붙여 functionExpression(1, 2)라는 함수 호출문을 만들 수 있습니다.

• function-call.ts

```
01: let functionExpression = function(a, b) {return a + b}
02: let value = functionExpression(1, 2)   // 3
```

컴파일러는 함수 호출문을 만나면 지금까지 미뤘던 함수 표현식에 조급한 계산법을 적용해 함수 표현식을 값으로 바꿉니다. 즉, functionExpression(1, 2) 형태로 함수가 호출되면, 컴파일러는 functionExpression 변수에 저장된 함수 표현식을 끄집어 낸 뒤 조급한 계산법을 적용합니다.

함수 표현식에 조급한 계산법을 적용한다는 의미는 함수 표현식의 몸통 부분을 실행한다는 의미입니다. 앞 코드에서 함수 몸통은 return a + b인데, 매개변수 a와 b의 값이 1과 2로 확정되면 몸통은 return 1 + 2가 됩니다. 여기에 다시 조급한 계산법이 적용되어 return 3이 됩니다. 그리고 최종적으로 functionExpression(1, 2)라는 표현식은 3이라는 값이 됩니다.

익명 함수

함수 표현식(function expression)은 사실 대부분 언어에서 언급되는 익명(혹은 무명) 함수 (anonymous function)의 다른 표현입니다. 자바스크립트에서는 가끔 다음과 같은 형태로 작성된 코드를 만납니다. 앞에서 살펴본 함수 표현식 개념이 없는 상태에서 단순히 익명 함수를 '이름이 없는 함수'로만 이해하면, 이런 형태의 코드가 어떻게 동작하는지 그 원리를 쉽게 가늠하기 어렵습니다.

• anonymous.ts

```
01: let value = (function(a, b) {return a + b;})(1, 2)    // 3
```

앞 코드를 이해하려면 먼저 **연산자 우선순위**(operator precedence)를 고려해 코드를 분해해야 합니다. 일반적으로 연산자들이 우선순위가 다르면 (1 + 2) * 5처럼 소괄호를 사용해 우선순위를 변경합니다. 마찬가지로 함수 호출 연산자는 연산자의 우선순위가 매우 높으므로 함수 표현식 부분을 소괄호로 묶어서 컴파일러가 정상적으로 함수 표현식의 시작과 끝 부분을 알 수 있게 해야 합니다.
다음 코드는 앞의 한 줄짜리 코드를 쉽게 분석하고자 세 줄로 나눠 보았습니다.

```
01: let value =
02: (function(a, b) {return a + b})
03: (1, 2)    // 3
```

컴파일러는 02행의 익명 함수 부분에 게으른 계산법을 적용해 그 상태로 놔두지만, 곧바로 03행의 함수 호출 연산자를 만나므로 02행의 함수 몸통에 조급한 계산법을 적용해 최종적으로 3이라는 값을 만들어 냅니다. 그다음 01행의 value 변수에 이 값을 대입합니다.

const 키워드와 함수 표현식

함수 표현식을 담는 변수는 let보다는 const 키워드로 선언하는 것이 바람직합니다. let 키워드는 변숫값이 변할 수 있으므로 다음처럼 코드를 작성하면 함수 f는 언젠가 다른 내용으로 바뀔 수 있습니다.

```
let f = () => {}
```

반면에 함수 표현식을 담는 변수를 const 키워드로 선언하면, 함수 내용이 이후에 절대로 바뀔 수 없습니다. 따라서 앞으로는 함수 표현식을 담는 변수는 const로 선언하겠습니다.

```
const f = () => {}
```

04-3 화살표 함수와 표현식 문

ESNext 자바스크립트와 타입스크립트는 function 키워드가 아닌 => 기호로 만드는 화살표 함수도 제공합니다.

> const 함수 이름 = (매개변수1: 타입1, 매개변수2: 타입2[, ...]) : 반환 타입 => 함수 몸통

그런데 화살표 함수의 몸통은 function 때와는 다르게 다음처럼 중괄호를 사용할 수도 있고 생략할 수도 있습니다.

```
const arrow1 = (a: number, b: number): number => {return a + b}    // 실행문 방식 몸통
const arrow2 = (a: number, b: number): number => a + b            // 표현식 문 방식 몸통
```

그런데 흥미롭게도 중괄호 사용 여부에 따라 타입스크립트 문법이 동작하는 방식이 실행문 (execution statement, 보통 줄여서 statement) 방식과 표현식 문(expression statement) 방식으로 달라집니다.

실행문과 표현식 문

꽤 오래전부터 프로그래밍 언어는 실행문 지향 언어(execution-oriented language)와 표현식 지향 언어(expression-oriented language)로 구분되어 왔습니다. C가 대표적인 실행문 지향 언어이고, 스칼라(scala)가 대표적인 표현식 지향 언어입니다. 자바스크립트는 흥미롭게도 ES5 는 실행문 지향 언어이지만, ESNext와 타입스크립트는 실행문과 표현식 문을 동시에 지원합니다. 보통 이런 언어를 '다중 패러다임 언어(multi-paradigm language)'라고 합니다.

프로그래밍 언어에서 실행문은 CPU에서 실행되는 코드를 의미합니다. 그런데 실행문은 CPU에서 실행만 될 뿐 결과를 알려주지 않습니다. 실행문이 실행된 결과를 알려면 반드시 return 키워드를 사용해야 합니다. 반면에 표현식 문은 CPU에서 실행된 결과를 굳이 return 키워드를 사용하지 않아도 알려줍니다.

이제 코드로 설명하겠습니다. 다음처럼 변수에 값을 대입하는 것은 대표적인 실행문입니다. 이런 코드는 변수 x에 값 1을 설정하는 작업만으로 충분합니다.

```
let x
x = 1
```

반면에 다음과 같은 코드에서 x > 0 부분은 CPU가 평가한 후 **true**나 **false**라는 값으로 결과를 알려주지 않으면 **if** 문이 정상적으로 동작할 수 없습니다.

```
let x = 10
if(x > 0)
  x = 1
```

그런데 만일 프로그래밍 문법이 다음과 같다면 코드를 작성하기가 상당히 번거로워집니다.

```
if(return x > 0)
  x = 1
```

즉, 똑같이 CPU에서 실행되는 구문이더라도 x > 0처럼 **return** 키워드 없이 결괏값을 반환하는 실행문이 필요합니다. 이를 '**표현식 문**(expression statement)'이라고 구분해서 부릅니다.

예홍쌤의 한마디

실행문 지향 언어들은 **if** 문을 '**if** 실행문'이라고 표현합니다. 반면에 표현식 지향 언어들은 '**if** 표현식'이라고 표현합니다. **if** 표현식은 값을 반환하므로 실행문 지향 언어에서는 불가능한 다음과 같은 구문을 작성할 수 있습니다.

```
val x = if(a > b) a else b
```

복합 실행문

프로그래밍 언어에서 if와 같은 구문은 다음처럼 조건을 만족하면 단순히 한 줄의 실행문만을 실행하는 형태로 설계합니다.

```
if(조건식)
  실행문
```

이런 설계가 가능한 이유는 복합 실행문(compound statement)이라는 또 다른 형태를 함께 제공하기 때문입니다. 대부분 언어에서 복합 실행문은 중괄호 {}를 사용해 다음처럼 이용합니다.

```
if(조건식) {
  실행문1
  실행문2
}
```

복합 실행문은 컴파일러로 하여금 여러 실행문을 한 개처럼 인식하게 합니다. 따라서 컴파일러는 앞의 형태로 작성된 if 문은 여전히 한 줄의 실행문으로 인식합니다.

함수 몸통과 복합 실행문

function 키워드로 만드는 함수는 반드시 몸통을 중괄호 {}로 감싸야 하는데, 여기서 중괄호는 앞서 설명한 복합 실행문을 의미합니다. 따라서 함수 몸통은 다음처럼 여러 줄로 구현할 수 있습니다.

```
function f() {
  let x = 1, y = 2
  let result = x + y + 10
}
```

복합 실행문에서 변수의 유효 범위

복합 실행문은 변수의 유효 범위도 지역 범위(local scope)로 제한합니다. 따라서 다음처럼 두 함수의 몸통에 똑같은 이름의 변수가 있더라도 각 함수의 몸통에서만 유효하므로 서로 간섭하지 않습니다.

```
function f() {let x = 1}
function g() {let x = 2}
```

return 키워드

그런데 앞서 설명한 대로 실행문은 CPU에서 실행된 결과를 알려주지 않습니다. 예를 들어, 함수 몸통을 복합 실행문으로 구현한 다음 함수는 true나 false를 반환하지 않습니다.

```
function isGreater(a: number, b: number): boolean {
  a > b    // 결과를 반환하지 않음
}
```

실행문 기반 언어는 이 문제를 해결하려고 return이라는 키워드를 도입했습니다.

```
function isGreater(a: number, b: number): boolean {
  return a > b    // true나 false라는 결과를 반환
}
```

그런데 return 키워드는 반드시 함수 몸통에서만 사용할 수 있다는 제약이 있습니다. 이러한 제약은 문법을 잘못 이해해 다음과 같은 코드를 만드는 것을 방지하려는 의도입니다.

```
if(return x > 0) x = 1
```

표현식 문 스타일의 화살표 함수 구현

앞서 function 스타일 함수 isGreater를 화살표 함수로 구현하면 다음과 같습니다.

```
const isGreater = (a: number, b: number): boolean => {
  return a > b;
}
```

다만, 단순한 내용을 이렇게 구현하는 것은 좀 번거로워서 ESNext와 타입스크립트는 다음처럼 구현할 수 있게 하였습니다.

```
const isGreater = (a: number, b: number): boolean => a > b
```

그런데 이 코드는 함수 몸통이 {a > b}가 아니라 단순히 a > b로 구현되었습니다. 즉, 함수 몸통이 표현식으로 구현되었습니다. 그리고 표현식은 값을 반환하는 실행문이므로 return 키워드 또한 생략되었습니다.

복합 실행문에서 return 키워드 사용

return 키워드는 복합 실행문 안에서만 사용할 수 있어서 다음과 같은 코드는 구문 오류가 발생합니다.

```
const isGreater = (a: number, b: number): boolean => return a > b
```

즉, return 키워드를 사용하려면 항상 다음처럼 중괄호 {}로 복합 실행문을 만든 다음 그 안에 사용해야 합니다.

```
const isGreater = (a: number, b: number): boolean => {return a > b}
```

표현식과 표현식 문의 차이

지금까지 이 책은 어떤 때는 표현식(expression)이란 용어를, 어떤 때는 표현식 문(expression statement)이란 용어를 사용했습니다. 이제 이 둘의 차이를 알아보겠습니다.

다음 코드에서 02행에 있는 a > b 코드는 C 언어에서 '표현식'이라고 했기 때문에 그 이후 만들어진 프로그래밍 언어들도 C 언어와 같은 의미로 표현식이라고 생각합니다. 따라서 C 언어 관점에서 실행문의 일부일 뿐 그 자체가 실행문인 것은 아닙니다. 반면에 표현식 지향 언어 관점에서 03행의 a > b 코드는 그 자체가 실행문(statement)입니다.

표현식과 표현식 문의 차이

```
01: let a = 1, b = 0
02: if(a > b) console.log('a is greater than b')
03: const isGreater = (a: number, b: number): boolean => a > b
```

결론적으로 '표현식(expression)'이란 용어는 두 가지 형태로 사용되는데, 이 둘을 구분하고자 표현식(expression)과 표현식 문(expression statement)으로 구분한 것입니다.

실행문을 만드는 세미콜론

C 언어는 모든 문장이 반드시 세미콜론 ;으로 끝나야 합니다. C 언어 구문을 참조해 만든 ES5 자바스크립트 또한 모든 문장 끝에 세미콜론이 있어야 합니다. 반면에 ESNext 자바스크립트와 타입스크립트에서는 세미콜론을 생략할 수 있습니다. 다만, 타입스크립트에서는 관습적으로 표현식 문에는 세미콜론을 붙이지 않습니다.

04-4 일등 함수 살펴보기

콜백 함수

일등 함수(first-class function)는 프로그래밍 언어가 제공하는 기능입니다. 일등 함수 기능을
제공하는 언어에서 함수는 '함수 표현식'이라는 일종의 값입니다. 따라서 변수에 담을 수 있
습니다. 이 말은 함수 표현식을 매개변수로 받을 수 있다는 것을 의미합니다. 이처럼 매개변
수 형태로 동작하는 함수를 **콜백 함수**(callback function)라고 합니다.
다음 코드에서 함수 f는 callback이라는 매개변수가 있는데, 함수 몸통에서 함수로서 호출합
니다.

```
const f = (callback: () => void): void => callback()
```

다음 코드는 좀 더 현실적인 콜백 함수 사용 예입니다. init 함수는 중간에 매개변수로 받은
callback에 담긴 함수 표현식을 실행합니다.

• init.ts

```
01: export const init = (callback: () => void): void => {
02:   console.log('default initialization finished.')
03:   callback()
04:   console.log('all initialization finished.')
05: }
```

다음 코드는 앞서 구현한 init 함수에 자신이 실행하려는 내용을 익명 함수로 전달합니다.

• callback.ts

```
01: import {init} from './init'
02: init(() => console.log('custom initialization finished.'))
```

실행 결과를 보면 init 함수가 자신의 몸통과 외부에서 전달받은 함수를 호출해 각각의 출력문이 실행된 것을 확인할 수 있습니다.

프레임워크 API 구현에 유용한 콜백 함수

프로그램의 전체 구조를 쉽게 작성할 수 있게 설계된 라이브러리를 보통 프레임워크 (framework)라고 합니다. 프레임워크는 여러 프로그램이 공통으로 구현해야 할 함수를 API(application programming interface)라는 이름으로 제공합니다. 그런데 API는 프로그램마다 새로운 내용을 추가로 구현할 수 있게 지원해야 하는데, 이러한 면에서 콜백 함수는 프레임워크의 API 구현에 매우 유용합니다.

중첩 함수

함수형 언어에서 함수는 변수에 담긴 함수 표현식이므로 함수 안에 또 다른 함수를 중첩(nested) 해서 구현할 수 있습니다. 다음 코드에서 calc 함수는 add와 multiply라는 이름의 중첩 함수를 구현하고 있습니다.

• nested.ts

```
01: const calc = (value: number, cb: (number) => void): void => {
02:   let add = (a, b) => a + b
03:   function multiply(a, b) {return a * b}
04:
05:   let result = multiply(add(1, 2), value)
06:   cb(result)
07: }
08: calc(30, (result: number) => console.log(`result is ${result}`)) // result is 90
```

고차 함수와 클로저, 그리고 부분 함수

고차 함수(high-order function)는 또 다른 함수를 반환하는 함수를 말합니다. 함수형 언어에서 함수는 단순히 함수 표현식이라는 값이므로 다른 함수를 반환할 수 있습니다. 고차 함수 기능이 없다면 함수형 프로그래밍이 불가능할 정도로 고차 함수는 매우 중요한 기능입니다.

일단 고차 함수의 일반적인 형태는 다음과 같습니다.

© 고차 함수는 08장에서 자세하게 설명합니다.

```
const add1 = (a: number, b: number): number => a + b // 보통 함수
const add2 = (a: number): (number) => number => (b: number): number => a + b // 고차 함수
```

add1은 일반적인 함수로 선언되었지만 add2는 고차 함수로 선언되었습니다. 다음 코드에서 add 함수는 앞의 add2 함수를 이름만 바꾼 것입니다. 고차 함수가 흥미로운 것은 02행에 있는 함수 호출 부분입니다.

• high-order.ts

```
01: const add = (a: number): (number) => number => (b: number): number => a + b
02: const result = add(1)(2)
03: console.log(result)   // 3
```

이런 구문이 어떻게 가능한지 add 함수를 좀 더 이해하기 쉬운 형태로 다시 구현하겠습니다. 다음 코드는 number 타입의 매개변수를 받아 number 타입의 값을 반환하는 함수 시그니처를 NumberToNumberFunc 타입으로 정의합니다.

```
type NumberToNumberFunc = (number) => number
```

이제 NumberToNumberFunc 타입의 함수를 반환하는 add와 같은 함수를 만들 수 있습니다.

```
type NumberToNumberFunc = (number) => number
export const add = (a: number): NumberToNumberFunc => {
  // NumberToNumberFunc 타입의 함수 반환
}
```

다음으로 add의 반환값을 중첩 함수로 구현할 수 있습니다.

```
type NumberToNumberFunc = (number) => number
export const add = (a: number): NumberToNumberFunc => {
  const _add: NumberToNumberFunc = (b: number): number => {
    // number 타입의 값 반환
  }
  return _add
}
```

add 함수가 반환하는 _add는 NumberToNumberFunc 타입입니다. 고차 함수는 이처럼 중첩 함수를 반환할 수 있습니다.

이제 최종적으로 _add의 몸통을 구현하면 다음처럼 add라는 이름의 고차 함수가 완성됩니다.

• add.ts

```
01: export type NumberToNumberFunc = (number) => number
02: export const add = (a: number): NumberToNumberFunc => {
03:   const _add: NumberToNumberFunc = (b: number): number => {
04:     return a + b // 클로저
05:   }
06:   return _add
07: }
```

04행이 흥미로운 것은 a는 add 함수의 매개변수이고 b는 _add 함수의 매개변수라는 사실입니다. 즉, _add 함수의 관점에서만 보면 a는 외부에 선언된 변수입니다. 함수형 프로그래밍 언어에서는 04행과 같은 형태를 **클로저**(closure)라고 합니다. ◎ 클로저는 08장에서 자세하게 설명합니다. 고차 함수는 이 클로저 기능이 반드시 필요합니다.

이제 지금까지 구현한 고차 함수 add를 사용하는 코드를 살펴보겠습니다. 앞서 구현한 add는 NumberToNumberFunc 타입의 값을 반환하는 함수이므로 다음과 같은 코드를 작성할 수 있습니다.

```
import {NumberToNumberFunc, add} from './add'
let fn: NumberToNumberFunc = add(1)
```

그런데 변수 fn에 담긴 값은 NumberToNumberFunc 타입의 함수 표현식이므로 다음 05행처럼 fn 뒤에 함수 호출 연산자를 붙일 수 있습니다.

```
                                                    • useAdd.ts
01: import {NumberToNumberFunc, add} from './add'
02:
03: let fn: NumberToNumberFunc = add(1)
04:
05: let result = fn(2)
06: console.log(result)      // 3
07: console.log(add(1)(2))    // 3
```

코드를 주의 깊게 관찰하면 변수 fn은 단순히 add(1)을 저장하는 임시 변수(temporary variable)의 역할만 합니다. 따라서 fn과 같은 임시 변수를 사용하지 않는다면 07행과 같은 구문이 됩니다. 2차 고차 함수인 add는 add(1)(2)처럼 함수 호출 연산자를 두 개 사용해야만 함수가 아닌 값을 얻을 수 있습니다.

만일, add가 다음 multiply처럼 3차 고차 함수로 구현되었다면 multiply(1)(2)(3)처럼 함수 호출 연산자가 3개 필요합니다.

```
const multiply = a => b => c => a * b * c
```

그리고 3차 고차 함수인 multiply에 함수 호출 연산자를 하나나 두 개만 붙여서 multiply(1)이나 multiply(1)(2)처럼 사용하면 아직 값이 아닌 함수입니다. 이것을 '부분 애플리케이션(partial application)' 혹은 '부분 적용 함수(partially applied function)'라고 합니다.

04-5 함수 구현 기법

매개변수 기본값 지정하기

앞서 04-1절에서 선택적 매개변수를 설명했습니다. 선택적 매개변수는 항상 그 값이 unde fined로 고정됩니다. 만일, 함수 호출 시 인수를 전달하지 않더라도 매개변수에 어떤 값을 설정하고 싶다면 매개변수의 기본값을 지정할 수 있습니다. 이를 **디폴트 매개변수**(default parameter)라고 하고 다음과 같은 형태로 사용합니다.

```
(매개변수: 타입 = 매개변수 기본값)
```

다음 코드에서 03행의 makePerson 함수는 호출 때 매개변수 age에 해당하는 값을 전달받지 못하면 기본으로 10이 설정됩니다.

• default.ts

```
01: export type Person = {name: string, age: number}
02:
03: export const makePerson = (name: string, age: number = 10): Person => {
04:    const person = {name: name, age: age}
05:    return person
06: }
07: console.log(makePerson('Jack'))       // { name: 'Jack', age: 10 }
08: console.log(makePerson('Jane', 33))   // {name: 'Jane', age: 33 }
```

객체 생성 시 값 부분을 생략할 수 있는 타입스크립트 구문

타입스크립트는 다음처럼 매개변수의 이름과 똑같은 이름의 속성을 가진 객체를 만들 수 있습니다. 이때 속성값 부분을 생략할 수 있는 단축 구문(shorthand)을 제공합니다.

```
const makePerson = (name: string, age: number) => {
  const person = {name, age}    // {name: name, age: age}의 단축 표현
}
```

다음 return-object.ts 파일의 구현 내용은 앞에서 구현한 default.ts의 내용과 04행만 다릅니다. 객체 관련 단축 구문이 적용되어 코드가 조금이나마 간결해졌습니다.

• return-object.ts

```
01: export type Person = {name: string, age: number}
02:
03: export const makePerson = (name: string, age: number = 10): Person => {
04:   const person = {name, age}
05:   return person
06: }
07: console.log(makePerson('Jack'))        // { name: 'Jack', age: 10 }
08: console.log(makePerson('Jane', 33))    // { name: 'Jane', age: 33 }
```

객체를 반환하는 화살표 함수 만들기

화살표 함수에서 객체를 반환하고자 할 때는 얼핏 다음과 같은 코드를 생각할 수 있습니다.

```
export const makePerson = (name: string, age: number = 10): Person => {name, age}
```

그런데 이렇게 구현하면 컴파일러는 중괄호 {}를 객체가 아닌 복합 실행문으로 해석합니다. 따라서 컴파일러가 {}를 객체로 해석하게 하려면 다음처럼 객체를 소괄호로 감싸주어야 합니다.

```
export const makePerson = (name: string, age: number = 10): Person => ({name, age})
```

다음은 이러한 내용을 반영해 앞에서 구현한 return-object.ts를 좀 더 간결하게 구현한 예입니다.

• arrow.ts

```
01: export type Person = {name: string, age: number}
02:
03: export const makePerson = (name: string, age: number = 10): Person => ({name, age})
04: console.log(makePerson('Jack'))        // { name: 'Jack', age: 10 }
05: console.log(makePerson('Jane', 33))    // { name: 'Jane', age: 33 }
```

매개변수에 비구조화 할당문 사용하기

앞서 03-4절에서는 객체에 비구조화 할당문을 적용하는 내용을 다뤘습니다. 그런데 함수의 매개변수도 변수의 일종이므로 다음처럼 비구조화 할당문을 적용할 수 있습니다.

```ts
• destructuring.ts

01: export type Person = {name: string, age: number}
02:
03: const printPerson = ({name, age}: Person): void =>
04:     console.log(`name: ${name}, age: ${age}`)
05:
06: printPerson({name: 'Jack', age: 10})   // name: Jack, age: 10
```

색인 키와 값으로 객체 만들기

ESNext 자바스크립트에서는 다음과 같은 코드를 작성할 수 있습니다.

```
const makeObject = (key, value) => ({[key]: value})
```

이 코드는 다음처럼 객체의 속성 이름을 변수로 만들려고 할 때 사용합니다. 즉, [key] 부분이 'name'이면 {name: value} 형태, 'firstName'이면 {firstName: value} 형태의 객체를 생성합니다.

```
const makeObject = (key, value) => ({[key]: value})
console.log(makeObject('name', 'Jack'))        // { name: 'Jack' }
console.log(makeObject('firstName', 'Jane'))   // { firstName: 'Jane' }
```

타입스크립트에서는 {[key]: value} 형태의 타입을 '색인 가능 타입(indexable type)'이라고 하며, 다음과 같은 형태로 key와 value의 타입을 명시합니다.

```
type KeyType = {
  [key: string]: string
}
```

다음 코드는 색인 가능 타입을 사용해 속성 이름만 다른 객체를 만드는 예입니다.

• indexable-key.ts

```
01: export type KeyValueType = {
02:   [key: string]: string
03: }
04: export const makeObject = (key: string, value: string): KeyValueType => ({[key]:
    value})
05:
06: console.log(makeObject('name', 'Jack'))        // { name: 'Jack' }
07: console.log(makeObject('firstName', 'Jane'))   // { firstName: 'Jane' }
```

04-6 클래스 메서드

function 함수와 this 키워드

앞서 04-2절에서 타입스크립트의 function 키워드로 만든 함수는 Function이란 클래스의
인스턴스, 즉 함수는 객체라고 했습니다. 객체지향 언어에서 인스턴스는 this 키워드를 사용
할 수 있습니다. 타입스크립트에서는 function 키워드로 만든 함수에 this 키워드를 사용할
수 있습니다. 반면에 화살표 함수에는 this 키워드를 사용할 수 없습니다.

메서드란?

타입스크립트에서 메서드(method)는 function으로 만든 함수 표현식을 담고 있는 속성입니
다. 다음 코드에서 클래스 A는 value와 method라는 두 개의 속성을 가집니다. value에는 1이
라는 값을 설정하지만, method는 () => void 타입의 함수 표현식을 설정합니다. 여기서
method 구현 내용 중 특이한 부분은 04행의 this.value 부분입니다.

• A.ts
```
01: export class A {
02:   value: number = 1
03:   method: () => void = function(): void {
04:     console.log(`value: ${this.value}`)
05:   }
06: }
```

이제 다음과 같은 테스트 코드를 만들어 실행해 봅시다. A.ts의 02행에서 value 속성을 1로
설정했으므로 04행의 this.value가 1이 되어 value: 1이라는 문자열이 출력됩니다.

• testA.ts
```
01: import {A} from './A'
02: let a: A = new A
03: a.method()   // value: 1
```

클래스 메서드 구문

앞에서 작성한 클래스 A는 구현하기도 번거롭고 가독성도 떨어집니다. 타입스크립트는 클래스 속성 중 함수 표현식을 담는 속성은 function 키워드를 생략할 수 있게 하는 단축 구문 (shorthand)을 제공합니다.

다음 코드에서 B 클래스는 타입스크립트답게 구현한 클래스 A입니다. A와 B는 똑같이 동작하지만 B 코드가 더 간결해 보입니다.

• B.ts

```
01: export class B {
02:   constructor(public value: number = 1) {}
03:   method(): void {
04:     console.log(`value: ${this.value}`)
05:   }
06: }
```

다음은 B 클래스를 테스트하는 코드입니다. 실행해 보면 B 클래스의 생성자를 통해 전달된 2라는 값이 value에 설정되고 method가 호출되어 2라는 값이 출력됩니다.

• testB.ts

```
01: import {B} from './B'
02: let b: B = new B(2)
03: b.method()   // value: 2
```

정적 메서드

클래스의 속성은 static 수정자(modifier)를 속성 앞에 붙여서 정적으로 만들 수 있었습니다. 메서드 또한 속성이므로 이름 앞에 static 수정자를 붙여 정적 메서드를 만들 수 있습니다.

다음 코드는 C와 D라는 두 클래스가 whoAreYou라는 같은 이름의 정적 메서드를 구현하고 있습니다. 클래스 메서드는 13, 14행에서 보듯 '클래스 이름.정적 메서드()' 형태로 호출합니다.

```
01: export class C {
02:   static whoAreYou(): string {
03:     return `I'm class C`
04:   }
05: }
06:
07: export class D {
08:   static whoAreYou(): string {
09:     return `I'm class D`
10:   }
11: }
12:
13: console.log(C.whoAreYou())   // I'm class C
14: console.log(D.whoAreYou())   // I'm class D
```

메서드 체인

제이쿼리(jQuery)와 같은 라이브러리는 다음처럼 객체의 메서드를 이어서 계속 호출하는 방식의 코드를 작성할 수 있습니다. 이러한 방식을 **메서드 체인**(method chain)이라고 합니다.

```
$("#p1").css("color", "red").slideUp(2000).slideDown(2000);
```

타입스크립트로 메서드 체인을 구현하려면 메서드가 항상 this를 반환하게 합니다.

```
01: export class calculator {
02:   constructor(public value: number = 0) {}
03:   add(value: number) {
04:     this.value += value
05:     return this
06:   }
07:   multiply(value: number) {
08:     this.value *= value
09:     return this
10:   }
11: }
```

이제 다음과 같은 테스트 코드에서 04행처럼 제이쿼리 스타일로 구현할 수 있습니다.

• test-method-chain.ts

```
01: import {Calculator} from './method-chain'
02:
03: let calc = new Calculator
04: let result = calc.add(1).add(2).multiply(3).multiply(4).value
05: console.log(result)    // (0 + 1 + 2) * 3 * 4 = 36
```

지금까지 살펴본 코드 설계 기법은 다음 05장의 배열에서 폭넓게 확인할 수 있습니다.

배열과 튜플

함수형 프로그래밍에서 배열은 매우 중요한 기능을 합니다. 이번 장에서는 함수형 프로그래밍의 일부인 선언형 프로그래밍과 함수형 프로그래밍을 가능하게 하는 순수 함수를 다루면서 배열과 튜플에 대해 살펴봅니다.

05-1 배열 이해하기

자바스크립트에서 배열은 Array 클래스의 인스턴스이며 다음처럼 선언합니다.

```
let 배열 이름 = new Array(배열 길이)
```

다음 코드는 Array 클래스의 인스턴스를 만든 후 push 메서드를 이용해 [1, 2, 3]으로 구성된 배열을 만듭니다.

• array.ts

```
01: let array = new Array
02: array.push(1); array.push(2); array.push(3)
03: console.log(array)   // [1, 2, 3]
```

배열에 담긴 각각의 값을 아이템(item) 또는 원소(element)라고 하는데, 이 책에서는 아이템이라고 부르겠습니다. 즉, 앞 코드의 **array** 변수에는 3개의 아이템을 담고 있습니다.

[ ] 단축 구문

앞에서 살펴본 array.ts 스타일로 배열을 만드는 것은 조금 번거롭습니다. 따라서 자바스크립트는 []라는 단축 구문을 제공합니다. 다음 코드는 [] 단축 구문을 이용해 number 타입의 값으로 채운 numbers 배열과 string 타입의 값으로 채운 strings 배열을 만듭니다.

• shorthand.ts

```
01: let numbers = [1, 2, 3]
02: let strings = ['Hello', 'World']
03: console.log(numbers, strings)   // [ 1, 2, 3 ] [ 'Hello', 'World' ]
```

자바스크립트에서 배열은 객체다

자바스크립트에서 배열은 다른 언어와 다르게 객체입니다. 배열은 Array 클래스의 인스턴스인데, 클래스의 인스턴스는 객체이기 때문입니다. Array 클래스는 배열을 사용하는 데 필요한 여러 가지 메서드를 제공합니다. 그중 Array.isArray는 매개변수로 전달받은 심벌이 배열인지 객체인지 알려줍니다.

• isArray.ts

```
01: let a = [1, 2, 3]
02: let o = {name: 'Jack', age: 32}
03: console.log(Array.isArray(a), Array.isArray(o))   // true false
```

배열의 타입

타입스크립트에서 배열의 타입은 '아이템 타입[]'입니다. 예를 들어, 배열의 아이템이 number 타입이면 배열의 타입은 number[]이고, 아이템이 string 타입이면 string[]입니다. 다음 코드는 배열에 타입 주석을 붙이는 방법을 나타냅니다.

• array-type.ts

```
01: let numArray: number[] = [1, 2, 3]
02: let strArray: string[] = ['Hello', 'World']
03:
04: type IPerson = {name: string, age?: number}
05: let personArray: IPerson[] = [{name: 'Jack'}, {name: 'Jane', age: 32}]
```

문자열과 배열 간 변환

어떤 프로그래밍 언어는 문자열(string)을 문자(character)들의 배열(array)로 간주합니다. 그러나 타입스크립트에서는 문자 타입이 없고 문자열의 내용 또한 변경할 수 없습니다. 이러한 특징 때문에 문자열을 가공하려면 먼저 문자열을 배열로 전환해야 합니다.

보통 문자열을 배열로 전환할 때는 String 클래스의 split 메서드를 사용합니다. split 메서드는 문자열을 문자로 쪼개는 기준인 구분자(delimiter)를 입력받아 문자열을 string[] 배열로 만들어 줍니다.

```
split(구분자: string): string[]
```

다음의 split 함수는 매개변수로 전달받은 문자열과 구분자를 이용해 String 클래스의
split 메서드를 호출함으로써 string[] 타입의 배열로 만들어 줍니다.

• split.ts

```
01: export const split = (str: string, delim: string = ''): string[] => str.split(delim)
```

다음은 split 함수를 테스트하는 코드로서 구분자를 생략한 예와 '_'를 사용한 예 두 가지를
보여줍니다.

• split-test.ts

```
01: import {split} from './split'
02: console.log(
03:   split('hello'),          // [ 'h', 'e', 'l', 'l', 'o' ]
04:   split('h_e_l_l_o', '_')  // [ 'h', 'e', 'l', 'l', 'o' ]
05: )
```

string[] 타입의 배열을 다시 string 타입으로 변환하려면 Array 클래스의 join 메서드를 사
용합니다.

```
join(구분자: string): string
```

다음은 join 메서드를 이용하는 사용자 정의 함수 join을 작성한 예입니다. join 함수는 매개
변수로 전달받은 string[] 타입 배열과 구분자를 이용해 String 클래스의 join 메서드를 호
출함으로써 문자와 구분자를 결합한 새 문자열을 반환합니다.

• join.ts

```
01: export const join = (strArray: string[], delim: string=''): string => strArray.
    join(delim)
```

다음은 join 함수에 string[] 타입의 배열을 전달해서 구분자에 따라 어떤 내용의 문자열로
바뀌는지 보여주는 예입니다.

```
01: import {join} from  './join'
02: console.log(
03:    join(['h', 'e', 'l', 'l', 'o']),          // hello
04:    join(['h', 'e', 'l', 'l', 'o'], '_'),   // h_e_l_l_o
05: )
```

인덱스 연산자

배열이 담고 있는 아이템 중 특정 위치에 있는 아이템을 얻고자 할 때는 인덱스 연산자(index operator) [인덱스]를 사용합니다. 인덱스 연산자는 배열의 특정 위치에 있는 아이템을 얻습니다. 다음 코드에서 05행은 numbers[index] 형태로 배열의 특정 위치(index)에 담긴 값을 얻습니다.

```
01: const numbers: number[] = [1, 2, 3, 4, 5]
02: for(let index = 0; index < numbers.length; index++) {
03:    const item: number = numbers[index]
04:    console.log(item)   // 1 2 3 4 5
05: }
```

배열의 비구조화 할당

객체뿐만 아니라 배열에도 비구조화 할당을 적용할 수 있습니다. 배열의 비구조화 할당문에서는 객체와 달리 [] 기호를 사용합니다. 다음 코드는 배열에 담긴 아이템을 비구조화 할당문으로 얻습니다.

```
01: let array: number[] = [1, 2, 3, 4, 5]
02: let [first, second, third, ...rest] = array
03: console.log(first, second, third, rest)   // 1 2 3 [ 4, 5 ]
```

for...in 문

ESNext 자바스크립트와 타입스크립트는 for 문을 좀 더 쉽게 사용하도록 for...in 문을 제공합니다. for...in 문은 객체를 대상으로 사용하지만, 앞서 설명한 것처럼 배열도 객체이므로 배열에 사용할 수도 있습니다.

```
for(변수 in 객체) {
  ...
}
```

for...in 문은 배열의 인덱스값을 순회합니다. 다음 코드는 배열에 for...in 문을 사용하는 예입니다.

• for-in.ts

```
01: let names = ['Jack', 'Jane', 'Steve']
02:
03: for(let index in names) {
04:   const name = names[index]
05:   console.log(`[${index}]: ${name}`)    // [0]: Jack [1]: Jane [2]: Steve
06: }
```

만약, for...in 문에 객체를 사용할 때는 객체가 가진 속성(property)을 대상으로 순회합니다. 다음 코드는 name과 age 속성을 가진 jack 객체의 속성 이름과 값을 얻는 예입니다.

• object-for-in.ts

```
01: let jack = {name: 'Jack', age: 32}
02: for(let property in jack)
03:   console.log(`${property}: ${jack[property]}`)    // name: Jack age: 32
```

for...of 문

ESNext 자바스크립트와 타입스크립트는 for...in과는 사용법이 약간 다른 for...of 문도 제공합니다.

```
for(let 변수 of 객체) {
  ...
}
```

for...in 문은 배열의 인덱스값을 대상으로 순회하지만, for...of 문은 배열의 아이템값을
대상으로 순회합니다. 다음 코드는 for...of 구문의 예로, 아이템값만 필요할 때는 for...in
보다 좀 더 간결하게 구현할 수 있습니다.

• for-of.ts

```
01: for(let name of ['Jack', 'Jane', 'Steve'])
02:   console.log(name)   // Jack Jane Steve
```

제네릭 방식 타입

배열을 다루는 함수를 작성할 때는 number[]와 같이 타입이 고정된 함수를 만들기보다는 T[]
형태로 배열의 아이템 타입을 한꺼번에 표현하는 것이 편리합니다. 타입을 T와 같은 일종의
변수(타입 변수)로 취급하는 것을 **제네릭**(generics) **타입**이라고 합니다.

이제 자바스크립트 함수에 타입스크립트의 제네릭 타입을 사용하는 방법을 알아보겠습니다.
다음 arrayLength 함수는 배열의 길이를 얻는 함수로서 자바스크립트로 구현되었습니다.

```
const arrayLength = (array) => array.length
```

이 함수가 number[], string[], IPerson[] 등 다양한 아이템 타입을 가지는 배열에 똑같이 적
용되게 하려면 다음처럼 배열의 타입 주석을 T[]로 표현합니다.

```
const arrayLength = (array: T[]): number => array.length
```

그런데 이렇게 하면 컴파일러가 T의 의미를 알 수 있어야 합니다. 즉, T가 타입 변수(type
variable)라고 알려줘야 합니다. 예를 들어, 배열의 길이를 구하는 함수와 배열이 비었는지를
판별하는 함수를 제네릭 함수 스타일로 구현하면 다음과 같습니다.

```
01: export const arrayLength = <T>(array: T[]): number => array.length
02: export const isEmpty = <T>(array: T[]): boolean => arrayLength<T>(array) == 0
```

다음 코드는 앞서 「배열의 타입」 절에서 본 array-type.ts의 코드에 위 두 함수를 적용한 예입니다. 제네릭 함수로 구현했으므로 다양한 배열 타입에 모두 정상적으로 대응하는 것을 볼 수 있습니다.

• arrayLength-test.ts

```
01: import {arrayLength, isEmpty} from './arrayLength'
02: let numArray: number[] = [1, 2, 3]
03: let strArray: string[] = ['Hello', 'World']
04:
05: type IPerson = {name: string, age?: number}
06: let personArray: IPerson[] = [{name: 'Jack'}, {name: 'Jane', age: 32}]
07:
08: console.log(
09:     arrayLength(numArray),      // 3
10:     arrayLength(strArray),      // 2
11:     arrayLength(personArray),   // 2
12:     isEmpty([]),                // true
13:     isEmpty([1])                // false
14: )
```

제네릭 함수의 타입 추론

다음 코드에서 01행의 identity 함수는 제네릭 형태로 구현되었습니다.

• generic-type-inference.ts

```
01: const identity = <T>(n: T): T => n
02: console.log(
03:     identity<boolean>(true),    // true
04:     identity(true)              // true
05: )
```

제네릭 형태로 구현된 함수는 원칙적으로는 03행처럼 타입 변수를 다음과 같은 형태로 명시해 주어야 합니다.

> 함수 이름〈타입 변수〉(매개변수)

하지만 이런 코드는 번거로워서 타입스크립트는 04행처럼 타입 변수 부분을 생략할 수 있게합니다. 타입스크립트는 타입 변수가 생략된 제네릭 함수를 만나면 타입 추론을 통해 생략된타입을 찾아냅니다.

제네릭 함수의 함수 시그니처

04장에서 함수의 타입, 즉 함수 시그니처에 관해 알아봤습니다. 타입스크립트는 어떤 경우 함수 시그니처의 매개변수 부분에 변수 이름을 기입하라고 요구합니다. 다음 화면에서 normal 함수는 cb라는 이름의 매개변수에 함수 시그니처를 사용했습니다. 그런데 normal과 달리error는 묘하게 오류가 발생합니다.

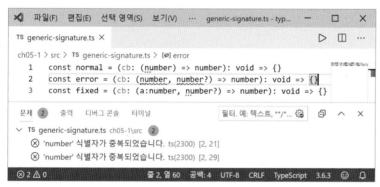

함수 시그니처 사용 오류

이런 오류가 발생하면 03행의 fixed 선언문처럼 타입스크립트가 해석하지 못하는 부분에 변수를 삽입하고 이 변수에 타입을 명시해 해결합니다. 제네릭 타입의 함수에서도 같은 문제가발생하는데, 해결 방법은 앞서 fixed에서와 같습니다.

```
const f = <T>(cb: (arg: T, i?: number) => number): void => {}
```

전개 연산자

03장에서 점 세 개가 나란히 있는 ...을 전개 연산자(spread operator)라고 했습니다. 전개 연산자는 배열에도 적용할 수 있습니다. 다음 코드는 전개 연산자를 사용해 두 배열과 특정 값을 동시에 결합하는 예입니다.

• spread-operator.ts

```
01: let array1: number[] = [1]
02: let array2: number[] = [2, 3]
03: let mergedArray: number[] = [...array1, ...array2, 4]
04: console.log(mergedArray)   // [1, 2, 3, 4]
```

range 함수 구현

우리는 02-2절에서 ramda라는 외부 패키지가 제공하는 **R.range**란 함수를 잠시 사용해 봤습니다. 그런데 배열에 전개 연산자를 적용하면 **R.range**와 같은 함수를 쉽게 만들 수 있습니다. 다음 range 함수는 재귀 함수(recursive function) 스타일로 동작하며, **R.range**처럼 **from**에서 **to**까지 수로 구성된 배열을 생성해 줍니다.

• range.ts

```
01: export const range = (from: number, to: number): number[] =>
02:   from < to ? [from, ...range(from + 1, to)] : []
```

다음은 range 함수가 정상으로 동작하는지 알아보는 테스트 코드입니다. range 함수에 1과 9 + 1을 전달했으므로 1부터 9까지 수로 구성된 배열을 반환합니다.

• range-test.ts

```
01: import {range} from './range'
02: let numbers: number[] = range(1, 9 + 1)
03: console.log(numbers)   // [1, 2, 3, 4, 5, 6, 7, 8, 9]
```

이제 배열과 관련된 일반적인 내용을 알았으니 함수형 프로그래밍 관점에서 배열을 살펴보겠습니다.

05-2 선언형 프로그래밍과 배열

이 책의 주제인 함수형 프로그래밍은 선언형 프로그래밍(declarative programming)과 깊은 관련이 있습니다. 배열은 선언형 프로그래밍을 구현할 때 절대적으로 필요한 문법 기능입니다. 선언형 프로그래밍은 곧잘 명령형 프로그래밍(imperative programming)과 비교되지만, 이 둘은 대등하게 비교할 대상은 아닙니다. 명령형은 좀 더 CPU 친화적인 저수준(low-level) 구현 방식이고, 선언형은 명령형 방식 위에서 동작하는 인간에게 좀 더 친화적인 고수준(high-level) 구현 방식입니다.

다음 그림은 함수형 프로그래밍과 선언형 프로그래밍, 그리고 명령형 프로그래밍과의 관계를 나타냅니다.

함수형, 선언형, 명령형 프로그래밍 관계도

이제 명령형과 선언형 프로그래밍을 구체적인 코드로 접하면서 배열을 어떤 방식으로 사용하는지 알아보겠습니다. 참고로 이번 절의 내용은 앞 절에서 구현한 range.ts 파일이 필요하므로, ch05-1 디렉터리에서 range.ts 파일을 복사해 ch05-2 디렉터리에 붙여 넣습니다.

명령형 프로그래밍이란?

프로그램의 기본 형태는 다음처럼 입력 데이터를 얻고 가공한 다음, 결과를 출력하는 형태로 구성됩니다.

- 입력 데이터 얻기
- 입력 데이터 가공해 출력 데이터 생성
- 출력 데이터 출력

명령형 프로그래밍에서는 여러 개의 데이터를 대상으로 할 때 다음처럼 for 문을 사용해서 구현합니다.

```
for( ; ; ) {
  입력 데이터 얻기
  입력 데이터 가공해 출력 데이터 생성
  출력 데이터 출력
}
```

반면에 선언형 프로그래밍은 시스템 자원의 효율적인 운용보다는 일괄된 문제 해결 구조에 더 집중합니다. 선언형 프로그래밍은 명령형 프로그래밍처럼 for 문을 사용하지 않고 모든 데이터를 배열에 담습니다. 그리고 문제가 해결될 때까지 끊임없이 또 다른 형태의 배열로 가공하는 방식으로 구현합니다.

- 문제를 푸는 데 필요한 모든 데이터 배열에 저장
- 입력 데이터 배열을 가공해 출력 데이터 배열 생성
- 출력 데이터 배열에 담긴 아이템 출력

이제 코드를 보면서 명령형과 선언형 프로그래밍의 차이, 그리고 배열의 역할에 관해 구체적으로 살펴보겠습니다.

1부터 100까지 더하기 문제 풀이

다음 코드는 1부터 100까지 더하는 문제의 답을 for 문을 사용해 구합니다. 이러한 구조는 명령형 프로그래밍 방식입니다.

• imperative-sum.ts

```
01: let sum = 0
02: for(let val = 1; val <= 100;)
03:   sum += val++
04: console.log(sum)   // 5050
```

이번에는 선언형으로 구현해 보겠습니다. 앞에서 명령형 코드는 데이터와 가공이 for 문 안에서 이루어졌지만, 선언형은 데이터 생성과 가공 과정을 분리합니다. 다음 코드는 일단 1부터 100까지 데이터를 배열로 생성합니다.

• declarative-sum.ts

```
01: import {range} from './range'   // 05-1절에서 작성한 range.ts
02:
03: let numbers: number[] = range(1, 100 + 1)
04: console.log(numbers)   // [1, 2, ..., 100]
```

이제 우리는 배열에 담긴 데이터를 모두 더해야 합니다. 이와 같은 방식의 데이터 가공은 함수형 프로그래밍에서 흔히 만날 수 있는 '폴드'라고 부르는 함수를 사용합니다.

fold: 배열 데이터 접기

함수형 프로그래밍에서 폴드(fold)는 특별한 의미가 있는 용어입니다. 폴드는 [1, 2, 3, ...] 형태의 배열 데이터를 가공해 5050과 같은 하나의 값을 생성하려고 할 때 사용합니다. 배열의 아이템 타입이 T라고 할 때 배열은 T[]로 표현할 수 있는데, 폴드 함수는 T[] 타입 배열을 가공해 T 타입 결과를 만들어 줍니다. 폴드 함수의 이런 동작 방식은 마치 부채처럼 배열을 펼쳐 놓은 다음, 부채를 접어서(fold) 결과를 만들어 내는 것으로 생각할 수 있습니다.

다음 코드에서 fold 함수는 T 타입의 배열 T[]를 가공해 타입 T의 결괏값을 만듭니다.

• fold.ts

```
01: export const fold = <T>(array: T[], callback: (result: T, val: T) => T, initValue:
    T) => {
02:   let result: T = initValue
03:   for(let i = 0; i < array.length; ++i) {
04:     const value = array[i]
05:     result = callback(result, value)
06:   }
07:   return result
08: }
```

이제 fold 함수를 사용해 선언형 프로그래밍 방식으로 1부터 100까지 더하는 코드를 구현하겠습니다. 다음 코드에서 07행은 1부터 100까지 숫자가 담긴 배열과 배열에 담긴 수를 더하는 콜백 함수를 fold 함수에 전달해 5050이라는 답을 얻습니다.

• declarative-sum.ts

```
01: import {range} from './range'
02: import {fold} from './fold'
03:
04: // 입력 데이터 생성
05: let numbers: number[] = range(1, 100 + 1)
06: // 입력 데이터 가공
07: let result = fold(numbers, (result, value) => result + value, 0)
08: console.log(result)  // 5050
```

앞에서 작성한 imperative-sum.ts와 declarative-sum.ts의 코드를 비교해 보면, 결과는 같지만 문제 해결 방식에 차이가 있습니다. 명령형 방식은 시스템 자원의 효율을 최우선으로 생각하지만, 선언형 방식은 폴드처럼 범용으로 구현된(혹은 언어가 제공하는) 함수를 재사용(reuse)하면서 문제를 해결합니다.

1에서 100까지 홀수의 합 구하기

이제 '범용적이고 재사용 가능'이라는 관점에서 또 다른 문제를 풀어보겠습니다. 1에서 100까지 숫자 중 홀수만 더하는 문제입니다. 다음은 이를 명령형 방식으로 구현한 코드입니다. 이 방식은 1부터 시작해 값을 2씩 증가시키면 홀수를 만들 수 있다는 경험에 의존합니다.

• imperative-odd-sum.ts

```
01: let oddSum = 0
02: for(let val = 1; val <= 100; val += 2)
03:   oddSum += val
04: console.log(oddSum)   // 2500
```

이제 선언형 방식의 코드를 생각해 보겠습니다. 앞서 구현한 fold는 배열 데이터를 값으로 만들어 주는 기능을 수행할 뿐 배열 데이터에서 홀수만 추려내는 기능은 없습니다. 따라서 특정한 조건을 만족하는 아이템만 추려내는 filter라는 함수를 먼저 만들겠습니다.

filter: 조건에 맞는 아이템만 추려내기

함수형 프로그래밍에서 흔히 보는 filter라는 이름의 함수는 입력 배열을 가공해 조건에 맞는 값만 추려내는 기능을 합니다. 예를 들어, [1, 2, 3, ..., 100] 배열에 필터를 적용해 `val % 2 != 0`인 조건을 만족하는 아이템만 추려내면, [1, 3, 5, ..., 99]라는 홀수만 있는 배열을 만들 수 있습니다. 다음은 `filter` 함수를 구현한 예입니다.

• filter.ts

```
01: export const filter = <T>(array: T[], callback: (value:T, index?: number) =>
    boolean): T[] => {
02:   let result: T[] = []
03:   for(let index: number = 0; index < array.length; ++index) {
04:     const value = array[index]
05:     if(callback(value, index))
06:       result = [...result, value]
07:   }
08:   return result
09: }
```

이제 `filter`를 사용해 앞서 구현했던 declarative-sum.ts의 내용을 조금 수정해 declarative-odd-sum.ts를 작성합니다.

• declarative-odd-sum.ts

```
01: import {range} from './range'
02: import {fold} from './fold'
03: import {filter} from './filter'
04:
05: let numbers: number[] = range(1, 100 + 1)
06: const isOdd = (n: number): boolean => n % 2 != 0
07: let result = fold(
08:   filter(numbers, isOdd),
09:   (result, value) => result + value, 0)
10: console.log(result)   // 2500
```

declarative-sum.ts에서는 단순히 1부터 100까지 데이터가 담긴 numbers 배열만 대상으로 하지만, 이 파일은 numbers를 filter 함수를 사용해 홀수만 추려낸 다음, 비로소 배열의 합을 구하는 로직을 적용합니다.

이러한 문제 해결 방식은 마치 컨베이어 벨트(conveyor belt)에 물건들이 차례차례 이동하는 듯한 흐름을 보여줍니다. 이제 이와 유사한 또 다른 문제를 풀어보겠습니다.

1에서 100까지 짝수의 합 구하기

1에서 100까지 홀수의 합이 2,500이라면 짝수의 합은 5,050 − 2,500 = 2,550이어야 합니다. 명령형 방식으로 이를 증명하는 코드를 작성해 보겠습니다. 다음 코드는 0부터 시작해 2씩 증가시키는 방식으로 짝수를 얻는데, 이 역시 경험에 의존한 구현입니다.

• imperative-even-sum.ts

```
01: let evenSum = 0
02: for(let val = 0; val <= 100; val += 2 )
03:    evenSum += val
04: console.log(evenSum)    // 2550
```

반면에 다음은 선언형 방식으로 짝수의 합을 구합니다. 앞의 declarative-odd-sum.ts의 내용과 비교할 때 isEven 부분만 다릅니다. 즉, 이미 구현해 둔 fold와 filter 함수를 재사용하고 구현 로직도 재사용합니다.

• declarative-even-sum.ts

```
01: import {range} from './range'
02: import {fold} from './fold'
03: import {filter} from './filter'
04:
05: let numbers: number[] = range(1, 100 + 1)
06: const isEven = (n: number): boolean => n % 2 == 0
07: let result = fold(
08:    filter(numbers, isEven),
09:    (result, value) => result + value, 0)
10: console.log(result)    // 2550
```

$1^2 + 2^2 + ... + 100^2$ 구하기

이번엔 입력 데이터 자체를 모두 가공하는 형태의 문제를 풀어보겠습니다. 다음 코드는 배열의 각 아이템을 곱한 뒤 모두 더하는 계산을 명령형 방식으로 구현한 것입니다.

```
01: let squareSum = 0
02: for(let val = 1; val <= 100; ++val )
03:    squareSum += val * val
04: console.log(squareSum)    // 338350
```

선언형 방식으로 입력 데이터를 이와 같이 구현하려면 map이라는 이름의 함수가 필요합니다.

map: 배열 데이터 가공하기

선언형 방식으로 이 문제의 답을 구하려면 [1, 2, ...] 형태의 입력 데이터를 [1*2, 2*2, ...] 형태로 가공해 주는 함수가 필요합니다. 이런 기능을 구현하려면 보통 map이라는 이름의 함수를 이용합니다.

수학에서 map은 'x ~> y' 형태로 어떤 값을 또 다른 값으로 만들어 주는 연산을 의미합니다. 그런데 변수 x와 y의 타입까지 생각하면 map은 'x: T ~> y: Q'처럼 입력과 출력 변수의 타입이 서로 다를 수 있음을 고려해야 합니다.

다음은 입력 타입 T가 출력 타입 Q로 바뀔 수 있다는 전제로 map 함수를 구현한 예입니다.

```
01: export const map = <T, Q>(array: T[], callback: (value: T, index?: number) => Q):
   Q[] => {
02:   let result: Q[] = []
03:   for(let index = 0; index < array.length; ++index) {
04:     const value = array[index]
05:     result = [...result, callback(value, index)]
06:   }
07:   return result
08: }
```

이제 map 함수를 이용하면 선언형 방식의 코드를 다음처럼 작성할 수 있습니다.

```
01: import {range} from './range'
02: import {fold} from './fold'
03: import {map} from './map'
04:
05: let numbers: number[] = range(1, 100 + 1)
06: let result = fold(
07:   map(numbers, value => value * value),
08:   (result, value) => result + value, 0)
09: console.log(result)   // 338350
```

지금까지 fold, filter, map과 같은 함수를 만들면서 선언형 프로그래밍의 개념을 알아보았습니다. 그런데 사실 타입스크립트 배열은 이런 함수들이 메서드 형태로 이미 구현되어 있습니다. 다음 절에서는 타입스크립트의 배열이 제공하는 메서드를 알아보겠습니다.

05-3 배열의 map, reduce, filter 메서드

앞서 04-6절에서 클래스의 메서드 체인에 관해 살펴봤습니다. 배열 또한 이런 메서드 체인 방식으로 동작하도록 설계되었습니다. 다음 코드에서 04~07행은 앞으로 자주 볼 전형적인 메서드 체인 방식입니다.

• array-method-chain.ts

```
01: const multiply = (result, val) => result * val    // 07행에서 사용
02:
03: let numbers: number [] = [1, 2, 3, 4, 5, 6, 7, 8, 9, 10]
04: let tempResult = numbers
05:     .filter(val => val % 2 != 0)
06:     .map(val => val * val)
07:     .reduce(multiply, 1)
08: let result = Math.round( Math.sqrt(tempResult))
09: console.log(result)    // 945
```

filter 메서드

배열의 타입이 T[]일 때 배열의 filter 메서드는 다음과 같은 형태로 설계되었습니다.

```
filter(callback: (value: T, index?: number): boolean ): T[]
```

다음 코드는 05-1절에서 보았던 필터 기능을 배열의 filter 메서드를 사용해 다시 구현한 예입니다.

```
• filter-odd-even.ts
```

```
01: import {range} from './range'    // 05-1절에서 작성한 range.ts
02:
03: const array: number[] = range(1, 10 + 1)
04:
05: let odds: number[] = array.filter((value) => value % 2 != 0)
06: let evens: number[] = array.filter((value) => value % 2 == 0)
07: console.log(odds, evens)   // [ 1, 3, 5, 7, 9 ] [ 2, 4, 6, 8, 10 ]
```

filter 메서드는 두 번째 매개변수에 index라는 선택 속성을 제공합니다. 다음 코드는 index 값을 사용해 배열을 반(half)으로 나누는 예입니다.

```
• filter-index.ts
```

```
01: import {range} from './range'    // 05-1절에서 작성한 range.ts
02:
03: const array: number[] = range(1, 10 + 1)
04: const half = array.length / 2
05:
06: let belowHalf: number[] = array.filter((v,index) => index < half)
07: let overHalf: number[] = array.filter((v,index) => index >= half)
08: console.log(belowHalf, overHalf)   // [ 1, 2, 3, 4, 5 ] [ 6, 7, 8, 9, 10 ]
```

map 메서드

배열의 타입이 T[]일 때 배열의 map 메서드는 다음과 같은 형태로 설계되었습니다. filter와 달리 map 메서드는 입력 타입과 다른 타입의 배열을 만들 수 있습니다.

```
map(callback: (value: T, index?: number): Q): Q[]
```

다음 코드는 05-1절에서 구현한 map 함수의 내용을 배열의 map 메서드로 다시 구현한 예입니다.

```
01: import {range} from './range'
02:
03: let squres: number[] = range(1, 5 + 1)
04:    .map((val: number) => val * val)
05: console.log(squres)   // [ 1, 4, 9, 16, 25 ]
```

다음 코드는 number[] 타입 배열을 string[] 타입 배열로 가공하는 예입니다.

```
01: import {range} from './range'
02:
03: let names: string[] = range(1, 5 + 1)
04:    .map((val, index) => `[${index}]: ${val}`)
05: console.log(names)    // [ '[0]: 1', '[1]: 2', '[2]: 3', '[3]: 4', '[4]: 5' ]
```

reduce 메서드

앞서 05-2절에서 구현한 fold 함수는 타입스크립트 배열의 reduce 메서드로 대체할 수 있습니다. 배열의 타입이 T[]일 때 배열의 reduce 메서드는 다음과 같은 형태로 설계되었습니다.

```
reduce(callback: (result: T, value: T), initialValue: T): T
```

다음 코드는 05-2절에서 구현한 1부터 100까지 더하는 로직을 reduce 메서드를 사용해 다시 구현한 예입니다.

```
01: import {range} from './range'
02:
03: let reduceSum: number = range(1, 100 + 1)
04:    .reduce((result: number, value: number) => result + value, 0)
05: console.log(reduceSum)   // 5050
```

만일, 배열의 각 아이템을 모두 곱하고 싶다면 다음처럼 구현할 수 있습니다. 아이템을 곱할 때 주의할 점은 어떤 수에 0을 곱하면 결과는 0이므로 04행처럼 reduce 메서드의 두 번째 인수는 0이 아니라 1을 전달해야 한다는 것입니다.

• reduce-multiply.ts

```
01: import {range} from './range'
02:
03: let reduceSum: number = range(1, 10 + 1)
04:   .reduce((result: number, value: number) => result * value, 1)
05: console.log(reduceSum)   // 3628800
```

05-4 순수 함수와 배열

함수형 프로그래밍에서 함수는 '순수 함수(pure function)'라는 조건을 만족해야 합니다. 그러나 타입스크립트의 **Array** 클래스에는 순수 함수 조건에 부합하지 않는 메서드가 많습니다. 따라서 타입스크립트로 함수형 프로그래밍을 하면서 배열의 메서드를 사용할 때는 해당 메서드가 어떤 특성이 있는지 살펴야 합니다.

순수 함수란?

순수 함수는 부수 효과(side-effect)가 없는 함수를 말합니다. 여기서 부수 효과란 함수가 가진 고유한 목적 이외에 다른 효과가 나타나는 것을 의미하며 부작용이라고도 합니다. 반면에 부수 효과가 있는 함수는 '불순 함수(impure function)'라고 합니다.

함수형 프로그래밍에서 발생하는 부수 효과는 함수를 순수 함수 형태로 작성해야만 제거할 수 있습니다. 어떤 함수가 부수 효과가 없는 순수한 함수이려면 다음과 같은 조건을 충족해야 합니다.

- 함수 몸통에 입출력 관련 코드가 없어야 한다
- 함수 몸통에서 매개변숫값을 변경시키지 않는다(즉, 매개변수는 const나 readonly 형태로만 사용한다)
- 함수는 몸통에서 만들어진 결과를 즉시 반환한다
- 함수 내부에 전역 변수나 정적 변수를 사용하지 않는다
- 함수가 예외를 발생시키지 않는다
- 함수가 콜백 함수로 구현되었거나 함수 몸통에 콜백 함수를 사용하는 코드가 없다
- 함수 몸통에 Promise와 같은 비동기 방식으로 동작하는 코드가 없다

예를 들어, 다음 **pure** 함수는 이런 조건을 모두 만족하는 순수 함수입니다.

```
function pure(a: number, b: number): number {return a + b}
```

그러나 다음 impure1 함수는 매개변수를 변경하므로 부수 효과가 발생합니다. impure1 함수 몸통에서 array 매개변수로 전달받은 배열은 push와 splice 메서드를 호출함으로써 내용이 달라집니다. 즉, 매개변수가 readonly 형태로 동작하지 않으므로 불순 함수입니다.

```
function impure1(array: number[]): void {
  array.push(1)
  array.splice(0, 1)
}
```

다음 impure2 함수는 g라는 외부 변수를 사용하므로 불순 함수입니다.

```
let g = 10
function impure2(x: number) {return x + g}
```

타입 수정자 readonly

타입스크립트는 순수 함수 구현을 쉽게 하도록 readonly 키워드를 제공합니다. readonly 타입으로 선언된 매개변숫값을 변경하는 시도가 있으면 다음처럼 문제가 있는 코드라고 알려줘서 불순 함수가 되지 않게 방지합니다.

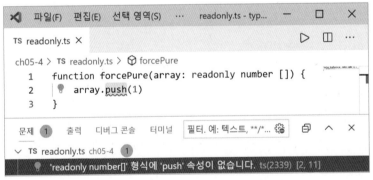

readonly 키워드 사용 예

그런데 얼핏 "const 키워드가 있는데 또 readonly가 필요한가?"라는 의문이 들 수 있습니다. 타입스크립트에서 인터페이스, 클래스, 함수의 매개변수 등은 let이나 const 키워드 없이 선언합니다. 따라서 이런 심벌에 const와 같은 효과를 주려면 readonly라는 타입 수정자(type modifier)가 필요합니다.

불변과 가변

변수가 const나 readonly를 명시하고 있으면 변숫값은 초깃값을 항상 유지합니다. 이런 변수는 변경할 수 없다는 의미로 '불변(immutable)' 변수라고 합니다. 반면에 const나 readonly를 명시하지 않은 변수는 언제든 값을 변경할 수 있습니다. 이런 변수는 변경할 수 있다는 의미로 '가변(mutable)' 변수라고 합니다.

깊은 복사와 얕은 복사

프로그래밍 언어에서 어떤 변숫값을 다른 변숫값으로 설정하는 것을 복사(copy)라고 표현합니다. 그런데 복사에는 '깊은 복사(deep-copy)'와 '얕은 복사(shallow-copy)' 두 종류가 있습니다. 순수 함수를 구현할 때는 매개변수가 불변성을 유지해야 하므로, 매개변수를 가공하려고 할 때 깊은 복사를 실행해 매개변숫값이 변경되지 않게 해야 합니다.

깊은 복사는 대상 변숫값이 바뀔 때 원본 변숫값은 그대로인 형태로 동작합니다. 다음 코드는 깊은 복사의 예입니다.

• deep-copy.ts

```
01: let original = 1
02: let copied = original
03: copied += 2
04: console.log(original, copied)   // 1 3
```

02행의 copied 변수는 01행의 original 변숫값을 복사한 뒤 03행에서 2를 더합니다. 이때 original 변숫값은 변하지 않습니다. 이것이 깊은 복사입니다. 타입스크립트에서 number와 boolean 타입은 깊은 복사 형태로 동작합니다.

그러나 객체와 배열은 얕은 복사 방식으로 동작합니다. 다음 코드는 deep-copy.ts의 내용과 같지만 복사 대상의 타입이 배열입니다. 코드를 실행해 보면 얕은 복사가 된 shallowCopiedArray가 내용을 변경하면 원본 배열 또한 변경되는 것을 확인할 수 있습니다.

• shallow-copy.ts

```
01: const originalArray = [5, 3, 9, 7]
02: const shallowCopiedArray = originalArray
03: shallowCopiedArray[0] = 0
04: console.log(originalArray, shallowCopiedArray)   // [ 0, 3, 9, 7 ] [ 0, 3, 9, 7 ]
```

전개 연산자와 깊은 복사

그런데 흥미롭게도 전개 연산자를 사용해 배열을 복사하면 깊은 복사를 할 수 있습니다. 다음 코드는 02행에서 전개 연산자를 사용해 배열을 복사합니다. 그리고 앞에서와 똑같이 대상 배열의 값을 변경했지만 원본 배열은 변경되지 않은 것을 확인할 수 있습니다.

• deep-copy-by-spread-operator.ts

```
01: const oArray = [1, 2, 3, 4]
02: const deepCopiedArray = [...oArray]
03: deepCopiedArray[0] = 0
04: console.log(oArray, deepCopiedArray)   // [ 1, 2, 3, 4 ] [ 0, 2, 3, 4 ]
```

배열의 sort 메서드를 순수 함수로 구현하기

Array 클래스는 sort 메서드를 제공해 배열의 아이템을 오름차순(ascend) 혹은 내림차순(descend)으로 정렬해 줍니다. 그런데 sort 메서드는 원본 배열의 내용을 변경합니다. 다음 pureSort 함수는 readonly 타입으로 입력 배열의 내용을 유지한 채 정렬할 수 있도록 전개 연산자의 깊은 복사 기능을 사용했습니다.

• pureSort.ts

```
01: export const pureSort = <T>(array: readonly T[]): T[] => {
02:   let deepCopied = [...array]
03:   return deepCopied.sort()
04: }
```

다음 테스트 코드는 원본 배열을 변경하지 않으면서 내용이 정렬된 새로운 배열을 얻습니다.

• pureSort-test.ts

```
01: import {pureSort} from './pureSort'
02:
03: let beforeSort = [6, 2, 9, 0]
04: const afterSort = pureSort(beforeSort)
05: console.log(beforeSort, afterSort)   // [ 6, 2, 9, 0 ] [ 0, 2, 6, 9 ]
```

배열의 filter 메서드와 순수한 삭제

배열에서 특정 아이템을 삭제할 때는 splice 메서드를 사용합니다. 그런데 splice는 원본 배열의 내용을 변경하므로 순수 함수에서는 사용할 수 없습니다. 그런데 흥미롭게도 특정 아이템을 삭제하는 데 filter 메서드를 사용할 수 있습니다. 배열이 제공하는 filter와 map 메서드는 sort와 다르게 깊은 복사 형태로 동작합니다. 따라서 filter 메서드를 사용하면 원본 배열의 내용을 훼손하지 않으면서 조건에 맞지 않는 아이템을 삭제할 수 있습니다.

예를 들어, filter 메서드를 활용해 원본을 훼손하지 않고 조건에 맞는 아이템을 삭제하는 함수(pureDelete)를 다음처럼 작성할 수 있습니다.

• pureDelete.ts

```
01: export const pureDelete = <T>(array: readonly T[], cb: (val: T, index?: number) =>
    boolean): T[] => array.filter((val, index) => cb(val, index) == false)
```

그리고 다음 코드는 pureDelete 함수를 이용해 배열과 객체가 섞인 원본을 훼손하지 않으면서 배열만 모두 제거한 배열(objectsOnly)을 만드는 예입니다.

• pureDelete-test.ts

```
01: import {pureDelete} from './pureDelete'
02:
03: const mixedArray: object[] = [
04:    [], {name:'Jack'}, {name:'Jane', age: 32}, ['description']
05: ]
06: const objectsOnly: object[] = pureDelete(mixedArray, (val) => Array.isArray(val))
07: console.log(mixedArray, objectsOnly)
```

:: 실행 결과
```
[ [], { name: 'Jack' }, { name: 'Jane', age: 32 }, [ 'description' ] ]
[ { name: 'Jack' }, { name: 'Jane', age: 32 } ]
```

가변 인수 함수와 순수 함수

함수를 호출할 때 전달하는 인수의 개수를 제한하지 않는 것을 **가변 인수**(variadic arguments)라고 합니다. 다음 코드에서 mergeArray 함수는 03행에서 두 개의 인수를 입력받고, 08행에서는 4개의 인수를 입력받습니다.

mergeArray처럼 이런 방식으로 동작하는 함수를 '가변 인수 함수'라고 합니다.

```
01: import {mergeArray} from './mergeArray'
02:
03: const mergedArray1: string[] = mergeArray(
04:   ['Hello'], ['World']
05: )
06: console.log(mergedArray1) // [ 'Hello', 'World' ]
07:
08: const mergedArray2: number[] = mergeArray(
09:   [1], [2, 3], [4, 5, 6], [7, 8, 9, 10]
10: )
11: console.log(mergedArray2)   // [1, 2, 3, 4, 5, 6, 7, 8, 9, 10]
```

이처럼 가변 인수로 호출할 수 있는 mergeArray 함수를 구현해 보겠습니다. 가변 인수 함수를 구현할 때 기본 형태는 다음과 같습니다. 매개변수 arrays 앞의 ...은 잔여나 전개 연산자가 아니라 가변 인수를 표현하는 구문입니다.

```
export const mergeArray = (...arrays) => {}
```

앞서 본 mergeArray-test.ts에서 mergeArray 함수는 string[] 타입과 number[] 타입 배열에 모두 동작했습니다. mergeArray 함수가 이처럼 타입에 상관 없이 동작하게 하려면 다음처럼 제네릭 타입으로 구현해야 합니다.

```
export const mergeArray = <T>(...arrays) => {}
```

또한, mergeArray-test.ts에서 mergeArray 함수를 호출할 때 전달하는 값은 모두 배열이었습니다. 따라서 매개변수 arrays의 타입은 배열의 배열로 선언합니다.

```
export const mergeArray = <T>(...arrays: T[][]) => {}
```

mergeArray 함수의 매개변수 arrays는 배열의 배열인 T[][] 타입일지라도 출력은 T[] 형태의 배열을 반환해야 합니다.

```
export const mergeArray = <T>(...arrays: T[][]): T[] => {}
```

마지막으로 mergeArray 함수를 '순수 함수'로 구현하려면 매개변수의 내용을 훼손하지 말아야 합니다. 따라서 다음처럼 매개변수 타입 앞에 readonly 키워드를 입력합니다.

```
export const mergeArray = <T>(...arrays: readonly T[][]): T[] => {}
```

지금까지 살펴본 내용을 바탕으로 mergeArray 함수를 구현하면 다음과 같습니다.

• mergeArray.ts

```
01: export const mergeArray = <T>(...arrays: readonly T[][] ): T[] => {
02:   let result: T[] = []
03:   for(let index=0; index < arrays.length; index++) {
04:     const array: T[] = arrays[index]
05:
06:     /* result와 array 배열을 각각 전개(spread)하고 결합(merge)해야
07:        T[] 타입 배열을 생성할 수 있다 */
08:     result = [...result, ...array]
09:   }
10:   return result
11: }
```

순수 함수를 고려하면 사실상 자바스크립트 배열이 제공하는 많은 메서드를 사용할 수 없습니다. 그런데 이런 메서드들은 전개 연산자 등의 메커니즘을 사용하면 순수 함수 형태로 간단하게 구현할 수 있습니다.

05-5 튜플 이해하기

어떤 프로그래밍 언어에는 **튜플**(tuple)이라는 타입이 존재합니다. 그러나 자바스크립트에서는 튜플이 없으며 단순히 배열의 한 종류로 취급됩니다. 다음은 여러 타입에 대응하는 **any** 타입 배열을 선언한 예입니다.

```
let tuple: any[] = [true, 'the result is ok']
```

그런데 **any[]** 형태는 타입스크립트의 타입 기능을 무력화하므로, 타입스크립트는 튜플의 타입 표기법을 배열과 다르게 선언할 수 있습니다.

```
const array: number[] = [1, 2, 3, 4]
const tuple: [boolean, string] = [true, 'the result is ok']
```

튜플에 타입 별칭 사용하기

보통 튜플을 사용할 때는 타입 별칭(alias)으로 튜플의 의미를 명확하게 합니다. 예를 들어, [boolean, string]이라고 타입을 지정하는 것보다 다음처럼 타입 별칭을 사용해 이 튜플이 어떤 용도로 사용되는지 좀 더 분명하게 알려주는 것이 좋습니다.

• ResultType.ts

```
01: export type ResultType = [boolean, string]
```

다음 코드에서 doSomething 함수는 자바스크립트의 try/catch/finally 예외 처리 구문을 사용해 예외(exception)가 발생했을 때 구체적인 내용을 튜플로 반환합니다. 이때 doSomething 함수가 반환하는 튜플의 타입을 앞에서 [boolean, string]의 별칭으로 정의한 ResultType 으로 지정했습니다.

```
01: import {ResultType} from './ResultType'
02:
03: export const doSomething = (): ResultType => {
04:   try {
05:     throw new Error('Some error occurs...')
06:   } catch(e) {
07:     return [false, e.message]
08:   }
09: }
```

이러한 예외 처리 코드는 불순한 함수를 순수 함수로 바꿔주는 전형적인 코드 설계 방식입니다.

튜플에 적용하는 비구조화 할당

튜플은 물리적으로는 배열이므로 배열처럼 인덱스 연산자나 비구조화 할당문을 적용할 수 있습니다. 다음 코드는 03행에서 비구조화 할당문을 사용해 앞에서 정의한 **doSomething** 함수가 반환한 튜플의 내용을 자세하게 알려줍니다.

```
01: import {doSomething} from './doSomething'
02:
03: const [result, errorMessage] = doSomething()
04: console.log(result, errorMessage)   // false Some error occurs...
```

함수형 프로그래밍에서 배열은 가장 핵심적인 기능입니다. 다음 장에서는 배열처럼 동작하면서 메모리를 효율적으로 사용하게 하는 생성기(generator)에 대해 알아보겠습니다.

06

반복기와 생성기

이번 장에서는 타입스크립트 언어가 제공하는 반복기와 반복기 제공자, 그리고
생성기에 대해 알아보겠습니다.

06-1 반복기 이해하기

실습 프로젝트 설정

이번 장에서 소개하는 예제는 노드제이에스 프로젝트 설정과 tsconfig.json 파일에 별도의 설정이 필요합니다. 먼저, ch06-1 디렉터리를 만들고 터미널에서 다음 명령을 실행합니다. 각 줄의 명령은 package.json 파일을 생성하고, 관련 파일을 내려받고, 소스 파일을 저장할 src 디렉터리를 생성합니다.

```
> npm init --y
> npm i -D typescript ts-node @types/node
> mkdir src
```

그다음 02-1절에서 작성했던 tsconfig.json 파일을 그대로 복사해서 ch06-1 디렉터리에 붙여넣습니다. 또는 **tsc --init** 명령으로 tsconfig.json 파일을 생성하고 다음과 같은 내용으로 대체합니다. 특히 이번 장에서 다루는 예제를 문제 없이 실행하려면 tsconfig.json에서 downlevelIteration 항목을 true로 설정해야 합니다.

• tsconfig.json

```
01: {
02:   "compilerOptions": {
03:     "module": "commonjs",
04:     "esModuleInterop": true,
05:     "target": "es5",
06:     "moduleResolution": "node",
07:     "outDir": "dist",
08:     "baseUrl": ".",
09:     "sourceMap": true,
10:     "downlevelIteration": true,
11:     "paths": { "*": ["node_modules/*"] }
12:   },
13:   "include": ["src/**/*"]
14: }
```

이번 장은 각 절을 시작할 때 이와 같은 과정을 반복해서 프로젝트를 구성합니다.

반복기와 반복기 제공자

앞서 05-1절에서 `for...in`과 `for...of` 구문을 설명했습니다. 이 중 `for...of` 구문은 다음 코드처럼 타입에 무관하게 배열에 담긴 값을 차례로 얻는 데 활용됩니다.

```
const numArray: number[] = [1, 2, 3]
for(let value of numArray)
  console.log(value)   // 1 2 3

const strArray: string[] = ['hello', 'world', '!']
for(let value of strArray)
  console.log(value)    // hello world !
```

`for...of` 구문은 다른 프로그래밍 언어에서도 '반복기(iterator)'라는 주제로 흔히 찾아볼 수 있습니다. 프로그래밍 언어마다 조금씩 구현 방식이 다르긴 하지만, 대부분 프로그래밍 언어에서 반복기는 다음과 같은 특징이 있는 객체입니다.

> 1. `next`라는 이름의 메서드를 제공한다
> 2. `next` 메서드는 `value`와 `done`이라는 두 개의 속성을 가진 객체를 반환한다

다음 코드에서 `createRangeIterable` 함수는 `next` 메서드가 있는 객체를 반환하므로 이 함수는 반복기를 제공하는 역할을 합니다. 이처럼 반복기를 제공하는 역할을 하는 함수를 '반복기 제공자(iterable)'라고 합니다.

• src/createRangeIterable.ts

```
01: export const createRangeIterable = (from: number, to:number) => {
02:   let currentValue = from
03:   return {
04:     next() {
05:       const value = currentValue < to ? currentValue++ : undefined
```

```
06:        const done = value == undefined
07:        return {value, done}
08:      }
09:    }
10: }
```

다음 코드는 createRangeIterable 함수가 제공하는 반복기를 사용하는 예입니다.

```
01: import {createRangeIterable} from './createRangeIterable'
02: const iterator = createRangeIterable(1, 3 + 1)    // 반복기는 현재 동작하지 않는다
03: while(true) {
04:   const {value, done} = iterator.next()    // 반복기를 동작시킨다
05:   if(done) break
06:   console.log(value)    // 1 2 3
07: }
```

02행에서 createRangeIterator 함수를 호출해 반복기를 얻고 iterator 변수에 저장합니다. 반복기는 이처럼 반복기 제공자를 호출해야만 얻을 수 있습니다. 03~07행은 반복기를 사용하는 코드입니다. while 문에서 done값을 true로 반환할 때까지 iterator 변수의 next 메서드를 반복 호출하면서 반복기 제공자가 제공하는 value값을 얻습니다.

ⓒ 사용자가 타입스크립트로 for...of 구문을 작성하면 TSC 컴파일러는 이처럼 반복기 제공자와 반복기를 사용하는 코드로 바꿔줍니다.

반복기는 왜 필요한가?

앞 코드의 실행 결과는 1부터 3까지 정수를 출력합니다. 즉, iterator.next 메서드가 반복 호출될 때마다 각기 다른 값이 출력됩니다. 반복기 제공자가 생성한 값 1, 2, 3을 배열에 담아서 출력하지 않고, 마치 for 문을 돌면서 값을 콘솔 출력문으로 찍어낸 듯한 모습입니다. 반복기 제공자는 이처럼 어떤 범위의 값을 한꺼번에 생성해서 배열에 담지 않고 값이 필요할 때만 생성합니다.

다음은 05장에서 보았던 range 함수입니다.

```
export const range = (from, to) => from < to ? [from, ...range(from + 1, to)] : []
```

createRangeIterator 함수는 값이 필요한 시점에 비로소 생성하지만, range 함수는 값이 필요한 시점보다 이전에 미리 생성한다는 차이가 있습니다. 따라서 시스템 메모리의 효율성이라는 관점에서 보면 createRangeIterator 함수가 메모리를 훨씬 적게 소모합니다.

for...of 구문과 [Symbol.iterator] 메서드

05-1절에서 살펴본 range 함수는 for...of 구문의 of 뒤에 올 수 있습니다.

```
import {range} from './range'
for(let value of range(1, 3 + 1))
  console.log(value)    // 1 2 3
```

그러나 다음 코드처럼 앞에서 작성한 createRangeIterable 함수를 for...of 구문에 적용하면 '[Symbol.iterator]() 메서드가 없다'는 오류가 발생합니다.

• src/createRangeIterable-forOf.ts

```
01: import {createRangeIterable} from './createRangeIterable'
02: const iterable = createRangeIterable(1, 3 + 1)
03: for(let value of iterable)
04:   console.log(value)
```

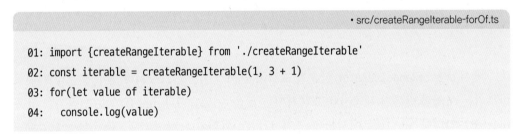

[Symbol.iterator] 메서드가 필요하다는 오류

이 오류는 createRangeIterable 함수를 다음 RangeIterable처럼 클래스로 구현해야 한다는 것을 의미합니다. RangeIterable 클래스는 03행에서 [Symbol.iterator] 메서드를 구현하고 있습니다.

```
01: export class RangeIterable {
02:   constructor(public from:number, public to: number) {}
03:   [Symbol.iterator]() {
04:     const that = this
05:     let currentValue = that.from
06:     return {
07:       next() {
08:         const value = currentValue < that.to ? currentValue++ : undefined
09:         const done = value == undefined
10:         return {value, done}
11:       }
12:     }
13:   }
14: }
```

예홍쌤의 한마디

클래스의 메서드도 function 키워드로 만들어지는 함수다

클래스의 메서드는 자바스크립트의 function 키워드가 생략되었을 뿐 사실상 function 키워드로 만들어지는 함수입니다. 그런데 function 키워드로 만들어지는 함수는 내부에서 this 키워드를 사용할 수 있습니다. RangeIterable.ts 코드에서 04행이 this값을 that 변수에 담고 있는데, 이것은 08행의 that.to 부분을 위한 것입니다. 이것은 next 함수 또한 function 키워드가 생략된 메서드이므로 컴파일러가 next의 this로 해석하지 않게 하는 자바스크립트의 유명한 코드 트릭입니다.

createRangeIterable 함수와 달리 RangeIterable 클래스는 다음 코드에서 보듯 range 함수처럼 for...of 구문의 of 뒤에 올 수 있습니다.

```
01: import {RangeIterable} from './RangeIterable'
02: const iterator = new RangeIterable(1, 3 + 1)
03:
04: for(let value of iterator)
05:   console.log(value)
```

Iterable⟨T⟩와 Iterator⟨T⟩ 인터페이스

타입스크립트는 반복기 제공자에 **Iterable⟨T⟩**와 **Iterator⟨T⟩** 제네릭 인터페이스를 사용할 수 있습니다. **Iterable⟨T⟩**는 다음처럼 자신을 구현하는 클래스가 **[Symbol.iterator]** 메서드를 제공한다는 것을 명확하게 알려주는 역할을 합니다.

```
class 구현 클래스 implements Iterable<생성할 값의 타입> {}
```

또한, **Iterator⟨T⟩**는 반복기가 생성할 값의 타입을 명확하게 해줍니다.

```
[Symbol.iterator](): Iterator<생성할 값의 타입> {}
```

다음 코드는 반복기 제공자를 타입스크립트가 제공하는 **Iterable⟨T⟩**와 **Iterator⟨T⟩**를 사용해 구현한 예입니다.

• src/StringIterable.ts

```
01: export class StringIterable implements Iterable<string> {
02:   constructor(private strings: string[] = [], private currentIndex: number = 0) {}
03:   [Symbol.iterator](): Iterator<string> {
04:     const that = this
05:     let currentIndex = that.currentIndex, length = that.strings.length
06:
07:     const iterator: Iterator<string> = {
08:       next(): {value: string, done: boolean} {
09:         const value = currentIndex < length ? that.strings[currentIndex++] : undefined
10:         const done = value == undefined
```

```
11:        return {value, done}
12:      }
13:    }
14:    return iterator
15:  }
16: }
```

다음처럼 테스트 코드를 작성해 실행하면 StringIterable 클래스의 strings 속성에 담긴 배열의 아이템을 하나씩 출력합니다.

• src/StringIterable-test.ts

```
01: import {StringIterable} from './StringIterable'
02: for(let value of new StringIterable(['hello', 'world', '!']))
03:   console.log(value)
```

:: 실행 결과
```
hello
world
!
```

지금까지 반복기 제공자와 이를 이용해 반복기를 얻고 사용하는 코드를 살펴봤습니다. 다음 절에서는 반복기를 쉽게 만들어 주는 생성기(generator) 구문에 관해 알아보겠습니다.

06-2 생성기 이해하기

ESNext 자바스크립트와 타입스크립트는 yield라는 키워드를 제공합니다. yield는 마치
return 키워드처럼 값을 반환합니다. yield는 반드시 function* 키워드를 사용한 함수에서
만 호출할 수 있습니다. 이렇게 function* 키워드로 만든 함수를 '생성기(generator)'라고 합
니다.

다음 src/generator.ts 파일의 01행은 function* 키워드로 만든 generator 함수가 있습니다.
generator 함수의 몸통은 05행에서 yield 문을 3회 반복해서 호출하도록 구현되었습니다.

• src/generator.ts

```
01: export function* generator() {
02:   console.log('genertor started...')
03:   let value = 1
04:   while(value < 4)
05:     yield value++
06:   console.log('genertor finished...')
07: }
```

다음은 generator 함수를 테스트하는 코드입니다.

• src/generator-test.ts

```
01: import {generator} from './generator'
02: for(let value of generator())
03:   console.log(value)
```

```
:: 실행 결과
genertor started...
1
2
3
genertor finished...
```

실행 결과가 흥미로운 것은 05장에서 배열을 대상으로 실행했던 **for...of** 구문과 같은 출력을 보인다는 점입니다.

setInterval 함수와 생성기의 유사성

생성기가 동작하는 방식을 '세미코루틴(semi-coroutine, 반협동 루틴)'이라고 합니다. 세미코루틴은 타입스크립트처럼 단일 스레드(single-thread)로 동작하는 프로그래밍 언어가 마치 다중 스레드(multi-thread)로 동작하는 것처럼 보이게 하는 기능을 합니다.

이제 자바스크립트가 기본으로 제공하는 **setInterval** 함수를 사용해 세미코루틴의 동작 방식을 알아보겠습니다. **setInterval** 함수는 지정한 주기로 콜백 함수를 계속 호출해 줍니다.

```
const intervalID = setInterval(콜백 함수, 호출 주기)
```

setInterval 함수는 무한히 반복하지만 **clearInterval** 함수를 사용하면 멈출 수 있습니다.

```
clearInterval(intervalID)
```

다음 코드는 **setInterval** 함수를 사용해 1초 간격으로 1, 2, 3을 출력하는 예입니다.

• src/setInterval.ts

```
01: const period = 1000
02: let count = 0
03: console.log('program started...')
04: const id = setInterval(() => {
05:   if(count >= 3) {
06:     clearInterval(id)
07:     console.log('program finished...')
08:   }
09:   else
10:     console.log(++count)
11: }, period)
```

프로그램의 출력 내용만 보면 앞에서 살펴본 생성기 방식과 구분할 수 없을 정도로 비슷합니다. 그런데 setInterval 함수가 동작하는 구조는 C++ 언어의 스레드(thread)가 동작하는 방식과 흡사한 면이 있습니다. 즉, 'program started...'를 출력하고 setInterval을 동작시킨 부분이 메인 스레드, setInterval의 콜백 함수는 작업 스레드를 떠올리게 합니다.

생성기는 이처럼 일반적인 타입스크립트 코드와는 좀 다른 방식으로 동작한다는 것을 기억하면서 생성기 구문을 이해하기 바랍니다.

예홍쌤의 한마디 — 세미코루틴과 코루틴의 차이

메모리나 CPU를 제작할 때 사용하는 소자를 반도체(semiconductor)라고 합니다. 여기서 반도체란 전기를 절반만 통과시키는 도체라는 의미입니다. 즉, '반'은 '반대(anti)'의 의미가 아니라 '절반(semi)'의 의미입니다.

학문적으로 생성기를 세미코루틴(semi-coroutine)이라고 합니다. 즉, 생성기는 절반만 코루틴입니다. 코루틴은 1958년부터 많은 학자가 꾸준히 연구해 온 학문적인 주제입니다. 클로저(Clojure)는 코루틴을 최초로 프로그래밍 문법으로 탑재한 언어입니다. 구글에서 만든 Go 언어는 고루틴(goroutine)이라는 용어를 사용하지만 고루틴 또한 코루틴입니다.

코루틴은 애플리케이션 레벨의 스레드입니다. 스레드는 원래 운영체제가 제공하는 개수가 제한된 서비스입니다. 스레드는 개수가 2,000개 정도로 제한되었으므로, 특정 애플리케이션에서 운영체제의 스레드를 과다하게 소비하면 운영체제에 무리를 주게 됩니다. 이것이 코루틴을 연구하기 시작한 이유입니다. 운영체제에 부담을 주지 않으면서 애플리케이션에서 스레드를 마음껏 쓸 수 있게 하는 것이 코루틴의 목적입니다.

그런데 코루틴은 스레드이므로 일정 주기에 따라 자동으로 반복해서 실행됩니다. 반면에 생성기는 절반만 코루틴입니다. 즉, 반복해서 실행할 수 있지만 자동으로 실행되지 못하는 코루틴입니다. 앞으로 배우면서 알게 되겠지만, 생성기는 사용하는 쪽 코드에서 생성기가 만들어 준 반복자의 next 메서드가 호출될 때만 한 번 실행됩니다. 만약, next 메서드가 while 문에서 반복해서 호출된다면, 생성기는 next 호출 때 한 번 실행되고 곧바로 멈춥니다. 이처럼 생성기는 자동으로 반복 실행되지 않으므로 세미코루틴이라고 합니다.

function* 키워드

앞에서 본 generator 함수는 지금까지 본 함수와 비교했을 때 다음 두 가지 차이가 있습니다.

> 1. function* 키워드로 함수를 선언한다
> 2. 함수 몸통 안에 yield 문이 있다

즉, function* 키워드로 선언된 함수가 생성기인데, 생성기는 오직 function* 키워드로 선언해야 하므로 화살표 함수로는 생성기를 만들 수 없습니다. 생성기는 반복기를 제공하는 반복기 제공자로서 동작합니다.

function*은 키워드다

생성기는 function* 키워드를 사용해 만드는 조금 다른 형태의 함수입니다. 여기서 주의할 점은 function 키워드에 별표(*)를 붙인 것이 아니라 'function*'이 키워드입니다. 따라서 function 키워드를 사용하지 않는 화살표 함수 형태로는 생성기를 만들 수 없습니다. 참고로 function과 별표(*) 사이에 공백은 없어도 되고 여러 개 있어도 상관없습니다.

yield 키워드

생성기 함수 안에서는 yield 문을 사용할 수 있습니다. yield는 연산자(operator) 형태로 동작하며 다음처럼 두 가지 기능을 합니다.

> 1. 반복기를 자동으로 만들어 준다
> 2. 반복기 제공자 역할도 수행한다

이제 function* 키워드를 이용해 생성기 형태로 rangeGenerator라는 이름의 함수를 만들겠습니다.

• src/rangeGenerator.ts

```
01: export function* rangeGenerator(from: number, to: number) {
02:   let value = from
03:   while(value < to) {
04:     yield value++
05:   }
06: }
```

다음은 rangeGenerator를 테스트하는 코드입니다. 앞서 본 반복기 제공자 관련 코드와 크게 다르지 않습니다.

• src/rangeGenerator-test.ts

```
01: import {rangeGenerator} from './rangeGenerator'
02:
03: // while 패턴으로 동작하는 생성기
04: let iterator = rangeGenerator(1, 3 + 1)
05: while(1) {
06:   const {value, done} = iterator.next()
07:   if(done) break
08:   console.log(value)   // 1 2 3
09: }
10:
11: // for...of 패턴으로 동작하는 생성기
12: for(let value of rangeGenerator(4, 6 + 1))
13:   console.log(value)   // 4 5 6
```

반복기 제공자의 메서드로 동작하는 생성기 구현

06-1절 말미에 StringIterable 클래스로 반복기 제공자를 구현했습니다. 그런데 생성기는 반복기를 제공하는 반복기 제공자로서 동작하므로, 생성기를 사용하면 StringIterable 클래스를 다음처럼 간결하게 구현할 수 있습니다.

• src/IterableUsingGenerator.ts

```
01: export class IterableUsingGenerator<T> implements Iterable<T> {
02:   constructor(private values: T[] = [], private currentIndex: number = 0) {}
03:   [Symbol.iterator] = function* () {
04:     while(this.currentIndex < this.values.length)
05:       yield this.values[this.currentIndex++]
06:   }
07: }
```

코드에서 03행을 function* [Symbol.iterator]() 형식으로 구현할 수는 없습니다. 생성기를 클래스 메서드의 몸통이 되게 하려면 반드시 [Symbol.iterator] = function* ()와 같이 사용해야 합니다. 다음 테스트 코드는 IterableUsingGenerator가 06-1절의 StringIterable 과 똑같이 동작함을 보여줍니다.

• src/IterableUsingGenerator-test.ts

```
01: import {IterableUsingGenerator} from './IterableUsingGenerator'
02:
03: for(let item of new IterableUsingGenerator([1, 2, 3]))
04:   console.log(item)   // 1 2 3
05:
06: for(let item of new IterableUsingGenerator(['hello', 'world', '!']))
07:   console.log(item)   // hello world !
```

yield* 키워드

타입스크립트는 yield 키워드 뒤에 *을 붙인 yield* 키워드도 제공합니다. yield는 단순히 값을 대상으로 동작하지만, yield*는 다른 생성기나 배열을 대상으로 동작합니다.

• src/yield-star.ts

```
01: function* gen12() {
02:   yield 1
03:   yield 2
04: }
05:
06: export function* gen12345() {
07:   yield* gen12()
08:   yield* [3, 4]
09:   yield 5
10: }
```

다음 코드에서 06행의 gen12345 함수는 1, 2, 3, 4, 5 등 다섯 개의 값을 생성하는 생성기입니다. 그런데 이 생성기는 또 다른 생성기인 gen12 함수를 yield* 키워드로 호출해 값 1과 2를 생성하고, 3과 4는 배열에 든 값을, 마지막 5는 단순히 yield 문으로 생성합니다. 02, 03, 09 행에서 yield의 피연산자(1, 2, 5)와 07, 08행에서 yield*의 피연산자를 비교하면 둘의 차이 가 확연히 느껴집니다.

다음 테스트 코드는 1부터 5까지 수를 출력하는데, 이로부터 yield*의 동작 방식을 이해할 수 있습니다.

• src/yield-star-test.ts

```
01: import {gen12345} from './yield-star'
02:
03: for(let value of gen12345())
04:   console.log(value)  // 1 2 3 4 5
```

테스트 코드는 03행에서 gen12345 함수를 호출하므로 yield-star.ts의 07행이 호출되고, yield* 구문에 의해 다시 01행의 함수 gen12가 호출되어 02행의 yield 문이 값 1을 생성합니다. 그리고 이 상태로 코드는 정지합니다.

그리고 다시 for 문에 의해 yield-star.ts의 07행이 호출되고, 02행에서 정지가 풀리면서 03행에 의해 값 2를 생성하고 다시 코드 진행을 멈춥니다. 이후 다시 07행이 실행되지만 gen12 함수에는 더 실행할 yield 문이 없으므로 08행이 실행되고 배열에 담긴 값 3을 생성하고 다시 멈춥니다. 그리고 for 문에 의해 08행이 다시 실행되면 이번엔 값 4를 생성하고 멈춥니다. 그리고 최종으로 값 5가 생성되면 for 문이 종료되어 프로그램이 끝납니다.

yield 반환값

yield 연산자는 값을 반환합니다. 다음 코드에서 05행은 yield 연산자의 반환값을 select라는 변수에 저장합니다.

• src/yield-return.ts

```
01: export function* gen() {
02:   let count = 5
03:   let select = 0
04:   while(count--) {
05:     select = yield `you select ${select}`
06:   }
07: }
08: export const random = (max, min=0) => Math.round(Math.random() * (max-min)) + min
```

yield 연산자의 반환값은 반복기의 next 메서드 호출 때 매개변수에 전달하는 값입니다. 다음 테스트 코드에서 04행은 next 메서드 호출 때 난수(random number)를 생성해 전달합니다.

• src/yield-return-test.ts

```
01: import {random, gen} from './yield-return'
02: const iter = gen()
03: while(true) {
04:    const {value, done} = iter.next(random(10, 1))
05:    if(done) break
06:    console.log(value)
07: }
```

```
:: 실행 결과
you select 0
you select 5
you select 4
you select 7
you select 7
```

코드를 실행하면 첫 줄 외에 다른 줄은 모두 난수가 출력됩니다. 첫 줄은 항상 'you select 0' 이 출력되는데, 이는 03행에서 select 변수를 0으로 설정했기 때문입니다. 실행 결과는 이전 에 next 메서드가 전달한 값이 다시 gen 함수의 내부 로직에 의해 현재의 value값이 되어 출력됩니다.

지금까지 반복기와 반복기 제공자, 생성기에 관해 알아보았습니다. 다음 장에서는 Promise 클래스와 async/await 구문에 관해 알아보겠습니다.

예홍쌤의 한마디

이번 장에서 설명한 내용은 사실 함수형 프로그래밍(functional programming)보다는 동시성 프로그래밍(concurrent programming)의 영역에 더 가깝습니다. 스칼라(scala)와 같은 언어는 스트림(stream)이라는 타입을 이용해 05장에서 설명한 선언형 프로그래밍 스타일로 생성기를 동작시킬 수 있습니다. 반면에 타입스크립트는 스트림이라는 기능을 제공하지 않으므로 생성기를 명령형 방식의 코드로만 작성할 수 있습니다.

즉, 타입스크립트 언어만의 관점에서 생성기는 함수형 프로그래밍의 영역은 아닙니다. 하지만 12장에서 보듯 생성기를 구현할 때 함수형 프로그래밍이 사용될 수 있습니다.

Promise와 async/await 구문

이번 장은 비동기 API를 사용하는 코드를 쉽게 작성하게 하는 Promise 클래스
와 async/await 구문에 대해 살펴봅니다.

07-1 비동기 콜백 함수

이번 장은 노드제이에스가 제공하는 **readFile**과 같은 비동기 API를 예로 들고 있습니다. 타입스크립트에서 **readFile** 같은 노드제이에스 API를 사용하려면 tsconfig.json 파일에 별도의 설정이 필요합니다. 따라서 이번 장의 예제 소스를 동작시키려면 노드제이에스 프로젝트 설정이 필요합니다.

실습 프로젝트 설정

먼저, ch07-1 디렉터리를 만들고 터미널에서 다음 명령을 실행합니다. 각 줄의 명령은 package.json 파일을 생성하고, 관련 파일을 내려받고, 소스 파일을 저장할 src 디렉터리를 생성합니다.

```
> npm init --y
> npm i -D typescript ts-node @types/node
> mkdir src
```

그다음 02-1절에서 작성했던 tsconfig.json 파일을 그대로 복사해서 ch07-1 디렉터리에 붙여넣습니다. 또는 **tsc --init** 명령으로 tsconfig.json 파일을 생성하고 다음과 같은 내용으로 대체합니다. 특히 이번 장에서 다루는 예제를 문제 없이 실행되게 하려면 tsconfig.json에서 **downlevelIteration** 항목을 **true**로 설정해야 합니다.

• tsconfig.json

```
01: {
02:   "compilerOptions": {
03:     "module": "commonjs",
04:     "esModuleInterop": true,
05:     "target": "es5",
06:     "moduleResolution": "node",
07:     "outDir": "dist",
08:     "baseUrl": ".",
```

```
09:     "sourceMap": true,
10:     "downlevelIteration": true,
11:     "paths": { "*": ["node_modules/*"] }
12:   },
13:   "include": ["src/**/*"]
14: }
```

이와 같은 과정을 각 절을 시작할 때 반복해서 프로젝트를 구성합니다.

동기와 비동기 API

노드제이에스는 파일 시스템(file system)과 관련된 기능을 모아둔 fs 패키지를 제공합니다.
fs 패키지는 같은 기능을 '동기(synchronous)'와 '비동기(asynchronous)' 버전으로 나누어 제공
합니다. 예를 들어, 파일을 읽는 기능은 동기 버전인 readFileSync와 비동기 버전인 readFile
로 제공합니다.

먼저, src 디렉터리에 test.ts 파일을 만들고 다음처럼 작성합니다. test.ts 파일은 package.
json 파일을 읽어 화면에 출력하는데, 이를 동기와 비동기 방식으로 구현한 예를 보여줍니다.
그리고 이번 장에서 다룰 Promise를 이용해 비동기 방식을 만든 다음 async/await 구문으로
구현한 예도 보여줍니다.

• src/test.ts

```
01: import {readFileSync, readFile} from 'fs'
02:
03: // package.json 파일을 동기 방식으로 읽는 예
04: console.log('read package.json using synchronous api...')
05: const buffer: Buffer = readFileSync('./package.json')
06: console.log(buffer.toString())
07:
08: // package.json 파일을 비동기 방식으로 읽는 예
09: readFile('./package.json', (error: Error, buffer: Buffer) => {
10:   console.log('read package.json using asynchronous api...')
11:   console.log(buffer.toString())
12: })
13:
```

```
14: // Promise와 async/await 구문을 사용한 예
15: const readFilePromise = (filename: string): Promise<string> =>
16:   new Promise<string>((resolve, reject) => {
17:     readFile(filename, (error: Error, buffer: Buffer) => {
18:       if(error)
19:         reject(error)
20:       else
21:         resolve(buffer.toString())
22:     })
23:   });
24:
25: (async () => {
26:   const content = await readFilePromise('./package.json')
27:   console.log('read package.json using Promise and async/await...')
28:   console.log(content)
29: })()
```

:: 실행 결과
```
read package.json using synchronous api...
{
    ...생략(package.json 파일 내용)...
}

read package.json using asynchronous api...
{
    ...생략(package.json 파일 내용)...
}

read package.json using Promise and async/await...
{
    ...생략(package.json 파일 내용)...
}
```

운영체제가 제공하는 서비스를 API라고 합니다. API는 타입스크립트와 같은 프로그래밍 언어의 함수 형태로 제공됩니다. 그런데 API 함수는 일반 함수와 달리 하드디스크에 저장된 파일을 읽는 등 실행 시 물리적인 시간이 소요됩니다.

따라서 파일 내용을 모두 읽을 때까지 프로그램의 동작을 잠시 멈추는 동기 방식의 API와 프로그램의 동작을 멈추지 않는 대신 결과를 콜백 함수로 얻게 하는 비동기 방식의 API를 제공합니다. 즉, 똑같은 기능을 대상으로 두 가지 방식의 API를 제공합니다.

비동기 API의 콜백 함수를 특별히 '**비동기 콜백 함수**(asynchronous callback function)'라고 합니다. 비동기 콜백 함수는 일반 함수와 달리 API의 물리적인 동작 결과(result)를 수신하는 목적으로만 사용됩니다.

readFileSync와 readFile API

웹 브라우저와 달리 노드제이에스는 운영체제 파일 시스템에 있는 파일을 읽을 수 있습니다. 노드제이에스에서 파일 읽기는 readFileSync라는 이름의 API를 사용해서 구현합니다. readFileSync는 파일을 읽어서 Buffer라는 타입으로 전달해 줍니다.

```
import {readFileSync} from 'fs'
readFileSync(path: string): Buffer
```

Buffer는 노드제이에스가 제공하는 클래스로서 바이너리 데이터를 저장하는 기능을 수행합니다. Buffer의 데이터를 문자열로 만들려고 할 때는 Buffer의 toString 메서드를 사용합니다. 노드제이에스에서 API 이름이 'xxxxSync'인 것은 모두 동기 방식으로 동작합니다. 동기 방식 API는 작업이 종료될 때까지 프로그램을 일시적으로 멈추게 하는 특징이 있습니다.

다음 코드는 디렉터리의 package.json 파일을 readFileSync를 사용해 바이너리 데이터로 읽은 다음, Buffer의 toString 메서드를 사용해 화면에 출력합니다. 그런데 다음 코드는 04행에서 package.json 파일을 읽는 동안 코드는 일시적으로 멈춥니다.

• src/readFileSync-test.ts

```
01: import {readFileSync} from 'fs'
02:
03: // package.json 파일의 바이너리 내용
04: const buffer: Buffer = readFileSync('./package.json')
05: const content: string = buffer.toString()
06: console.log(content)    // package.json 파일의 텍스트 내용
```

```
:: 실행 결과
{
  ...생략(package.json 파일 내용)...
}
```

노드제이에스는 동기 버전인 **readFileSync** 이외에도 비동기 버전인 **readFile**도 제공합니다.

```
import {readFile} from 'fs'
readFile(파일 경로, 콜백 함수: (error: Error, buffer: Buffer) => void)
```

readFile은 동기 버전과 달리 예외가 발생하면 이 예외를 콜백 함수의 첫 번째 매개변수에 전달해 줍니다. 다음 코드는 비동기 방식으로 동작하는 **readFile**의 사용 예이며, 실행 결과는 앞서 동기 방식으로 동작하는 코드와 같습니다.

• src/readFile-test.ts

```
01: import {readFile} from 'fs'
02:
03: readFile('./package.json', (err: Error, buffer: Buffer) => {
04:   if(err) throw err    // 오류 발생 시 처리 코드
05:   else {
06:     const content: string = buffer.toString()
07:     console.log(content)   // package.json 파일 내용
08:   }
09: })
10: // 코드는 멈추지 않고 계속 실행
```

이 코드는 비동기 방식으로 동작하므로 03행을 실행할 때 멈추지 않고 바로 10행 이후를 실행하며, package.json 파일을 읽은 결과는 **readFile()** 함수의 두 번째 매개변수인 콜백 함수로 전달됩니다.

단일 스레드와 비동기 API

자바스크립트는 단일 스레드(single-thread)로 동작하므로 될 수 있으면 **readFileSync**와 같은 동기 API를 사용하지 말아야 합니다. 타입스크립트 또한 ES5 자바스크립트로 변환되어 실행되므로 자바스크립트와 마찬가지로 될 수 있으면 동기 API를 사용하지 말아야 합니다.

단일 스레드로 동작하는 자바스크립트

스레드는 CPU가 프로그램을 동작시키는 최소 단위입니다. 운영체제에서 프로그램이 실행되고 있는 상태일 때를 프로세스라고 합니다. 프로세스는 한 개의 주 스레드와 여러 개의 작업 스레드를 동작시킵니다. 자바스크립트 코드는 항상 한 개의 작업 스레드에서 실행됩니다. 웹 브라우저나 노드 제이에스 프로그램 자체는 다중 스레드로 동작하지만, 자바스크립트 코드는 한 개의 작업 스레드, 즉 단일 스레드에서 동작합니다.

타입스크립트(혹은 자바스크립트) 코드에서 동기 API가 실행되면, 운영체제는 동기 API의 작업 결과를 함수의 반환값(return value)으로 돌려주어야 합니다. 이 때문에 운영체제는 동기 API가 실행된 코드를 일시적으로 멈춘 다음, 또 다른 스레드에서 실제 작업을 실행해 결과를 얻으면 그때서야 비로소 잠시 멈췄던 동기 API를 실행하면서 결괏값을 반환합니다.

동기 API의 이러한 동작 방식은 코드를 작성하기 쉽게 해주지만 프로그램의 반응성(responsiveness)을 떨어뜨립니다. 만일, 동기 API를 호출하는 자바스크립트 코드가 웹 서버에서 실행되면, 단일 스레드로 동작하는 자바스크립트의 물리적인 특징상 웹 서버는 동기 API가 결괏값을 반환할 때까지 일시적으로 멈춥니다. 그리고 웹 브라우저에서 이 웹 서버로 접속이 안 되는 현상이 발생합니다.

타입스크립트(혹은 자바스크립트)는 이처럼 단일 스레드에서 동작하므로 코드를 작성할 때 항상 비동기 방식으로 동작하는 API를 사용해 프로그램의 반응성을 훼손하지 말아야 합니다.

콜백 지옥

그런데 비동기 API를 사용하면 콜백 함수에서 다시 또 다른 비동기 API를 호출하는 코드를 만들 때 코드가 매우 복잡해집니다. 다음 코드는 package.json 파일을 읽은 다음 다시 tsconfig.json 파일을 읽는 것을 작성한 것으로, readFile('./package.json')의 콜백 함수 몸통에 또 다시 readFile('./tsconfig.json')을 호출하는 중첩 방식의 코드 구조를 보입니다.

• src/callback-hell.ts

```
01: import {readFile} from 'fs'
02:
03: readFile('./package.json', (err: Error, buffer: Buffer) => {
04:   if(err) throw err
05:   else {
```

```
06:        const content: string = buffer.toString()
07:        console.log(content)
08:
09:        readFile('./tsconfig.json', (err: Error, buffer: Buffer) => {
10:          if(err) throw err
11:          else {
12:            const content: string = buffer.toString()
13:            console.log(content)
14:          }
15:        })
16:      }
17: })
```

:: 실행 결과
```
{
  ...생략(pakage.json 파일 내용)...
}


{
  ...생략(tsconfig.json 파일 내용)...
}
```

이처럼 복잡한 형태로 얽힌 콜백 구조를 자바스크립트 분야에서는 '콜백 지옥(callback hell)'
이라고 표현합니다. Promise는 이런 콜백 지옥에 빠진 코드를 좀 더 다루기 쉬운 형태의 코드
로 만들려는 목적으로 고안되었습니다.

자동 세미콜론 삽입 기능이란?

자바스크립트와 타입스크립트 문법에는 자동 세미콜론 삽입(automatic semicolon
insertion, ASI)이라는 원칙이 있습니다. ASI는 세미콜론이 생략되면 자동으로 세미콜론을
삽입해 주는 컴파일러의 기능입니다. 그런데 ASI 기능이 적용되지 않는 다음 3가지 경우가 있습니다.

1. 문장이 '(' 기호로 시작될 때
2. 문장이 '[' 기호로 시작될 때
3. 문장이 역따옴표(`)로 시작될 때

예를 들어 159쪽 코드에서 25행은 문장이 '(' 기호로 시작하므로 ASI 기능이 적용되지 않아 오류가 발생합
니다. 이 오류가 발생하지 않게 하려면 이전 문장이 끝나는 23행 끝에 세미콜론을 넣어야 합니다. 또한 17쪽
07행에 세미콜론도 그다음 문장이 '[' 기호로 시작하기 때문에 넣었습니다.

07-2 Promise 이해하기

자바스크립트 언어에서 프로미스는 ES6 버전에서 정식 기능으로 채택되었습니다. 자바스크립트에서 프로미스는 Promise라는 이름의 클래스입니다. 따라서 Promise 클래스를 사용하려면 일단 new 연산자를 적용해 프로미스 객체를 만들어야 합니다. 그리고 new 연산자로 프로미스 객체를 만들 때 다음처럼 콜백 함수를 제공해야 합니다.

```
const promise = new Promise(콜백 함수)
```

여기서 Promise의 콜백 함수는 resolve와 reject라는 두 개의 매개변수를 가집니다.

```
(resolve, reject) => {}
```

타입스크립트에서 Promise는 다음처럼 제네릭 클래스 형태로 사용합니다.

```
const numPromise: Promise<number> = new Promise<number>(콜백 함수)
const strPromise: Promise<string> = new Promise<string>(콜백 함수)
const arrayPromise: Promise<number[]> = new Promise<number[]>(콜백 함수)
```

타입스크립트 Promise의 콜백 함수는 다음처럼 resolve와 reject 함수를 매개변수로 받는 형태입니다.

```
new Promise<T>((
  resolve: (sucessValue: T) => void,
  reject: (any) => void
) => {
 // 코드 구현
})
```

resolve와 reject 함수

프로미스를 코드 없이 이해하기는 어려우므로 일단 프로미스를 사용하는 코드를 작성해 보 겠습니다. 다음 코드는 앞 절에서 설명한 비동기 방식 API인 readFile을 호출하는 내용을 프로미스로 구현한 예입니다.

• src/readFilePromise.ts

```
01: import {readFile} from 'fs'
02:
03: export const readFilePromise = (filename: string): Promise<string> =>
04:   new Promise<string>((
05:     resolve: (value: string) => void,
06:     reject: (error: Error) => void) => {
07:       readFile(filename, (err: Error, buffer: Buffer) => {
08:         if(err) reject(err)
09:         else resolve(buffer.toString())
10:       })
11:   })
```

코드에서 08, 09행을 보면 에러가 발생할 때는 reject(err) 함수를 호출하고, 에러 없이 정상적으로 실행되었을 때는 파일 내용이 담긴 buffer를 이용해 resolve(buffer) 함수를 호출합니다.

이제 이렇게 구현한 readFilePromise 함수를 사용하는 쪽 코드를 살펴보겠습니다. 다음 코드는 readFilePromise 함수가 반환하는 Promise 타입 객체의 then, catch, finally 메서드를 메서드 체인 형태로 사용합니다.

• src/readFilePromise-test.ts

```
01: import {readFilePromise} from './readFilePromise'
02:
03: readFilePromise('./package.json')
04:   .then((content: string) => {
05:     console.log(content)   // package.json 파일을 읽은 내용
06:     return readFilePromise('./tsconfig.json')
07:   })
08:   .then((content: string) => {
09:     console.log(content)   // tsconfig.json 파일을 읽은 내용
```

```
10:      /* catch 쪽 콜백 함수에 'EISDIR: illegal operation on a directory, read'
11:         라는 오류 메시지 전달 */
12:      return readFilePromise('.')
13:    })
14:    .catch((err: Error) => console.log('error:', err.message))
15:    .finally(() => console.log('프로그램 종료'))
```

```
:: 실행 결과
{
  ...생략(package.json)...
}

{
  ...생략(tsconfig.json)...
}

error: EISDIR: illegal operation on a directory, read
프로그램 종료
```

코드를 실행해 보면 **readFilePromise**에서 resolve 함수를 호출한 값은 then 메서드의 콜백 함수 쪽에 전달되고, **reject** 함수를 호출한 값은 catch 메서드의 콜백 함수 쪽에 전달되는 것을 볼 수 있습니다.

그리고 마지막에 '프로그램 종료'라는 출력을 볼 수 있는데, 이것은 **finally** 메서드가 호출되었다는 것을 의미합니다. Promise 객체의 메서드 체인 코드에서 **finally**는 항상 마지막에 호출됩니다.

Promise.resolve 메서드

Promise 클래스는 resolve라는 클래스 메서드(정적 메서드)를 제공합니다. 앞서 Promise 객체를 생성할 때 resolve 함수를 호출했는데, **Promise.resolve**는 이를 클래스 메서드로 구현한 것입니다. **Promise.resolve(값)** 형태로 호출하면 항상 이 '값'은 then 메서드에서 얻을 수 있습니다.

```
01: Promise.resolve(1)
02:   .then(value => console.log(value))   // 1
03:
04: Promise.resolve('hello')
05:   .then(value => console.log(value))   // hello
06:
07: Promise.resolve([1, 2, 3])
08:   .then(value => console.log(value))   // [ 1 2 3 ]
09:
10: Promise.resolve({name: 'Jack', age: 32})
11:   .then(value => console.log(value))   // { name: 'Jack', age: 32 }
```

Promise.reject 메서드

Promise.reject(Error 타입 객체)를 호출하면 이 'Error 타입 객체'는 항상 catch 메서드의 콜백 함수에서 얻을 수 있습니다.

```
01: Promise.reject(new Error('에러 발생'))
02:   .catch((err: Error) => console.log('error:', err.message))   // error: 에러 발생
```

then-체인

Promise의 then 인스턴스 메서드를 호출할 때 사용한 콜백 함수는 값을 반환할 수 있습니다. 이 then에서 반환된 값은 또 다른 then 메서드를 호출해 값을 수신할 수 있습니다. 흥미롭게도 then 메서드는 반환된 값이 Promise 타입이면 이를 해소(resolve)한 값을 반환합니다. 만약 거절(reject)당한 값일 때는 catch 메서드에서 이 거절당한 값을 얻을 수 있습니다.

Promise 객체에 then 메서드를 여러 번 호출하는 코드 형태를 'then-체인(then-chain)'이라고 합니다. 다음 코드는 then-체인 형태의 코드를 보여줍니다.

```
01: Promise.resolve(1)
02:   .then((value: number) => {
03:     console.log(value)   // 1
04:     return Promise.resolve(true)
05:   })
06:   .then((value: boolean) => {
07:     console.log(value)   // true
08:     return [1, 2, 3]
09:   })
10:   .then((value: number[]) => {
11:     console.log(value)   // [ 1, 2, 3 ]
12:     return {name: 'jack', age: 32}
13:   })
14:   .then((value: {name: string, age: number}) => {
15:     console.log(value)   // { name: 'jack', age: 32 }
16:   })
```

Promise.all 메서드

Array 클래스는 every라는 이름의 인스턴스 메서드를 제공합니다. every 메서드는 배열의 모든 아이템이 어떤 조건을 만족하면 true를 반환합니다. 다음 코드에서 isAllTrue 함수는 every 메서드를 사용해 배열에 담긴 값이 모두 true인지 확인합니다.

```
01: const isAllTrue = (values: boolean[]) => values.every((value => value == true))
02:
03: console.log(
04:   isAllTrue([true, true, true]),  // true
05:   isAllTrue([false, true, true]), // false
06: )
```

Promise 클래스는 앞 every처럼 동작하는 all이라는 이름의 클래스 메서드를 제공합니다.

all(프로미스 객체 배열: Promise[]): Promise<해소된 값들의 배열(혹은 any)>

Promise.all 메서드는 Promise 객체들을 배열 형태로 받아, 모든 객체를 대상으로 해소(resolve)된 값들의 배열로 만들어 줍니다. Promise.all 메서드는 이런 내용으로 구성된 또 다른 Promise 객체를 반환하므로 해소된 값들의 배열은 then 메서드를 호출해서 얻어야 합니다. 만약, 배열에 담긴 Promise 객체 중 거절(reject) 객체가 발생하면 더 기다리지 않고 해당 거절 값(reject value)을 담은 Promise.reject 객체를 반환합니다. 이 거절 값은 catch 메서드를 통해 얻습니다.

• src/Promise.all-test.ts

```
01: const getAllResolvedResult = <T>(promises: Promise<T>[]) => Promise.all(promises)
02:
03: getAllResolvedResult<any>([Promise.resolve(true), Promise.resolve('hello')])
04:    .then(result => console.log(result))    // [ true, 'hello' ]
05:
06: getAllResolvedResult<any>([Promise.reject(new Error('error')), Promise.re-
    solve(1)])
07:    .then(result => console.log(result))    // 호출되지 않는다
08:    .catch(error => console.log('error:', error.message))    // error: error
```

Promise.race 메서드

Array 클래스는 배열의 내용 중 하나라도 조건을 만족하면 true를 반환하는 some이라는 인스턴스 메서드를 제공합니다.

• src/Array.some-test.ts

```
01: const isAnyTrue = (values: boolean[]) => values.some((value => value == true))
02:
03: console.log(
04:    isAnyTrue([false, true, false]),    // true
05:    isAnyTrue([false, false, false])    // false
06: )
```

Promise.race 클래스 메서드는 배열에 담긴 프로미스 객체 중 하나라도 해소(resolve)되면 이 값을 담은 Promise.resolve 객체를 반환합니다. 만일, 거절 값이 가장 먼저 발생하면 Promise.reject 객체를 반환합니다.

race(프로미스 객체 배열: Promise[]): Promise<가장 먼저 해소된 객체의 값 타입(혹은 Error)>

다음 코드에서 02행은 true가 출력되는데, 그 이유는 배열에 담긴 프로미스 객체들의 순서를 보면 Promise.resolve(true)가 먼저이기 때문입니다. 이와 비슷하게 04행에서 배열의 순서를 보면 Promise.resolve(true)가 먼저이므로 06행은 호출되지 않습니다. 그러나 08행은 Promise.reject()가 먼저이므로 09행 대신 10행이 실행됩니다.

• src/Promise.race-test.ts

```
01: Promise.race([Promise.resolve(true), Promise.resolve('hello')])
02:   .then(value => console.log(value))   // true
03:
04: Promise.race([Promise.resolve(true), Promise.reject(new Error('hello'))])
05:   .then(value => console.log(value))   // true
06:   .catch(error => console.log(error.message))   // 호출되지 않는다
07:
08: Promise.race([Promise.reject(new Error('error')), Promise.resolve(true)])
09:   .then(value => console.log(value))   // 호출되지 않는다
10:   .catch(error => console.log(error.message))   // error
```

Promise는 비동기 API 사용에서 나타나는 콜백 지옥 형태의 코드를 어느 정도 관리할 수 있는 코드 형태로 바꿔줍니다. 그런데 ESNext 자바스크립트와 타입스크립트는 Promise를 좀 더 쉬운 형태의 코드로 만들 수 있게 하는 async/await 구문을 제공합니다.

07-3 async와 await 구문

2013년에 마이크로소프트는 C# 5.0을 발표하면서 비동기 프로그래밍 코드를 비약적으로 간결하게 구현할 수 있는 async와 await라는 구문을 제공했습니다. 이후 자바스크립트(혹은 타입스크립트)를 포함해 많은 프로그래밍 언어가 이 구문을 차용했습니다.

다음 코드는 자바스크립트에서 async/await 구문을 사용한 예입니다.

```
async/await 구문 예

01: const test = async () => {
02:   const value = await Promise.resolve(1)
03:   console.log(value)   // 1
04: }
05: test()
```

await 키워드

await 키워드는 피연산자(operand)의 값을 반환해 줍니다. 그런데 만일 피연산자가 Promise 객체이면 then 메서드를 호출해 얻은 값을 반환해 줍니다.

```
let value = await Promise 객체 혹은 값
```

async 함수 수정자

그런데 await 키워드는 항상 async라는 이름의 함수 수정자(function modifier)가 있는 함수 몸통에서만 사용할 수 있습니다.

```
const test1 = async() => {    // 화살표 함수 구문
  await Promise 객체 혹은 값
}
async function test2() {      // function 키워드 함수 구문
  await Promise 객체 혹은 값
}
```

다음 코드는 화살표 함수 형태로 async 함수를 구현한 예입니다.

• src/test1.ts

```
01: export const test1 = async () => {
02:   let value = await 1
03:   console.log(value)   // 1
04:   value = await Promise.resolve(1)
05:   console.log(value)   // 1
06: }
```

다음 코드는 function 함수 형태로 async 함수를 구현한 예입니다.

• src/test2.ts

```
01: export async function test2() {
02:   let value = await 'hello'
03:   console.log(value)   // hello
04:   value = await Promise.resolve('hello')
05:   console.log(value)   // hello
06: }
```

async는 함수이므로 04행과 05행에서 보듯 마치 일반 함수처럼 호출할 수 있습니다.

• src/await-test.ts

```
01: import {test1} from './test1'
02: import {test2} from './test2'
03:
04: test1()
05: test2()
```

```
:: 실행 결과
1
hello
1
hello
```

그런데 실행 결과가 흥미롭습니다. test1() 함수가 먼저 호출되었으므로 '1'이 두 번 출력되고, 그다음 test2() 함수가 호출되었으므로 'hello hello'가 나중에 출력될 것으로 생각되지만, 두 함수가 마치 동시에 실행된 것처럼 보입니다.

async 함수의 두 가지 성질

async 함수 수정자가 붙은 함수는 다음처럼 흥미로운 성질이 있습니다.

- 일반 함수처럼 사용할 수 있다
- Promise 객체로 사용할 수 있다

앞서 본 await-test.ts는 async 함수를 일반 함수처럼 사용한 예입니다. 반면에 다음 코드는 async 함수를 Promise 객체로 사용한 예입니다.

• src/async-as-promise.ts

```
01: import {test1} from './test1'
02: import {test2} from './test2'
03:
04: test1()
05:   .then(() => test2())
```

:: 실행 결과
```
1
1
hello
hello
```

앞 코드는 test1() 함수 호출이 해소(resolve)된 다음에 비로소 test2() 함수를 호출하므로 실행 결과가 await-test.ts와 다릅니다.

async 함수가 반환하는 값의 의미

async 함수는 값을 반환할 수 있습니다. 이때 반환값은 Promise 형태로 변환되므로 다음처럼 then 메서드를 호출해 async 함수의 반환값을 얻어야 합니다.

```
01: const asyncReturn = async() => {
02:   return [1, 2, 3]
03: }
04:
05: asyncReturn()
06:   .then(value => console.log(value))   // [ 1, 2, 3 ]
```

async 함수의 예외 처리

async 함수에서 다음처럼 예외가 발생하면 프로그램이 비정상으로 종료됩니다.

```
const asyncException = async () => {
  throw new Error('error')
}
asyncException()   // 예외 발생
```

예외가 발생해서 프로그램이 비정상으로 종료하는 상황을 막으려면, 다음처럼 asyncException을 단순히 asyncException() 형태의 함수 호출 방식이 아닌, asyncException()이 반환하는 프로미스 객체의 catch 메서드를 호출하는 형태로 코드를 작성해야 합니다.

```
01: const asyncException = async () => {
02:   throw new Error('error')
03: }
04: asyncException()
05:   .catch(err => console.log('error:', err.message))   // error: error
```

만일, await 구문에서 Promise.reject값이 발생하면 앞에서와 마찬가지로 프로그램이 비정상으로 종료합니다.

```
const awaitReject = async() => {
  await Promise.reject(new Error('error'))
}
awaitReject()   // 비정상 종료
```

이처럼 프로그램이 비정상으로 종료하는 코드는 앞에서 작성한 async-exception.ts처럼 구현하면 방지할 수 있습니다.

• src/await-reject.ts

```
01: const awaitReject = async() => {
02:   await Promise.reject(new Error('error'))
03: }
04:
05: awaitReject()
06:   .catch(err => console.log('error:', err.message))   // error: error
```

async 함수와 Promise.all

앞 절에서 비동기 API인 **readFile**을 프로미스로 만든 readFilePromise.ts를 **async** 함수에 적용해 보겠습니다. 다음 코드는 package.json과 tsconfig.json 두 파일의 내용을 **async** 함수와 Promise.all, readFilePromise를 사용해 화면에 출력합니다.

• src/async-readFilePromise-test.ts

```
01: import {readFilePromise} from './readFilePromise'   // 07-2절의 readFilePromise.ts
02:
03: const readFilesAll = async (filenames: string[]) => {
04:   return await Promise.all(
05:     filenames.map(filename => readFilePromise(filename))
06:   )
07: }
08:
09: readFilesAll(['./package.json', './tsconfig.json'])
10:   .then(([packageJson, tsconfigJson]: string[]) => {
11:     console.log('<package.json>: ', packageJson)
12:     console.log('<tsconfig.json>: ', tsconfigJson)
13:   })
14:   .catch(err => console.log('error:', err.message))
```

```
:: 실행 결과
<package.json>: {
  ...생략(package.json 파일 내용)...
}

<tsconfig.json>: {
  ...생략(package.json 파일 내용)...
}
```

03행의 readFilesAll 함수는 매개변수 filenames에 담긴 string[] 타입 배열에 map 메서드를 적용해 Promise[] 타입 객체로 전환합니다. 그다음 이를 다시 Promise.all 메서드를 사용해 단일 Promise 객체로 만듭니다. 그리고 이 결과로 만들어진 객체에 await 구문을 적용해 해소된 결괏값을 반환합니다.

그리고 09~15행은 readFilesAll 함수를 Promise 객체로 취급해 then과 catch 메서드를 then-체인 형태로 연결합니다. 이로써 두 파일의 내용을 출력함과 동시에 예외가 발생하더라도 프로그램이 비정상으로 종료하지 않도록 합니다.

지금까지 타입스크립트의 주요 문법과 기능을 소개했습니다. 다음 장부터는 본격적으로 함수형 프로그래밍에 관해서 살펴보겠습니다.

함수 조합의 원리와 응용

함수 조합은 작은 기능을 하는 여러 함수를 pipe나 compose라는 이름의 함수로 조합하여 조금씩 더 의미 있는 함수로 만들어 가는 코드 설계 기법입니다. 이번 장은 함수 조합의 토대가 되는 고차 함수와 커리, 그리고 이들을 이용한 함수 조합에 관해 살펴봅니다.

08-1 함수형 프로그래밍이란?

함수형 프로그래밍은 순수 함수와 선언형 프로그래밍의 토대 위에 함수 조합(function composition)
과 모나드 조합(monadic composition)으로 코드를 설계하고 구현하는 기법입니다. 이번 장부
터는 타입스크립트 언어로 함수형 프로그래밍을 어떻게 할 수 있는지 알아보겠습니다.
함수형 프로그래밍은 다음 세 가지 수학 이론에 기반을 두고 있습니다.

> 1. 람다 수학(ramda calculus): 조합 논리와 카테고리 이론의 토대가 되는 논리 수학
> 2. 조합 논리(combinatory logic): 함수 조합의 이론적 배경
> 3. 카테고리 이론(category theory): 모나드 조합과 고차 타입의 이론적 배경

함수형 프로그래밍 언어는 정적 타입(static type), 자동 메모리 관리(automatic memory
management), 계산법(evaluation), 타입 추론(type inference), 일등 함수(first-class function)에
기반을 두고, 대수 데이터 타입(algebraic data type), 패턴 매칭(pattern matching), 모나드
(monad), 고차 타입(high order type) 등의 고급 기능을 제공합니다. 다만, 함수형 언어라고 해
서 이러한 기능을 모두 제공하지는 않습니다.
함수형 프로그래밍 언어는 한때 인공지능의 언어로 불렸던 LISP에 기반을 두고 있습니다.
LISP는 1958년에 만들어져 매우 역사가 깊은 언어입니다. LISP는 메타 언어(meta language,
ML)로 진화되었으며, 메타 언어는 다시 하스켈(Haskell) 언어로 발전되었습니다.
하스켈 언어는 스칼라(scala) 언어에 의해 개발자들에게 친숙한 C 언어와 비슷한 구문을 가지
게 되었고, 타입스크립트는 스칼라 언어의 구문을 좀 더 자바스크립트 친화적으로 발전시켰
습니다. 이러한 관점으로 볼 때 타입스크립트는 사실 세상에서 가장 쉬운 함수형 프로그래밍
언어라고 할 수 있습니다.
타입스크립트는 함수형 언어에서 중요하게 여겨지는 패턴 매칭과 고차 타입이라는 기능을
생략함으로써 구문을 쉽게 만들었습니다. 사실 하스켈이나 스칼라 같은 고급 함수형 언어들
의 구문이 매우 어렵게 느껴지는 이유는 패턴 매칭과 고차 타입 관련 구문들이 매우 복잡하기
때문입니다. 이런 이유로 요즘 유행하는 코틀린(Kotlin)이나 스위프트(Swift)도 패턴 매칭 구
문 정도만 있을 뿐 고차 타입 구문은 존재하지 않습니다.

08-2 제네릭 함수

05장에서 number[], boolean[], string[]과 같은 배열을 T[]로 표현한 적이 있는데, number와 같은 타입을 타입 변수(type variable) T로 표기할 때 이를 '제네릭 타입(generic type)'이라고 합니다. 타입스크립트의 함수는 매개변수와 반환값에 타입이 존재하므로, 함수 조합을 구현할 때는 제네릭 함수 구문을 사용해야만 합니다.

타입스크립트의 제네릭 함수 구문

타입스크립트에서 제네릭 타입은 함수와 인터페이스, 클래스, 타입 별칭에 적용할 수 있으며, 꺾쇠 괄호 <>로 타입을 감싼 <T>, <T, Q>처럼 표현합니다. 다음은 function 키워드로 만든 함수에 제네릭 타입을 적용한 예입니다.

```
function g1<T>(a: T): void {}
function g2<T, Q>(a: T, b: Q): void {}
```

이처럼 제네릭 타입으로 함수를 정의하면 어떤 타입에도 대응할 수 있습니다. g1 함수는 a 매개변수가 제네릭 타입으로 지정되었고, g2 함수는 a와 b 매개변수가 각각 다른 제네릭 타입으로 지정되었습니다.

다음은 화살표 함수에 제네릭 타입을 적용한 예입니다.

```
const g3 = <T>(a: T): void => {}
const g4 = <T, Q>(a: T, b: Q): void => {}
```

다음은 타입 별칭(type-alias)에 제네릭 타입을 적용한 예입니다.

```
type Type1Func<T> = (T) => void
type Type2Func<T, Q> = (T, Q) => void
type Type3Func<T, Q, R> = (T, Q) => R
```

이때, Type3Func 함수의 시그니처는 T와 Q 타입 값을 입력 받아 R 타입 값을 반환하는 것을 나타냅니다.

◎ 인터페이스와 클래스에 제네릭 타입을 사용하는 방법은 10장에서 다룹니다.

함수의 역할

수학에서 함수는 값 x에 수식을 적용해 또 다른 값 y를 만드는 역할을 하는데, 함수를 f라고 표기하면 값 x, y, f 간의 관계를 다음처럼 표현할 수 있습니다.

```
x ~> f ~> y
```

프로그래밍 언어로 수학의 함수를 구현할 때는 변수 x와 y의 타입을 고려해야 합니다. 함수 f가 T 타입의 x값으로 R 타입의 y값을 만든다고 한다면 다음처럼 표현할 수 있습니다.

```
(x: T) ~~> f -> (y: R)
```

수학에서는 이런 관계를 일대일 관계(one-to-one relationship)라고 하고, 이런 동작을 하는 함수 f를 '매핑(mapping)' 줄여서 '맵(map)'이라고 표현합니다. 타입스크립트 언어로 일대일 맵 함수를 만든다면 타입 T인 값을 이용해 타입 R인 값을 만들어 주어야 하므로, 함수의 시그니처를 다음처럼 표현할 수 있습니다.

```
type MapFunc<T, R> = (T) => R
```

아이덴티티 함수

맵 함수의 가장 단순한 형태는 입력값 x를 가공 없이 그대로 반환하는 것입니다. 즉, 입력과 출력 타입이 같습니다. 함수형 프로그래밍에서 이러한 역할을 하는 함수 이름에는 보통 identity 혹은 간단히 I라는 단어가 포함됩니다. 앞에서 예로 든 MapFunc 타입을 사용해 아이덴티티 함수의 시그니처를 다음처럼 표현할 수 있습니다.

```
type MapFunc<T, R> = (T) => R
type IdentityFunc<T> = MapFunc<T, T>
```

이렇게 정의한 제네릭 함수 타입 IdentityFunc<T>는 다음과 같은 다양한 함수를 선언할 때
포괄적으로 사용할 수 있습니다.

```
const numberIdentity: IdentityFunc<number> = (x: number): number => x
const stringIdentity: IdentityFunc<string> = (x: string): string => x
const objectIdentity: IdentityFunc<object> = (x: object): object => x
const arrayIdentity: IdentityFunc<any[]> = (x: any[]): any[] => x
```

08-3 고차 함수와 커리

함수에서 매개변수의 개수를 애리티(arity)라고 합니다. 예를 들어, f()는 애리티가 0인 함수, f(x)는 애리티가 1인 함수, f(x, y)는 애리티가 2인 함수입니다. 만약, 함수 f, g, h 모두 애리티가 1이라면 다음처럼 연결해서 사용할 수 있습니다.

```
x ~> f ~> g ~> h ~> y
```

이것을 프로그래밍 언어로 표현하면 다음과 같습니다.

```
y = h(g(f(x)))
```

함수형 프로그래밍에서는 compose나 pipe라는 이름의 함수를 사용해 compose(h, g, f) 또는 pipe(f, g, h) 형태로 f, g, h 함수들을 조합해 새로운 함수를 만들 수 있습니다. 그런데 compose 또는 pipe의 동작 원리를 이해하려면 먼저 고차 함수가 무엇인지 알아야 합니다.

고차 함수란?

앞에서 여러 번 언급했지만 타입스크립트에서 함수는 변수에 담긴 함수 표현식이고, 이때 함수 표현식이란 일종의 값입니다. 따라서 함수의 반환값으로 함수를 사용할 수 있습니다. 이처럼 어떤 함수가 또 다른 함수를 반환할 때 그 함수를 **고차 함수**(high-order function)라고 합니다.

이러한 관점에서 함수가 아닌 단순히 값을 반환하는 함수를 '1차 함수(first-order function)'라고 하고, 1차 함수를 반환하면 '2차 고차 함수(second-order function)', 2차 함수를 반환하면 '3차 고차 함수(third-order function)'라고 합니다. 이를 함수 시그니처로 표현하면 다음과 같습니다.

😊 수학에서 $ax^2 + bx + c$와 같은 수식을 2차 함수라고 하므로, 이와 구분하기 위해 second-order function을 '2차 고차 함수'라고 표현했습니다.

```
01: export type FirstOrderFunc<T, R> = (T) => R
02: export type SecondOrderFunc<T, R> = (T) => FirstOrderFunc<T, R>
03: export type ThirdOrderFunc<T, R> = (T) => SecondOrderFunc<T, R>
```

이제 이 시그니처를 참조해 실제 함수를 만들어 보겠습니다. 다음 코드에서 inc 함수는 단순히 number 타입의 값을 반환하므로 1차 함수입니다.

```
01: import {FirstOrderFunc} from './function-signature'
02:
03: export const inc: FirstOrderFunc<number, number> = (x: number): number => x + 1
```

inc는 함수이므로 03행처럼 호출하는 것이 당연하지만, 고차 함수 관점에서는 1차 함수이므로 함수 호출 연산자 ()를 한 번 사용한다고 생각할 수 있습니다.

```
01: import {inc} from './first-order-func'
02: console.log(
03:   inc(1)   // 2
04: )
```

반면에 다음의 add 함수는 FirstOrderfunc<number, number>를 반환하므로 2차 고차 함수입니다.

```
01: import {FirstOrderFunc, SecondOrderFunc} from './function-signature'
02:
03: export const add: SecondOrderFunc<number, number> =
04:   (x: number): FirstOrderFunc<number, number> =>
05:   (y: number): number => x + y
```

다음은 2차 고차 함수 add를 사용하는 코드입니다.

```
01: import {add} from './second-order-func'
02: console.log(
03:   add(1)(2)   // 3
04: )
```

흥미롭게도 2차 고차 함수를 호출할 때는 add(1)(2)처럼 함수 호출 연산자를 두 번 연속해서 사용합니다. 함수형 프로그래밍 언어에서는 이를 **커리**(curry)라고 합니다.

다음 코드에서 add3 함수는 SecondOrderFunc<number, number>를 반환하므로 3차 고차 함수입니다.

```
01: import {FirstOrderFunc, SecondOrderFunc, ThirdOrderFunc} from './function-signature'
02:
03: export const add3: ThirdOrderFunc<number, number> =
04:   (x: number): SecondOrderFunc<number, number> =>
05:   (y: number): FirstOrderFunc<number, number> =>
06:   (z: number): number => x + y + z
```

3차 고차 함수일 때는 add3(1)(2)(3)처럼 함수 호출 연산자를 세 번 이어붙여 호출합니다.

```
01: import {add3} from './third-order-func'
02: console.log(
03:   add3(1)(2)(3)   // 6
04: )
```

부분 적용 함수와 커리

우리는 앞서 add(1)(2)나 add3(1)(2)(3)과 같은 코드를 본 적이 있는데, 고차 함수들은 이처럼 자신의 차수만큼 함수 호출 연산자를 연달아 사용합니다. 만약, add(1)이나 add3(1), add3(1)(2)처럼 자신의 차수보다 함수 호출 연산자를 덜 사용하면 '부분 적용 함수(partially applied function)', 짧게 말하면 '부분 함수(partial function)'라고 합니다.

부분 적용 함수에 관해 좀 더 자세히 알아보겠습니다. 앞에서 정의한 2차 고차 함수 add의 시그니처는 FirstOrderFunc<number, number>이므로 다음 코드에서 04행처럼 add1 함수를 만들 수 있습니다.

• add-partial-function.ts

```
01: import {FirstOrderFunc, SecondOrderFunc} from './function-signature'
02: import {add} from './second-order-func'
03:
04: const add1: SecondOrderFunc<number, number> = add(1)    // add1은 부분 함수
05: console.log(
06:   add1(2),    // 3
07:   add(1)(2)   // 3
08: )
```

add1은 1차 함수이므로 06행처럼 함수 호출 연산자를 1개 사용해 일반 함수처럼 호출할 수 있습니다. 따라서 add1(2)처럼 호출하면 04행에서 정의한 add(1)과 함께 전달돼 3이 출력됩니다. 그리고 04행에서 add1은 사실 add(1)과 똑같으므로 06행의 add1 부분을 add(1)로 대체하면 07행이 됩니다.

새로운 예제 코드를 하나 더 보겠습니다. 다음 코드에서 05행의 add1은 일차 함수이므로 07행처럼 호출할 수 있습니다.

• add3-partial-func.ts

```
01: import {FirstOrderFunc, SecondOrderFunc} from './function-signature'
02: import {add3} from './third-order-func'
03:
04: const add2: SecondOrderFunc<number, number> = add3(1)
05: const add1: FirstOrderFunc<number, number> = add2(2)
06: console.log(
07:   add1(3),       // 6
08:   add2(2)(3),    // 6
09:   add3(1)(2)(3)  // 6
10: )
```

그런데 add1은 add2(2)와 똑같으므로 08행처럼 호출할 수도 있습니다. 마찬가지로 add2는 add3(1)이므로 09행처럼 호출할 수도 있습니다.

클로저

고차 함수의 몸통에서 선언되는 변수들은 클로저(closure)라는 유효 범위를 가집니다. 클로저는 '지속되는 유효 범위(persistence scope)'를 의미합니다.

다음 코드에서 return x + y 부분은 add 함수가 반환하는 함수의 반환문인데, 이 함수는 자신의 바깥쪽 유효 범위(outer scope)에 있는 변수 x를 참조하고 있습니다.

```
function add(x: number): (number) => number {   // 바깥쪽 유효 범위 시작
  return function(y: number): number {          // 안쪽 유효 범위 시작
    return x + y                                // 클로저
  }                                             // 안쪽 유효 범위 끝
}                                               // 바깥쪽 유효 범위 끝
```

그런데 add가 반환하는 함수의 내부 범위(inner scope)만 놓고 볼 때 x는 이해할 수 없는 변수입니다. 이처럼 범위 안에서는 그 의미를 알 수 없는 변수를 '자유 변수(free variable)'라고 합니다.

타입스크립트는 이처럼 자유 변수가 있으면 그 변수의 바깥쪽 유효 범위에서 자유 변수의 의미(선언문)를 찾는데, 바깥쪽 유효 범위에서 x의 의미(x: number)를 알 수 있으므로 코드를 정상으로 컴파일합니다.

클로저를 지속되는 유효 범위라고 하는 이유는 다음처럼 add 함수를 호출하더라도 변수 x가 메모리에서 해제되지 않기 때문입니다.

```
const add1 = add(1)   // 변수 x 메모리 유지
```

자유 변수 x는 다음 코드가 실행되어야 비로소 메모리가 해제됩니다.

```
const result = add1(2)    // result에 3을 저장 후 변수 x 메모리 해제
```

이처럼 고차 함수가 부분 함수가 아닌 '값'을 발생해야 비로소 자유 변수의 메모리가 해제되는 유효 범위를 '클로저'라고 합니다.

고차 함수와 클로저

고차 함수를 구현하려면 클로저 기능은 필수입니다. 타입스크립트뿐만 아니라 고차 함수 구문이 있는 모든 프로그래밍 언어는 클로저 기능을 제공합니다. 따라서 어떤 프로그래밍 언어는 클로저와 고차 함수를 한꺼번에 클로저로 표현하기도 합니다.

클로저는 메모리가 해제되지 않고 프로그램이 끝날 때까지 지속될 수도 있습니다. 다음 makeNames 함수는 () => string 타입의 함수를 반환하는 2차 고차 함수입니다.

• closure.ts

```
01: const makeNames = (): () => string => {    // 바깥쪽 유효 범위
02:   const names = ['Jack', 'Jane', 'Smith']
03:   let index = 0
04:   return (): string => {    // 안쪽 유효 범위
05:     if(index == names.length)
06:       index = 0
07:     return names[index++]
08:   }
09: }
10:
11: const makeName: ()=>string = makeNames()
12: console.log(
13:   [1, 2, 3, 4, 5, 6].map(n => makeName())
14: )
```

:: 실행 결과
```
[ 'Jack', 'Jane', 'Smith', 'Jack', 'Jane', 'Smith' ]
```

11행에서 보듯 makeNames 함수를 호출하면 () => string 타입의 함수를 얻습니다. 또한, 13행처럼 1~6까지 숫자가 담긴 배열의 map 메서드를 사용해 makeNames 함수를 호출하면, 배열의 아이템 수만큼 총 여섯 번 호출되어 ['Jack', 'Jane', 'Smith', 'Jack', 'Jane', 'Smith']이 출력됩니다.

makeNames 함수에는 내부에 원형 리스트(circular list) 방식으로 동작하는 names와 index라는 이름의 자유 변수가 있습니다. index는 names.length와 값이 같아지면 다시 0이 되므로 makeName 함수를 사용하는 한 makeNames 함수에 할당된 클로저는 해제되지 않습니다.

08-4 함수 조합

함수 조합(function composition)은 작은 기능을 구현한 함수를 여러 번 조합해 더 의미 있는 함수를 만들어 내는 프로그램 설계 기법입니다. 함수 조합을 할 수 있는 언어들은 compose 혹은 pipe라는 이름의 함수를 제공하거나 만들 수 있습니다.

앞서 함수 f, g, h가 있을 때 이 함수들 모두 애리티가 1이라면 다음처럼 함수를 연결해서 사용할 수 있다고 했습니다.

```
x ~> f ~> g ~> h ~> y
```

다음 코드에서 f, g, h는 모두 애리티가 1인 함수입니다.

• f-g-h.ts

```
01: export const f = <T>(x: T): string => `f(${x})`
02: export const g = <T>(x: T): string => `g(${x})`
03: export const h = <T>(x: T): string => `h(${x})`
```

이제 이 함수들을 가지고 다음 수식을 만들어 내는 compose와 pipe라는 이름의 함수를 만들겠습니다.

```
y = h(g(f(x)))
```

compose 함수

다음 compose 함수는 가변 인수 스타일로 함수들의 배열을 입력받습니다. 그다음 함수들을 조합해 매개변수 x를 입력받는 1차 함수를 반환합니다. 여기서는 구현 내용보다는 compose 함수의 사용법을 중심으로 설명하겠습니다.

```
01: export const compose = <T, R>(...functions: readonly Function[]): Function =>
    (x:T): (T) => R => {
02:   const deepCopiedFunctions = [...functions]
03:   return deepCopiedFunctions.reverse().reduce((value, func) => func(value), x)
04: }
```

이제 compose 함수를 사용해 앞서 애리티 1인 f, g, h 함수들을 조합해 보겠습니다.

```
01: import {f, g, h} from './f-g-h'
02: import {compose} from './compose'
03:
04: const composedFGH = compose(h, g, f)
05: console.log(
06:   composedFGH('x')   // h(g(f(x)))
07: )
```

코드에서 04행은 compose를 사용해 수학에서 f ~> g ~> h를 프로그래밍으로 표현한 것입니다. compose(h, g, f)로 만든 composedFGH는 1차 함수이므로 06행처럼 호출할 수 있고, 결과는 h(g(f(x)))라는 문자열이 출력됩니다.

다음 코드는 03행의 inc 함수를 compose로 세 번 조합한 composed란 함수를 만듭니다.

```
01: import {compose} from './compose'
02:
03: const inc = x => x + 1
04:
05: const composed = compose(inc, inc, inc)
06: console.log(
07:   composed(1)   // 4
08: )
```

07행에서 composed(1)처럼 호출하면 4가 출력되는데, 그 이유는 compose의 동작으로 1 ~> inc ~> 2 ~> inc ~> 3 ~> inc ~> 4의 과정이 발생했기 때문입니다. 즉, 1을 가지고 inc 함수가 세 번 연달아 호출되면서 계산식 (((1 + 1) + 1) + 1)이 되었고 결괏값 4가 출력되었습니다.

예홍쌤의 한마디

자바스크립트에서는 화살표 함수를 만들 때 매개변수가 한 개만 있으면 매개변수를 감싸는 소괄호 ()를 생략할 수 있습니다. 따라서 compose-test2.ts의 03행은 다음 코드의 단축형입니다.

```
const inc = (x) => x + 1
```

원래 inc 함수를 타입스크립트답게 구현하려면 다음처럼 작성해야 하지만, 함수가 단순하므로 타입 주석을 생략했습니다. TSC 컴파일러는 타입 추론을 사용해 생략된 타입을 찾을 수 있기 때문입니다.

```
const inc = (x: number): number => x + 1
```

이번엔 compose와 동작 원리는 같은데 단지 조합하는 함수들의 순서만 다른 pipe 함수에 대해 알아보겠습니다.

pipe 함수

pipe 함수는 compose와 매개변수들을 해석하는 순서가 반대이므로, 다음 코드는 compose와 비교해 functions을 reverse하는 코드가 없습니다.

• pipe.ts

```
01: export const pipe = <T>(...functions: readonly Function[]): Function =>
    (x:T): T => {
02:   return functions.reduce((value, func) => func(value), x)
03: }
```

다음 pipe 테스트 코드는 04행에서 변수 x와 가까운 쪽부터 함수가 나열된 pipe(f, g, h)를 통해 새로운 piped 함수를 만듭니다. pipe는 compose의 역순으로 함수들을 나열하면 compose와 똑같은 결과를 보입니다.

```
                                                                    • pipe-test.ts

01: import {f, g, h} from './f-g-h'
02: import {pipe} from './pipe'
03:
04: const piped = pipe(f, g, h)
05: console.log(
06:   piped('x')   // h(g(f(x)))
07: )
```

pipe와 compose 함수 분석

pipe 함수의 구현 순서를 차근차근 살펴보면서 동작 원리를 분석해 보겠습니다. 먼저, pipe 함수는 pipe(f), pipe(f, g), pipe(f, g, h)처럼 가변 인수 방식으로 동작하므로 매개변수를 다음처럼 설정합니다.

```
export const pipe = (...functions)
```

그런데 가변 인수 functions의 타입을 설정하기 어렵습니다. 예를 들어, 함수 f, g, h의 함수 시그니처는 다음처럼 모두 다릅니다.

- f 함수의 시그니처: (number) => string
- g 함수의 시그니처: (string) => string[]
- h 함수의 시그니처: (string[]) => number

이처럼 각 함수의 시그니처가 모두 다르면 이들을 모두 포함할 수 있는 제네릭 타입을 적용하기가 힘듭니다. 따라서 functions은 자바스크립트 타입 Function들의 배열인 Function[]으로 설정합니다.

```
export const pipe = (...functions: Function[])
```

pipe 함수는 functions 배열을 조합해 어떤 함수를 반환해야 하므로 반환 타입은 Function으로 설정합니다.

```
export const pipe = (...functions: Function[]): Function
```

그런데 **pipe**로 조합된 결과 함수는 애리티가 1입니다. 따라서 다음처럼 매개변수 x를 입력받는 함수를 작성합니다. 그런데 이 내용을 제네릭 타입으로 표현하면 타입 T의 값 x를 입력받아 T 타입의 값을 반환하는 함수가 됩니다.

```
export const pipe = <T>(...functions: Function[]): Function => (x: T) => T
```

이제 함수 몸통을 구현할 차례인데, 현재 **functions** 배열에는 [f, g, h]가 있다고 가정할 때 h(g(f(x))) 형태의 함수를 만들어야 합니다.

```
export const pipe = <T>(...functions: Function[]): Function =>(x: T) => T => {
  // functions의 현재 내용 [f, g, h]
}
```

배열이 제공하는 **reduce** 메서드는 이 내용을 구현할 때 요긴합니다. 다음처럼 변수 x를 **reduce** 메서드의 초깃값으로 설정하면 〈함수〉라고 된 부분만 구현하면 됩니다.

ⓒ **reduce** 메서드의 동작 방식은 5장을 참고하세요.

```
export const pipe = <T>(...functions: Function[]): Function =>(x: T) => T => {
  return functions.reduce(<함수>, x)
}
```

이 〈함수〉 부분은 (value, func) 형태의 매개변수 구조를 가져야 하는데, **reduce** 메서드의 두 번째 매개변수(x)는 항상 배열의 아이템이기 때문입니다.

```
export const pipe = <T>(...functions: Function[]): Function =>(x: T) => T => {
  return functions.reduce((value, func) => func(value), x)
}
```

앞서 functions의 내용이 [f, g, h]라고 가정했으므로 reduce 메서드의 진행 순서별 매개변수값의 변화는 다음과 같습니다.

reduce 메서드의 진행 순서별 매개변수값

순서	value	func	결괏값
1	x	f	f(x)
2	f(x)	g	g(f(x))
3	g(f(x))	h	h(g(f(x)))

즉, functions 배열의 마지막 아이템인 h가 reduce 메서드의 func 매개변수에 입력되면 최종 결괏값은 h(g(f(x)))가 되고 해당 값을 반환합니다.

compose 함수는 pipe 함수와 매개변수 방향이 반대입니다. 즉, pipe(f, g, h)는 compose(h, g, f)와 같습니다. 따라서 직관적으로는 functions.reverse()를 호출하는 코드를 작성한 뒤, 나머지 코드는 pipe와 똑같이 작성하면 될 것 같습니다. 하지만 compose는 05장에서 설명한 순수 함수의 모습으로 동작해야 합니다. 따라서 다음처럼 functions을 전개 연산자로 전개한 다음, 그 내용을 깊은 복사를 하는 변수(deepCopiedFunctions)를 만듭니다.

```
export const compose = <T>(...functions: readonly Function[]): Function =>
(x:T): T => {
  const deepCopiedFunctions = [...functions]
  deepCopiedFunctions.reverse()
}
```

앞 코드에서 deepCopiedFunctions.reverse()는 이제 pipe 함수의 functions과 내용이 같으므로 pipe 때의 구현 내용을 그대로 사용하면 compose 함수 정의가 완성됩니다.

```
export const compose = <T>(...functions: readonly Function[]): Function =>
(x:T): T => {
  const deepCopiedFunctions = [...functions]
  return deepCopiedFunctions.reverse().reduce((value, func) => func(value), x)
}
```

부분 함수와 함수 조합

고차 함수의 부분 함수는 함수 조합에 사용될 수 있습니다.

• partial-func-composition.ts

```
01: import {pipe} from './pipe'
02:
03: const add = x => y => x + y
04: const inc = add(1)
05:
06: const add3 = pipe(
07:   inc,
08:   add(2)
09: )
10: console.log(
11:   add3(1)   // 4
12: )
```

코드에서 03행의 add는 2차 고차 함수이므로 04행의 inc 함수는 add의 부분 함수입니다. 그리고 06행의 add3은 pipe 함수를 가지고 inc와 add(2) 두 부분 함수를 조합해서 만든 함수입니다. add3은 일반 함수이므로 11행처럼 호출하면 inc 함수가 호출되어 값 1은 2가 되고, 이어 add(2)에 의해 최종 4라는 값이 만들어집니다.

포인트가 없는 함수

다음 map 함수는 함수 조합을 고려해 설계한 것으로, map(f) 형태의 부분 함수를 만들면 compose나 pipe에 사용할 수 있습니다. 이처럼 함수 조합을 고려해 설계한 함수를 '포인트가 없는 함수(pointless function)'라고 합니다.

• map.ts

```
01: export const map = f => a => a.map(f)
```

앞의 map 함수는 다음 형태의 제네릭 함수로 구현할 수 있지만, 함수 조합 코드는 타입 주석을 생략해 컴파일러가 타입을 추론하게 하는 편이 이해하기 쉽습니다.

```
export const map = <T, R>(f: (T) => R) => (a: T[]): R[] => a.map(f)
```

포인트가 없다는 의미는 다음 squaredMap.ts에서 04행 **squaredMap** 함수의 구현 내용을 보면 알 수 있습니다. 04행을 포인트가 있는 함수로 구현한 것이 05행입니다.

• squaredMap.ts

```
01: import {map} from './map'
02:
03: const square = value => value * value
04: export const squaredMap = map(square)    // 05행처럼 굳이 a를 지정하지 않는다
05: // export const squaredMap = a => map(square)(a)
```

다음 테스트 코드는 앞에서 정의한 포인트가 없는 함수 **squaredMap**이 정상적인 함수 조합 대상으로 동작하는 것을 보여줍니다.

• squaredMap-test.ts

```
01: import {pipe} from './pipe'
02: import {squaredMap} from './squaredMap'
03:
04: const fourSquare = pipe(
05:   squaredMap,
06:   squaredMap
07: )
08: console.log(
09:   fourSquare([3, 4])    // [81, 256] <- [(3*3)*(3*3), (4*4)*(4*4)]
10: )
```

이번엔 reduce를 사용하는 포인트가 없는 함수를 만들겠습니다. 다음 reduce 함수는 배열의 reduce 함수를 2차 고차 함수 형태로 재구성한 예입니다.

◎ reduce 메서드의 동작 방식은 5장을 참고하세요.

• reduce.ts

```
01: export const reduce = (f, initValue) => a => a.reduce(f, initValue)
```

제네릭 함수 형태의 reduce는 다음처럼 구현할 수 있습니다.

```
export const reduce = <T>(f: (sum: T, value: T) => T, initValue: T) => (a: T[]): T
=> a.reduce(f, initValue)
```

다음 코드에서 sumArray 함수 또한 포인트가 없는 함수 형태로 구현되었습니다.

• sumArray.ts

```
01: import {reduce} from './reduce'
02: const sum = (result, value) => result + value
03:
04: export const sumArray = reduce(sum, 0)
```

다음 코드는 앞에서 정의한 포인트가 없는 함수 squaredMap과 sumArray를 pipe로 조합해 피타고라스의 정리를 구현한 pitagoras 함수를 만든 예입니다.

```
01: import {pipe} from './pipe'
02: import {squaredMap} from './squaredMap'
03: import {sumArray} from './sumArray'
04:
05: const pitagoras = pipe(
06:   squaredMap,
07:   sumArray,
08:   Math.sqrt
09: )
10:
11: console.log(
12:   pitagoras([3, 4])   // 5
13: )
```

앞 코드에서 squareMap, sumArray, Math.sqrt 함수는 그 자체의 구현 내용은 그리 복잡하지
않습니다. 함수 조합은 이처럼 복잡하지 않은 함수들을 compose 혹은 pipe로 조합해 복잡한
내용을 쉽게 만들 수 있습니다.

09

람다 라이브러리

이번 장은 람다(ramda)라는 이름의 유명한 함수형 유틸리티 라이브러리의 기능을 알아봅니다.

09-1 람다 라이브러리 소개

ramda 패키지는 08장에서 소개한 compose나 pipe를 사용하는 함수 조합을 쉽게 할 수 있게
설계된 오픈소스 자바스크립트 라이브러리로서 다음과 같은 특징이 있습니다.

- 타입스크립트 언어와 100% 호환
- compose와 pipe 함수 제공
- 자동 커리(auto curry) 기능 제공
- 포인트가 없는 고차 도움 함수 제공
- 조합 논리(combinatory logic) 함수 일부 제공
- 하스켈 렌즈(lens) 라이브러리 기능 일부 제공
- 자바스크립트 표준 모나드 규격(fantasyland-spec)과 호환

ramda 패키지 구성

ramda 패키지는 많은 도움 함수(utility function)를 제공하는데, 이 도움 함수들의 문서는 다음
두 사이트에서 찾을 수 있습니다.

- https://ramdajs.com/docs/: 함수를 알파벳 순서로 분류
- https://devdocs.io/ramda/: 함수를 기능 위주로 분류

ramda 패키지가 제공하는 함수 구분(0.27.1 버전 기준)

구분	내용
함수(function)	R.compose, R.pipe, R.curry 등 52개의 함수
리스트(list)	배열을 대상으로 하는 R.map, R.filter, R.reduce 등 87개 함수
로직(logic)	R.not, R.or, R.cond 등 불리언 로직 관련 17개 함수
수학(math)	R.add, R.subtract, R.multiply, R.divide 등 수 관련 13개 함수
객체(object)	R.prop, R.lens 등 객체와 렌즈 관련 49개 함수
관계(relation)	R.lt, R.lte, R.gt, R.gte 등 두 값의 관계를 파악하게 하는 25개 함수

문자열(string)	R.match, R.replace, R.split 등 문자열을 대상으로 정규식(regular expression) 등을 할 수 있게 하는 8개 함수
타입(type)	R.is, RisNil, R.type 등 대상의 타입을 파악하게 하는 4개 함수

실습 프로젝트 구성

이번 장의 내용을 실습할 때는 절마다 다음과 같은 과정으로 프로젝트를 생성합니다. 예를 들어, 이번 절은 09-1절이므로 'ch09-1' 디렉터리를 만들고 해당 디렉터리로 이동한 후 다음 명령을 실행합니다.

```
> npm init --y
> npm i -D typescript ts-node @types/node
> mkdir src
```

이어서 다음 명령으로 ramda 패키지를 설치합니다.

```
> npm i -S ramda
> npm i -D @types/ramda
```

또한, 그럴듯한 가짜 데이터를 만들어 주는 chance 패키지를 설치합니다.

```
> npm i -S chance
> npm i -D @types/chance
```

다음은 이런 과정으로 완성된 package.json 파일 내용입니다.

• package.json

```
01: {
02:   "name": "ch09-1",
03:   "version": "1.0.0",
04:   "description": "",
05:   "main": "index.js",
06:   "scripts": {
07:     "test": "echo \"Error: no test specified\" && exit 1"
```

```
08:   },
09:   "keywords": [],
10:   "author": "",
11:   "license": "ISC",
12:   "devDependencies": {
13:     "@types/chance": "^1.1.1",
14:     "@types/node": "^14.14.20",
15:     "@types/ramda": "^0.27.34",
16:     "ts-node": "^9.1.1",
17:     "typescript": "^4.1.3"
18:   },
19:   "dependencies": {
20:     "chance": "^1.1.7",
21:     "ramda": "^0.27.1"
22:   }
23: }
```

그리고 마지막으로 package.json 파일이 있는 디렉터리에 다음 tsconfig.json 파일을 만들어 줍니다.

• tsconfig.json

```
01: {
02:   "compilerOptions": {
03:     "module": "commonjs",
04:     "esModuleInterop": true,
05:     "target": "es5",
06:     "moduleResolution": "node",
07:     "outDir": "dist",
08:     "baseUrl": ".",
09:     "sourceMap": true,
10:     "downlevelIteration": true,
11:     "noImplicitAny": false,
12:     "paths": { "*": ["node_modules/*"] }
13:   },
14:   "include": ["src/**/*"]
15: }
```

어떤 절에서는 추가로 구성해야 할 내용이 있을 수 있습니다. 그러한 내용은 각 절에서 다시 설명하겠습니다. 그 밖에 모든 절은 이와 같은 구성으로 프로젝트를 생성해서 진행합니다.

noImplicitAny 속성값이 false인 이유

람다 라이브러리는 자바스크립트를 대상으로 설계되었습니다. 따라서 타입스크립트는 any 타입을 완전히 자바스크립트적으로 해석해야 하므로 tsconfig.json 파일에서 11행의 noImplicitAny 속성값을 false로 설정했습니다.

ramda 패키지 불러오기

보통 타입스크립트 소스코드에서는 다음처럼 ramda 패키지를 불러와서 R이라는 심벌로 사용합니다. 그다음 'R.함수명' 형식으로 람다가 제공하는 함수들을 사용합니다.

```
import * as R from 'ramda'
```

배포 크기를 줄이는 방법

애플리케이션을 개발할 때는 R.range처럼 사용하지만, 개발이 끝난 코드는 다음처럼 재구현해주는 것이 바람직합니다.

```
import {range} from 'ramda'
```

import * as R 형식은 람다 라이브러리 중 사용하지 않는 함수들도 패키징되어 ES5 자바스크립트 코드의 크기가 커집니다. 반면에 import {range}는 람다에서 range 함수만 패키징되므로 ES5 자바스크립트 코드 크기를 줄일 수 있습니다.

09-2 람다 기본 사용법

R.range 함수

R.range 함수는 다음 형식으로 사용하며, [최솟값, 최솟값+1, ..., 최댓값-1] 형태의 배열을
생성해 줍니다.

> R.range(최솟값, 최댓값)

다음 코드는 R.range 함수를 이용해 1부터 9까지 연속된 숫자 배열을 생성하는 예입니다.

• src/range.ts

```
01: import * as R from 'ramda'
02: console.log(
03:   R.range(1, 9 + 1)   // [1, 2, 3, 4, 5, 6, 7, 8, 9]
04: )
```

R.tap 디버깅용 함수

복잡한 함수를 간단하게 구현하려면 08장에서 살펴본 함수 조합을 이용합니다. 이때 단계별
로 값이 어떻게 변하는지 파악하면서 코드를 작성합니다. 주로 계획한 설계대로 조합한 함수
가 동작하지 않거나 어디서 논리 오류가 발생하는지 디버깅할 때 그렇습니다.
이때 람다가 제공하는 R.tap 함수는 2차 고차 함수 형태로 현재 값을 파악할 수 있게 해줍니다.

> R.tap(콜백 함수)(배열)

다음 코드는 R.range 함수로 생성한 배열의 내용을 R.tap 함수를 사용해 화면에 출력하는 예
입니다.

```
01: import * as R from 'ramda'
02:
03: const numbers: number[] = R.range(1, 9 + 1)
04: R.tap(n => console.log(n))(numbers)   // [1, 2, 3, 4, 5, 6, 7, 8, 9]
```

R.pipe 함수

람다는 08장에서 설명한 compose와 pipe 함수를 R.compose와 R.pipe 형태로 제공합니다. 그런데 로직을 구현할 때는 R.pipe 함수가 이해하기 더 편한 면이 있습니다. 따라서 이번 장의 모든 샘플 코드에서 함수를 조합할 때는 다음처럼 R.pipe 함수를 사용합니다.

```
01: import * as R from 'ramda'
02:
03: const array: number[] = R.range(1, 10)
04: R.pipe(
05:   R.tap(n => console.log(n))   // [ 1, 2, 3, 4, 5, 6, 7, 8, 9 ]
06: )(array)
```

포인트가 없는 함수

람다 라이브러리는 200개가 넘는 함수를 제공하지만 대부분은 2차 고차 함수 형태로 구현되어 있습니다. 08장에서도 살펴봤지만 2차 고차 함수는 '포인트가 없는 함수(pointless function)' 형태로 사용할 수 있습니다. 예를 들어, 다음 dump 함수를 보겠습니다.

```
01: import * as R from 'ramda'
02:
03: export const dump = R.pipe(
04:   R.tap(n => console.log(n))
05: )
```

dump는 포인트가 없는 함수의 전형적인 모습입니다. 다음과 같은 테스트 코드를 만들어 실행해 보면 실제 함수로 동작합니다.

• src/dump-test.ts

```
01: import * as R from 'ramda'
02: import {dump} from './dump'
03:
04: dump(R.range(1, 10))   // [ 1, 2, 3, 4, 5, 6, 7, 8, 9 ]
```

앞서 언급한 것처럼 람다는 타입스크립트를 고려해 만든 라이브러리가 아닙니다. 따라서 포인트가 없는 함수의 모습이 낯설다고 해서 일반 화살표 함수로 만들면 다음과 같은 오류가 발생합니다.

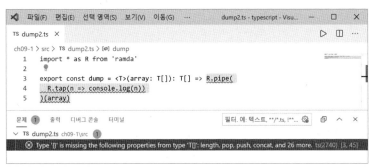

포인트가 없는 함수를 화살표 함수로 구현 시 에러 발생

이 오류를 해결하는 방법은 03장에서 설명한 '타입 단언(type assertion)'을 사용하는 것입니다. 다음 코드에서 05행은 as T[]처럼 타입 단언을 사용해 R.pipe(…)(array)가 반환하는 타입을 any가 아니라 T[]로 바꿔줍니다.

• src/dump2.ts

```
01: import * as R from 'ramda'
02:
03: export const dump = <T>(array: T[]): T[] => R.pipe(
04:    R.tap(n => console.log(n))
05: )(array) as T[]
```

결론적으로 말하면, 앞서 dump처럼 포인트가 없는 함수를 만드는 것이 불필요한 타입스크립트 오류를 만나지 않는 방안이 됩니다.

자동 커리 이해하기

람다 라이브러리의 함수들은 다음 코드에서 04행처럼 매개변수가 두 개인 일반 함수처럼 사용할 수도 있고, 05행처럼 2차 고차 함수로 사용할 수도 있습니다. 람다 라이브러리에서는 이를 자동 커리(auto curry)라고 합니다.

• src/auto-curry.ts

```
01: import * as R from 'ramda'
02:
03: console.log(
04:   R.add(1, 2),   // 3
05:   R.add(1)(2)    // 3
06: )
```

R.curryN 함수

람다 라이브러리의 함수들은 자동 커리 방식으로 동작할 수 있도록 매개변수의 개수가 모두 정해져 있습니다. 따라서 다음의 sum 함수처럼 가변 인수(variadic arguments) 형태로 구현된 함수는 없습니다.

• src/sum.ts

```
01: export const sum = (...numbers: number[]): number =>
02:   numbers.reduce((result:number, sum: number) => result + sum, 0)
```

만일, sum과 같은 함수가 현재 있는데 이를 N차 고차 함수로 만들고 싶다면 R.curryN 함수를 사용할 수 있습니다. R.curryN 함수는 N개의 매개변수를 가진 1차 함수(first function)를 N개의 커리(curry) 매개변수를 가지는 N차 고차 함수로 만들어 줍니다.

```
R.curryN(N, 함수)
```

다음 코드는 앞의 sum 함수에 R.curryN(4, sum)을 적용해 curriedSum(1)(2)(3)(4)로 동작하는 4차 고차 함수를 만든 예입니다.

• src/curriedSum.ts

```
01: import * as R from 'ramda'
02: import {sum} from './sum'
03:
04: export const curriedSum = R.curryN(4, sum)
```

다음 코드는 curriedSum 함수의 테스트 코드로서, curriedSum이 R.curryN(4)로 만들어졌기 때문에 4차 고차 함수의 개수를 충족하는 08행만 10이라는 값을 출력합니다.

• src/curriedSum-test.ts

```
01: import {curriedSum} from './curriedSum'
02:
03: console.log(
04:   curriedSum(),          // [Function]
05:   curriedSum(1),         // [Function]
06:   curriedSum(1)(2),      // [Function]
07:   curriedSum(1)(2)(3),   // [Function]
08:   curriedSum(1)(2)(3)(4) // 10
09: )
```

반면에, 04~07행은 4차 고차 함수의 매개변수 개수를 충족하지 못하므로 모두 부분 함수 (partial function)입니다. 따라서 [Function]을 출력합니다.

순수 함수

람다 라이브러리는 05-3절에서 설명한 순수 함수(pure function)를 고려해 설계되었습니다. 따라서 람다 라이브러리가 제공하는 함수들은 항상 입력 변수의 상태를 변화시키지 않고 새로운 값을 반환합니다.

다음 코드에서 resultArray를 만드는 데 사용된 originalArray는 자신의 모습 그대로를 유지하고 있습니다. 람다 라이브러리의 모든 함수는 이처럼 순수 함수 형태로 동작합니다.

```
01: import * as R from 'ramda'
02:
03: const originalArray: number[] = [1, 2, 3]
04: const resultArray = R.pipe(
05:   R.map(R.add(1))
06: )(originalArray)
07:
08: console.log(originalArray, resultArray)   // [ 1, 2, 3 ] [ 2, 3, 4 ]
```

09-3 배열에 담긴 수 다루기

선언형 프로그래밍

보통 함수형 프로그래밍은 선언형 프로그래밍(declarative programming) 방식으로 코드를 작성합니다. 선언형 프로그래밍에서 모든 입력 데이터는 다음처럼 단순 데이터보다 배열 형태를 주로 사용합니다.

```
import * as R from 'ramda'
const value = 1
const newValue = R.inc(value)   // 2
```

```
const newArray = R.pipe(
  R.map(R.inc)
)([value])    // [2]
```

다음 inc.ts 소스는 앞 09-2절에서 소개한 **R.tap** 디버깅 함수를 사용해 07행을 실행하기 전과 후에 배열의 아이템값을 화면에 출력합니다.

• src/inc.ts

```
01: import * as R from 'ramda'
02:
03: const numbers: number[] = R.range(1, 9 + 1)
04:
05: const incNumbers = R.pipe(
06:   R.tap(a => console.log('before inc:', a)),
07:   R.map(R.inc),
08:   R.tap(a => console.log('after inc:', a))
09: )
10:
11: const newNumbers = incNumbers(numbers)
12: // console.log(newNumbers)
```

```
:: 실행 결과
before inc: [ 1, 2, 3, 4, 5, 6, 7, 8, 9 ]
after inc: [ 2, 3, 4, 5, 6, 7, 8, 9, 10 ]
[ 2, 3, 4, 5, 6, 7, 8, 9, 10 ]
```

R.pipe 안에서는 12행처럼 console.log 문을 직접 사용할 수 없으므로 반드시 R.tap 함수를
사용해야 합니다. 람다 라이브러리로 어떤 로직을 구현할 때 이런 방식으로 디버깅을 진행합
니다.

사칙 연산 함수

람다는 다음과 같은 사칙 연산 관련 함수들을 제공합니다.

```
R.add(a: number)(b: number)        // a + b
R.subtract(a: number)(b: number)   // a - b
R.multiply(a: number)(b: number)   // a * b
R.divide(a: number)(b: number)     // a / b
```

사실 앞 코드의 R.inc는 R.add(1)입니다. 다음 코드는 '포인트가 있는' 함수 형태로 R.add를
사용해 inc라는 함수를 만든 예입니다.

```
const inc = (b: number): number => R.add(1)(b)
```

이 코드를 '포인트가 없는' 함수로 구현하면 다음과 같습니다.

```
const inc = R.add(1)
```

이렇게 만든 inc를 R.map 함수에 '포인트가 있는' 형태로 사용하면 다음과 같습니다.

```
R.map((n: number) => inc(n))
```

그런데 이 구조는 R.map(콜백 함수)의 콜백 함수를 익명 함수로 구현한 것인데, 현재 inc는 그 자체가 콜백 함수로 사용될 수 있습니다. 따라서 앞 코드는 다음처럼 간결하게 표현할 수 있습니다.

```
R.map(inc)
```

그리고 inc는 R.add(1)이므로 다음처럼 작성할 수도 있습니다.

```
R.map(R.add(1))
```

다음 코드는 이러한 내용을 바탕으로 작성한 예입니다. 람다에 익숙하지 않다면 04행과 같은 코드가 낯설어 보일 것입니다. '포인트가 없는' 함수와 콜백 함수를 익명 함수 형태로만 구현하는 것이 아니라는 점을 기억하면 이해하는 데 도움이 될 것입니다.

• src/add.ts

```
01: import * as R from 'ramda'
02:
03: const incNumbers = R.pipe(
04:   R.map(R.add(1)),
05:   R.tap(a => console.log('after add(1):', a))
06: )
07: const newNumbers = incNumbers(R.range(1, 9 + 1))
```

∷ 실행 결과
```
after add(1): [ 2, 3, 4, 5, 6, 7, 8, 9, 10 ]
```

R.addIndex 함수

Array.map은 두 번째 매개변수로 index를 제공하지만, R.map은 Array.map과는 다르게 index 매개변수를 기본으로 제공하지 않습니다. 따라서 R.map이 Array.map처럼 동작하려면 다음처럼 R.addIndex 함수를 사용해 R.map이 index를 제공하는 새로운 함수를 만들어야 합니다.

```
const indexedMap = R.addIndex(R.map)
```

이렇게 만들어진 indexedMap은 다음처럼 두 번째 매개변수로 index를 제공합니다.

```
indexMap((value: number, index: number) => R.add(number)(index))
```

만일, indexMap의 콜백 구현이 앞과 같다면 다음처럼 좀 더 간결하게 코드를 작성할 수 있습니다.

```
indexMap(R.add)
```

다음 코드는 이러한 내용을 바탕으로 구현한 예입니다.

• src/addIndex.ts

```
01: import * as R from 'ramda'
02:
03: const addIndex = R.pipe(
04:     R.addIndex(R.map)(R.add),
05:     // R.addIndex(R.map)((value: number, index: number) => R.add(value)(index)),
06:     R.tap(a => console.log(a))   // [ 1, 3, 5, 7, 9, 11, 13, 15, 17 ]
07: )
08: @ts-ignore
09: const newNumbers = addIndex(R.range(1, 9 + 1))
```

참고로 08행의 @ts-ignore는 09행을 타입스크립트 컴파일하지 않게 합니다. 현재 버전 기준으로 ramda 라이브러리의 addIndex() 함수는 타입 정의가 잘못되어 있어서 자바스크립트로 컴파일하면 정상으로 동작하지만, 타입스크립트로 컴파일하면 타입 오류가 나기 때문에 08행을 추가했습니다.

R.flip 함수

R.add, R.multiply와 달리 R.subtract, R.divide는 매개변수의 순서에 따라 값이 달라집니다. 즉, R.add(1)(2)와 R.add(2)(1)은 같은 값이 되지만, R.subtract(1)(2)는 -1, R.subtract(2)(1)은 1이 됩니다. R.subtract는 다음 코드의 03행처럼 첫 번째 매개변수값에서 두 번째 매개변수값을 빼는 형태로 구현되어 있습니다.

```
01: import * as R from 'ramda'
02:
03: const subtract = a => b => a - b
04:
05: const subtractFrom10 = subtract(10)
06:
07: const newArray = R.pipe(
08:   R.map(subtractFrom10),        // 10 - value
09:   R.tap(a => console.log(a))    // [ 9, 8, 7, 6, 5, 4, 3, 2, 1 ]
10: )(R.range(1, 9+1))
```

그렇다면 다음처럼 동작하는 함수는 완전히 새로 만들어야 할까요?

```
(a)(b) => b - a
```

람다는 R.flip이라는 함수를 제공하는데 R.flip은 R.subtract와 같은 2차 고차 함수의 매개
변수 순서를 바꿔줍니다. R.flip 함수를 이용해 b – a 공식처럼 동작하는 함수는 다음처럼 작
성할 수 있습니다.

```
const reverseSubtract = R.flip(R.subtract)
```

앞의 subtractFrom.ts 소스가 배열에 담긴 수를 대상으로 **10 - value** 연산을 수행한다면, 다
음 subtract.ts 소스는 **value - 10** 연산을 수행합니다.

```
01: import * as R from 'ramda'
02:
03: const reverseSubtract = R.flip(R.subtract)
04:
05: const newArray = R.pipe(
06:   R.map(reverseSubtract(10)),   // value - 10
07:   R.tap(a => console.log(a))    // [ -9, -8, -7, -6, -5, -4, -3, -2, -1]
08: )(R.range(1, 9+1))
```

사칙 연산 함수들의 조합

수학에서는 다음 형태의 공식을 자주 볼 수 있습니다.

$$f(x) = ax^2 + bx + c$$

이 공식을 타입스크립트로 구현하면 다음 같습니다.

• src/f.ts

```
01: type NumberToNumberFunc = (number) => number
02: export const f = (a: number, b: number, c: number): NumberToNumberFunc =>
03:   (x: number): number => a * x ** 2 + b * x + c
```

이제 앞의 f.ts 코드를 람다 함수를 사용해 구현하면 다음과 같은 형태가 됩니다. 참고로 R.add는 2차 고차 함수이므로 R.add(a * square(x) + b * x, c) 형태가 만들어집니다.

타입스크립트는 x^N을 구하는 x ** N 구문을 제공하는데, **를 지수 연산자(exponentiation operator)라고 합니다.

```
import * as R from 'ramda'

const exp = (N: number) => (x: number): number => x ** N
const square = exp(2)

type NumberToNumberFunc = (number) => number
export const f = (a: number, b: number, c: number): NumberToNumberFunc =>
  (x: number): number => R.add(a * square(x) + b * x, c)
```

이제 f 함수의 곱셈 부분을 R.multiply로 대체하면 코드는 다음처럼 바뀝니다.

```
export const f= (a: number, b: number, c: number): NumberToNumberFunc =>
  (x: number): number => R.add(R.multiply(a)(square(x)) + R.multiply(b)(x), c)
```

그리고 + 기호를 R.add로 대체하면 최종적으로 다음 형태의 코드가 됩니다. 이 코드는 R.pipe를 사용하지 않는 형태의 함수 조합 예입니다.

```
01: import * as R from 'ramda'
02:
03: export const exp = (N: number) => (x: number): number => x ** N
04: export const square = exp(2)
05:
06: type NumberToNumberFunc = (number) => number
07: export const f = (a: number, b: number, c: number): NumberToNumberFunc =>
08:   (x: number): number => R.add(
09:     R.add(
10:       R.multiply(a)(square(x))
11:     )(R.multiply(b)(x)),
12:     c
13:   )
```

2차 방정식의 해 구현

수학에서 2차 방정식(quadratic equation)은 다음 조건을 만족하는 x를 구하는 것입니다.

$$ax^2 + bx + c = 0$$

만약, a = 1, b = 2, c = 1이라면 다음 인수 분해 공식이 성립합니다.

$$x^2 + 2x + 1 = (x + 1)^2$$

이제 실제로 그런지 $x^2 + 2x + 1$과 $(x + 1)^2$을 각각 계산해 보겠습니다. 다음 코드에서 03행의 **quadratic** 함수는 앞서 구현한 일반적인 2차 함수 f에 a = 1, b = 2, c = 1을 대입해 만든 평범한 1차 함수입니다.

```
01: import {f, exp, square} from './f-using-ramda'
02:
03: export const quadratic = f(1, 2, 1)
04: export {exp, square}    // exp와 square를 다시 export한다
```

다음 코드는 quadratic 함수를 사용해 1부터 10까지 수를 변수 x에 대입한 결과를 얻습니다.

```
01: import * as R from 'ramda'
02: import {quadratic} from './quadratic'
03:
04: const input: number[] = R.range(1, 10 + 1)
05: const quadraticResult = R.pipe(
06:    R.map(quadratic),
07:    R.tap(a => console.log(a))    // [ 4, 9, 16, 25, 36, 49, 64, 81, 100, 121 ]
08: )(input)
```

다음 코드는 $(x + 1)^2$ 수식에 1부터 10까지의 수를 변수 x에 대입한 결과를 얻습니다. 앞의 quadratic-test.ts와 똑같은 결과를 출력하므로 인수 분해 공식이 맞다는 것을 증명합니다.

```
01: import * as R from 'ramda'
02: import {square} from './quadratic'
03:
04: const input: number[] = R.range(1, 10 + 1)
05: const squareAferInc = R.pipe(
06:    R.inc,   // (x + 1)
07:    square   // (x + 1) ** 2
08: )
09: const squareResult = R.pipe(
10:    R.map(squareAferInc),
11:    R.tap(a => console.log(a))    // [ 4, 9, 16, 25, 36, 49, 64, 81, 100, 121 ]
12: )(input)
```

09-4 서술자와 조건 연산

Array.filter 함수에서 사용되는 콜백 함수는 boolean 타입 값을 반환해야 하는데, 함수형 프로그래밍에서 boolean 타입 값을 반환해 어떤 조건을 만족하는지를 판단하는 함수를 '서술 자(predicate)'라고 합니다.

수의 크기를 판단하는 서술자

람다는 수를 비교해 true나 false를 반환하는 다음의 서술자들을 제공합니다.

```
R.lt(a)(b): boolean      // a < b이면 true. a가 b보다 작음
R.lte(a)(b): boolean     // a <= b이면 true. a가 b보다 작거나 같음
R.gt(a)(b): boolean      // a > b이면 true. a가 b보다 큼
R.gte(a)(b): boolean     // a >= b이면 true. a가 b보다 크거나 같음
```

이 함수들은 주로 R.filter 함수와 결합해 포인트가 없는 함수 형태로 사용됩니다. 다음 코드 는 배열의 아이템 중 3보다 크거나 같은 수만 선택하는 작업을 R.lte 선택자를 사용해 구현한 예입니다. R.lte(3)은 3 <= x의 의미입니다.

• src/lte.ts

```
01: import * as R from 'ramda'
02:
03: R.pipe(
04:     R.filter(R.lte(3)),
05:     R.tap(n => console.log(n))    // [ 3, 4, 5, 6, 7, 8, 9, 10 ]
06: )(R.range(1, 10 + 1))
```

R.lte(3)은 직관적으로 '3 <= x'의 의미로 느껴지지 않습니다. 그래서 R.lte(3) 대신
R.flip(R.gte)처럼 사용하기도 합니다.

• src/flip-gte.ts

```
01: import * as R from 'ramda'
02:
03: R.pipe(
04:    R.filter(R.flip(R.gte)(3)),
05:    R.tap(n => console.log(n))   // [ 3, 4, 5, 6, 7, 8, 9, 10 ]
06: )(R.range(1, 10 + 1))
```

다음 코드는 배열에서 7보다 작은 수만 선택하는 예입니다. 코드에서 **R.gt(6 + 1)**은 x < 7의
의미입니다.

• src/gt.ts

```
01: import * as R from 'ramda'
02:
03: R.pipe(
04:    R.filter(R.gt(6 + 1)),
05:    R.tap(n => console.log(n)) // [ 1, 2, 3, 4, 5, 6 ]
06: )(R.range(1, 10 + 1))
```

다음 코드는 배열에서 3 <= x < 7 범위에 있는 수만 선택하는 로직을 구현한 예입니다.

• src/lte-gt.ts

```
01: import * as R from 'ramda'
02:
03: R.pipe(
04:    R.filter(R.lte(3)),
05:    R.filter(R.gt(6 + 1)),
06:    R.tap(n => console.log(n))   // [ 3, 4, 5, 6 ]
07: )(R.range(1, 10 + 1))
```

R.allPass 로직 함수

R.lt, R.gt처럼 boolean 타입의 값을 반환하는 함수들은 R.allPass와 R.anyPass라는 로직 함수를 통해 결합할 수 있습니다.

```
R.allPass(서술자 배열)    // 배열의 조건을 모두 만족하면 true
R.anyPass(서술자 배열)    // 배열의 조건을 하나라도 만족하면 true
```

다음 selectRange 함수는 x가 min <= x < max 조건을 만족하는지 R.allPass 함수를 사용해 확인합니다.

• src/selectRange.ts

```
01: import * as R from 'ramda'
02:
03: type NumberToBooleanFunc = (n: number) => boolean
04: export const selectRange = (min: number, max: number): NumberToBooleanFunc =>
05:   R.allPass([
06:     R.lte(min),
07:     R.gt(max)
08:   ])
```

다음 코드는 selectRange 함수를 R.filter와 결합해 포인트가 없는 함수 형태로 구현한 예입니다. 이 예의 내용은 앞에서 작성한 lte-gt.ts와 같습니다. 다만, lte-gt.ts에서는 R.filter 함수를 두 번 사용했지만 다음 예에서는 한 번만 사용하므로 동작 속도는 조금 더 빠를 것입니다.

• src/selectRange-test.ts

```
01: import * as R from 'ramda'
02: import {selectRange} from './selectRange'
03:
04: R.pipe(
05:   R.filter(selectRange(3, 6 + 1)),
06:   R.tap(n => console.log(n))   // [ 3, 4, 5, 6 ]
07: )(R.range(1, 10 + 1))
```

R.not 함수

R.not은 이름 그대로 입력값이 true이면 false를 반환하고 false이면 true를 반환하는 함수입니다. 함수 조합은 이미 구현된 함수들을 조합하는 것이므로, 앞서 구현한 selectRange와 반대로 작용하는 notRange 함수는 다음처럼 R.pipe로 R.not을 selectRange와 결합해 사용하면 쉽게 구현할 수 있습니다.

• src/notRange.ts

```
01: import * as R from 'ramda'
02: import {selectRange} from './selectRange'
03: export const notRange = (min:number, max:number) => R.pipe(selectRange(min, max),
    R.not)
```

다음 notRange-test.ts 파일 내용은 selectRange-test.ts와 정반대입니다.

• src/notRange-test.ts

```
01: import * as R from 'ramda'
02: import {notRange} from './notRange'
03:
04: R.pipe(
05:   R.filter(notRange(3, 6 + 1)),
06:   R.tap(n => console.log(n))   // [ 1, 2, 7, 8, 9, 10 ]
07: )(R.range(1, 10 + 1))
```

R.ifElse 함수

R.ifElse 함수는 세 가지 매개변수를 포함하는데, 첫 번째는 true/false를 반환하는 서술자를, 두 번째는 선택자가 true를 반환할 때 실행할 함수를 세 번째는 선택자가 false를 반환할 때 실행할 함수입니다.

```
R.ifElse(
  조건 서술자,
  true일 때 실행할 함수,
  false일 때 실행할 함수
)
```

다음 코드는 R.ifElse를 사용해 1부터 10까지 수에서 중간값 6보다 작은 수는 1씩 감소시키고, 같거나 큰 수는 1씩 증가시키는 것을 구현한 예입니다.

```
01: import * as R from 'ramda'
02:
03: const input: number[] = R.range(1, 10 + 1), halfValue = input[input.length / 2]
    // 6
04:
05: const subtractOrAdd = R.pipe(
06:   R.map(R.ifElse(
07:     R.lte(halfValue),   // x => half <= x,
08:     R.inc,
09:     R.dec
10:   )),
11:   R.tap(a => console.log(a))   // [ 0, 1, 2, 3, 4, 7, 8, 9, 10, 11 ]
12: )
13: const result = subtractOrAdd(input)
```

09-5 문자열 다루기

문자열 앞뒤의 백색 문자 자르기

R.trim 함수는 문자열 앞뒤의 공백을 제거해 줍니다.

• src/trim.ts

```
01: import * as R from 'ramda'
02:
03: console.log(
04:   R.trim('\t hello \n')   // hello
05: )
```

대소문자 전환

R.toLower 함수는 문자열에서 대문자를 모두 소문자로 전환해 주며, R.toUpper는 반대로 소문자를 모두 대문자로 전환해 줍니다.

• src/toLower-toUpper.ts

```
01: import * as R from 'ramda'
02:
03: console.log(
04:   R.toUpper('Hello'),   // HELLO
05:   R.toLower('HELLO')    // hello
06: )
```

구분자를 사용해 문자열을 배열로 변환

R.split 함수는 구분자(delimiter)를 사용해 문자열을 배열로 바꿔줍니다.

문자열 배열 = R.split(구분자)(문자열)

문자열 배열은 R.join을 사용해 문자열로 바꿀 수 있습니다.

> 문자열 = R.join(구분자)(문자열 배열)

다음 코드는 공백을 구분자로 삼아 분리한 배열을 만듭니다.

```
01: import * as R from 'ramda'
02:
03: const words: string[] = R.split(' ')(`Hello world!, I'm Peter.`)
04: console.log(words)   // [ 'Hello', 'world!,', "I'm", 'Peter.' ]
```

toCamelCase 함수 만들기

타입스크립트(혹은 자바스크립트)에서 문자열은 readonly 형태로만 사용할 수 있습니다. 따라서 'Hello world'를 'helloWorld'처럼 가공하려면 일단 문자열을 배열로 전환해야 합니다. 그다음 toCamelCase 함수는 임의의 문자열을 프로그래밍에서 심벌의 이름을 지을 때 많이 사용하는 낙타 등 표기법(camel case convention)으로 바꿔줍니다.

```
01: import * as R from 'ramda'
02:
03: type StringToStringFunc = (string) => string
04: export const toCamelCase = (delim: string): StringToStringFunc => {
05:   const makeFirstToCapital = (word: string) => {
06:     const characters = word.split('')
07:     return characters.map((c, index) => index == 0 ? c.toUpperCase() : c).join('')
08:   }
09:
10:   // R.map의 콜백 함수에 index 매개변수 제공
11:   const indexedMap = R.addIndex(R.map)
12:   return R.pipe(
13:     R.trim,              // 앞뒤로 공백 문자 제거
14:     R.split(delim),      // delim 문자열을 구분자로 배열로 전환
```

```
15:     R.map(R.toLower),    // 배열에 있는 모든 문자열을 소문자로 전환
16:     indexedMap((value:string, index:number) => index > 0 ?
17:         // 두 번째 문자열부터 첫 문자만 대문자로 전환
18:         makeFirstToCapital(value) : value
19:     ),
20:     @ts-ignore
21:     R.join('')    // 배열을 다시 문자열로 전환
22:   ) as StringToStringFunc
23: }
```

코드에서 12~21행은 pipe 함수로 함수들을 조합합니다. 문자열의 앞뒤 공백을 제거하고
delim 매개변수로 전달받은 문자열을 구분자로 삼아 배열로 전환한 후 모두 소문자로 변환합
니다. 그다음 배열에서 두 번째 문자열부터 첫 문자만 대문자로 변경합니다. 그리고 다시 배
열을 문자열로 전환합니다.

다음 테스트 코드는 toCamelCase 함수가 의도한 대로 동작함을 확인해 줍니다.

• src/toCamelCase-test.ts

```
01: import {toCamelCase} from './toCamelCase'
02:
03: console.log(
04:   toCamelCase(' ')('Hello world'),            // helloWorld
05:   toCamelCase('_')('Hello_Albert_Einstein')   // helloAlbertEinstein
06: )
```

09-6 chance 패키지로 객체 만들기

chance 패키지는 그럴듯한 가짜 데이터를 만들어주는 라이브러리로서 람다와 직접 관련된 것은 아닙니다. 하지만 람다가 제공하는 객체의 속성을 다루는 함수, 객체를 가공하는 함수, 여러 객체를 통합하고 한꺼번에 가공하는 함수들을 사용하려면 그럴듯한 객체 데이터가 필요합니다.

따라서 앞으로 소스를 그럴듯하고 편리하게 작성하고자 이름, 나이, 직업, 주소 등 한 인물의 정보를 담는 IPerson 타입 객체를 만듭니다. 이때 IPerson 타입은 주소를 표현하는 ILocation 타입의 location 속성을 포함하며, ILocation은 다시 좌표를 표현하는 ICoordinates 타입의 coordinates 속성을 포함합니다. 이처럼 타입들이 중첩(nested)되는 객체를 람다로 처리하는 코드는 다음 절에서 살펴보기로 하고, 이번 절에서는 일단 데이터를 만드는 데 집중하겠습니다.

ICoordinates 타입 객체 만들기

이번 절에서 만들 IPerson 객체는 ILocation 타입 속성을 포함하는데, ILocation은 다시 ICoordinates 타입의 속성을 포함합니다. 따라서 ICoordinates부터 구현해 보겠습니다. 먼저, 다음 명령으로 src/model/coordinates 디렉터리에 4개의 파일을 만듭니다.

```
> mkdir -p src/model/coordinates
> touch src/model/coordinates/ICoordinates.ts
> touch src/model/coordinates/makeICoordinates.ts
> touch src/model/coordinates/makeRandomICoordinates.ts
> touch src/model/coordinates/index.ts
```

위치 기반 서비스를 제작할 때는 위도(latitude)와 경도(longitude)를 다뤄야 합니다. 따라서 위도와 경도를 속성으로 하는 좌표(coordinates)를 표현하는 객체의 타입 ICoordinates를 ICoordinates.ts 파일에 구현합니다.

```
01: export type ICoordinates = {
02:   latitude: number
03:   longitude: number
04: }
```

이제 ICoordinates 객체를 쉽게 만들어 주는 makeICoordinates 함수를 makeICoordinates. ts 파일에 구현합니다.

```
01: import {ICoordinates} from './ICoordinates'
02:
03: export const makeICoordinates = (latitude: number, longitude: number):
04:   ICoordinates => ({latitude, longitude})
```

그리고 chance 패키지를 사용해 makeRandomICoordinates 함수를 만듭니다.

```
01: import {ICoordinates} from './ICoordinates'
02: import {makeICoordinates} from './makeICoordinates'
03: import Chance from 'chance'
04: const c = new Chance
05:
06: export const makeRandomICoordinates = (): ICoordinates =>
07:   makeICoordinates(c.latitude(), c.longitude())
```

마지막으로 src/model/coordinates 디렉터리에 다음과 같은 내용의 index.ts 파일을 만듭니다.

```
01: import {ICoordinates} from './ICoordinates'
02: import {makeICoordinates} from './makeICoordinates'
03: import {makeRandomICoordinates} from './makeRandomICoordinates'
04:
05: // ICoordinates와 makeICoordinates, makeRandomICoordinates를 re-export한다
06: export {ICoordinates, makeICoordinates, makeRandomICoordinates}
```

이제 src 디렉터리에 다음 내용으로 coordinates-test.ts 파일을 만들어 지금까지 작성한 내용을 테스트합니다. 실행해 보면 그럴듯한 좌표 데이터가 랜덤하게 생성됩니다.

• src/coordinates-test.ts

```
01: import {ICoordinates, makeRandomICoordinates} from './model/coordinates'
02:
03: const coordinates: ICoordinates = makeRandomICoordinates()
04: console.log(coordinates)
```

:: 실행 결과
```
{ latitude: -33.79858, longitude: -96.83529 }
```

예홍쌤의 한마디

import 문에서 index.ts 파일은 생략 가능

앞 코드에서 눈여겨봐야 할 점은 01행의 import 문입니다. 01행은 './model/coordinates'를 불러오는데, coordinates는 파일 이름이 아니라 디렉터리 이름입니다. 하지만 해당 디렉터리에 index.ts 파일이 있으면 타입스크립트 컴파일러는 './model/coordinates/index'로 해석합니다.

ILocation 타입 객체 만들기

이제 ICoordinates 타입 속성을 포함하는 ILocation 타입을 구현할 차례입니다. 먼저, 다음 명령으로 ILocation 관련 파일을 생성합니다.

```
> mkdir -p src/model/location
> touch src/model/location/ILocation.ts
> touch src/model/location/makeILocation.ts
> touch src/model/location/makeRandomILocation.ts
> touch src/model/location/index.ts
```

어떤 사람(즉, IPerson)의 주소는 대략 다음처럼 표현할 수 있습니다. ILocation 타입에서 country만 필수 속성이고 나머지는 모두 생략할 수 있는 선택 속성으로 구현합니다.

```
01: import {ICoordinates} from '../coordinates'
02:
03: export type ILocation = {
04:     country: string
05:     city?: string
06:     address?: string
07:     coordinates?: ICoordinates
08: }
```

다음 코드는 ILocation 타입 객체를 생성하는 makeILocation 함수의 구현 내용입니다.

```
01: import {ILocation} from './ILocation'
02: import {ICoordinates, makeICoordinates} from '../coordinates'
03:
04: export const makeILocation = (
05:     country: string,
06:     city: string,
07:     address: string,
08:     coordinates: ICoordinates
09: ): ILocation => ({country, city, address, coordinates})
```

다음 코드는 ILocation의 각 속성값을 설정합니다. 이때 그럴듯한 가짜 데이터를 만들어 주
는 chance 패키지를 사용합니다.

```
01: import {ILocation} from './ILocation'
02: import {makeILocation} from './makeILocation'
03: import {makeRandomICoordinates} from '../coordinates'
04: import Chance from 'chance'
05: const c = new Chance
06:
07: export const makeRandomILocation = (): ILocation =>
08:     makeILocation(c.country(), c.city(), c.address(), makeRandomICoordinates())
```

이제 마지막으로 index.ts 파일을 만들어 앞서 구현한 내용을 다시 내보냅니다.

• src/model/location/index.ts

```
01: import {ILocation} from './ILocation'
02: import {makeILocation} from './makeILocation'
03: import {makeRandomILocation} from './makeRandomILocation'
04:
05: export {ILocation, makeILocation, makeRandomILocation}
```

src/location-test.ts 파일에 다음 내용의 테스트 코드를 작성해 실행합니다. 실행 결과를 보면 랜덤하게 생성된 그럴듯한 주소를 확인할 수 있습니다.

• src/location-test.ts

```
01: import {makeRandomILocation, ILocation} from './model/location'
02:
03: const location: ILocation = makeRandomILocation()
04: console.log(location)
```

:: 실행 결과
```
{ country: 'EG',
  city: 'Uvigaszo',
  address: '1052 Ofde Circle',
  coordinates: { latitude: -28.84912, longitude: 89.7112 } }
```

IPerson 타입 객체 만들기

이제 마지막으로 IPerson 타입을 구현하겠습니다. 먼저, 다음 명령으로 IPerson 관련 파일을 생성합니다.

```
> mkdir -p src/model/person
> touch src/model/person/IPerson.ts
> touch src/model/person/makeIPerson.ts
> touch src/model/person/makeRandomIPerson.ts
> touch src/model/person/index.ts
```

다음은 IPerson 타입을 선언한 것으로 name과 age 속성 외에는 모두 선택 속성으로 구현합니다.

```
01: import {ILocation} from '../location'
02:
03: export type IPerson = {
04:   name: string
05:   age: number
06:   title?: string
07:   location?: ILocation
08: }
09:
10: export {ILocation}
```

다음은 IPerson 타입 객체를 생성하는 makeIPerson 함수의 구현 내용입니다.

😊 이번 장 후반부에서 설명하는 R.sortBy, R.sortWith 는 선택 속성을 대상으로 동작하지 않으므로 name과 age 는 필수 속성으로 구현했습니다.

```
01: import {IPerson, ILocation} from './IPerson'
02:
03: export const makeIPerson = (
04:   name: string,
05:   age: number,
06:   title?: string,
07:   location?: ILocation
08: ) => ({name, age, title, location})
09:
10: export {IPerson, ILocation}
```

다음은 chance 패키지를 사용해 IPerson 속성값을 랜덤하게 생성해 주는 makeRandomIPerson 의 구현 내용입니다.

```
01: import {IPerson, makeIPerson} from './makeIPerson'
02: import {makeRandomILocation} from '../location'
03: import Chance from 'chance'
04:
05: const c = new Chance
06:
07: export const makeRandomIPerson = (): IPerson =>
08:   makeIPerson(c.name(), c.age(), c.profession(), makeRandomILocation())
```

이제 마지막으로 index.ts 파일을 만듭니다.

```
01: import {IPerson, makeIPerson} from './makeIPerson'
02: import {makeRandomIPerson } from './makeRandomIPerson'
03:
04: export {IPerson, makeIPerson, makeRandomIPerson}
```

다음과 같은 테스트 코드를 작성해 실행해 보면 그럴듯한 IPerson 객체의 모습을 볼 수 있습니다.

```
01: import {IPerson, makeRandomIPerson} from './model/person'
02:
03: const person: IPerson = makeRandomIPerson()
04: console.log(person)
```

지금까지 chance 패키지를 이용해 IPerson 객체를 만들어 보았습니다. 다시 본론으로 돌아가서 람다 라이브러리에 대한 설명을 이어가겠습니다.

09-7 렌즈를 활용한 객체의 속성 다루기

이번 절의 소스 파일들을 실습하려면 09-1절의 프로젝트 구성과 09-06절에서 src/models 디렉터리에 구현한 파일들이 필요합니다. 따라서 ch09-7 디렉터리를 만들고 프로젝트를 구성한 다음, ch09-6의 src/models 디렉터리를 복사해서 붙여넣습니다.

렌즈란?

렌즈(lens)는 하스켈 언어의 `Control.Lens` 라이브러리 내용 중 자바스크립트에서 동작할 수 있는 게터(getter)와 세터(setter) 기능만을 람다 함수로 구현한 것입니다. 람다의 렌즈 기능을 활용하면 객체의 속성값을 얻거나 설정하는 등의 작업을 쉽게 할 수 있습니다.

렌즈 기능은 다음 첫 번째 항목처럼 객체의 특정 속성에 대한 렌즈를 만들고, 나머지 과정을 진행하는 방식으로 이용합니다.

> 1. `R.lens` 함수로 객체의 특정 속성에 대한 렌즈를 만든다
> 2. 렌즈를 `R.view` 함수에 적용해 속성값을 얻는다
> 3. 렌즈를 `R.set` 함수에 적용해 속성값이 바뀐 새로운 객체를 얻는다
> 4. 렌즈와 속성값을 바꾸는 함수를 `R.over` 함수에 적용해 값이 바뀐 새로운 객체를 얻는다

R.prop과 R.assoc 함수

렌즈 기능을 이해하려면 `R.prop`와 `R.assoc`라는 함수를 알아야 합니다. `R.prop`는 'property'의 앞 네 글자를 따서 만든 이름입니다. `R.prop`는 객체의 특정 속성값을 가져오는 함수로서, 이런 동작을 하는 함수를 **게터**(getter)라고 합니다. 다음은 `R.prop` 함수를 사용하는 예입니다.

```
01: import * as R from 'ramda'
02: import {IPerson, makeRandomIPerson} from './model/person'
03:
04: const person: IPerson = makeRandomIPerson()
05:
06: const name = R.pipe(
07:   R.prop('name'),
08:   R.tap(name => console.log(name))    // Ollie Schwartz(랜덤 생성된 이름)
09: )(person)
```

객체의 특정 속성값을 변경하려면 R.assoc 함수를 사용하는데, 이런 목적으로 사용하는 함수를 세터(setter)라고 합니다. 다음은 R.assoc 함수를 사용하는 예입니다.

```
01: import * as R from 'ramda'
02: import {IPerson, makeRandomIPerson} from './model/person'
03:
04: const getName = R.pipe(R.prop('name'), R.tap(name => console.log(name)))
05:
06: const person: IPerson = makeRandomIPerson()
07: const originalName = getName(person)    // Jeremiah Reeves(랜덤 생성된 이름)
08:
09: const modifiedPerson = R.assoc('name', 'Albert Einstein')(person)
10: const modifiedName = getName(modifiedPerson)    // Albert Einstein
```

R.lens 함수

렌즈 기능을 사용하려면 일단 렌즈를 만들어야 합니다. 렌즈는 다음처럼 R.lens, R.prop, R.assoc의 조합으로 만들 수 있습니다.

```
export const makeLens = (propName: string) => R.lens(R.prop(propName), R.assoc(propName))
```

R.view, R.set, R.over 함수

렌즈를 만들었으면 R.view, R.set, R.over 함수에 렌즈를 적용해서 다음과 같은 게터와 세터 그리고 setterUsingFunc과 같은 함수를 만들 수 있습니다.

• src/lens.ts

```
01: import * as R from 'ramda'
02:
03: export const makeLens = (propName: string) =>
04:   R.lens(R.prop(propName), R.assoc(propName))
05:
06: export const getter = (lens) => R.view(lens)
07: export const setter = (lens) => <T>(newValue: T) => R.set(lens, newValue)
08: export const setterUsingFunc = (lens) => <T, R>(func: (T) => R) => R.over(lens, func)
```

다음 코드는 앞에서 작성한 lens.ts의 함수들을 테스트하는 예입니다.

• src/lens-test.ts

```
01: import * as R from 'ramda'
02: import {makeLens, getter, setter, setterUsingFunc} from './lens'
03: import {IPerson, makeRandomIPerson} from './model/person'
04:
05: const nameLens = makeLens('name')
06: const getName = getter(nameLens)
07: const setName = setter(nameLens)
08: const setNameUsingFunc = setterUsingFunc(nameLens)
09:
10: const person: IPerson = makeRandomIPerson()
11:
12: const name = getName(person)    // Belle Robertson (랜덤 생성 이름)
13: const newPerson = setName('Albert Einstein')(person)
14: const anotherPerson = setNameUsingFunc(name => `'Mr. ${name}'`)(person)
15: const capitalPerson = setNameUsingFunc(R.toUpper)(person)
16:
17: console.log(
18:   name, getName(newPerson), getName(anotherPerson), getName(capitalPerson)
19: )
```

코드를 이렇게 작성하면 name이라는 속성 이름이 05행에서만 사용됩니다. 따라서 나중에 속성 이름을 변경할 때 코드의 다른 부분에 영향을 주지 않는 장점이 있습니다.

R.lensPath 함수

IPerson 객체의 longitude 속성값을 알려면 person.location.coordinates.longitude와 같은 코드를 작성해야 합니다. 람다 라이브러리에서는 객체의 이런 중첩 속성(nested property)을 '경로(path)'라고 합니다. longitude처럼 긴 경로의 속성을 렌즈로 만들려면 R.lensPath 함수를 사용합니다.

```
렌즈 = R.lensPath(['location', 'coordinates', 'longitude'])
```

이렇게 렌즈를 만들었으면 앞에서 구현한 lens.ts의 게터와 세터 그리고 setterUsingFunc 함수에 바로 적용할 수 있습니다. 다음 테스트 코드는 05행에서 R.lensPath를 사용해 longitude 속성의 렌즈인 longitudeLens를 만듭니다. 06행 이후의 내용은 nameLens 대신 longitudeLens를 사용하면서 함수들의 이름과 값만 바뀌었을 뿐 전체 내용은 앞의 lens-test.ts와 완전히 똑같습니다.

• src/lensPath-test.ts

```
01: import * as R from 'ramda'
02: import {getter, setter, setterUsingFunc} from './lens'
03: import {IPerson, makeRandomIPerson} from './model/person'
04:
05: const longitudeLens = R.lensPath(['location', 'coordinates', 'longitude'])
06: const getLongitude = getter(longitudeLens)
07: const setLongitude = setter(longitudeLens)
08: const setLongitudeUsingFunc = setterUsingFunc(longitudeLens)
09:
10: const person: IPerson = makeRandomIPerson()
11:
```

```
12: const longitude = getLongitude(person)
13: const newPerson = setLongitude(0.1234567)(person)
14: const anotherPerson = setLongiotudeUsingFunc(R.add(0.1234567))(person)
15:
16: console.log(
17:   longitude, getLongitude(newPerson), getLongitude(anotherPerson)
18: )
```

:: 실행 결과
```
0.17376 0.1234567 0.2972167
```

09-8 객체 다루기

이번 절의 소스 파일들을 실습하려면 마찬가지로 09-1절의 프로젝트 구성과 09-06절에서 src/models 디렉터리에 구현한 파일들이 필요합니다. 따라서 ch09-8 디렉터리를 만들고 프로젝트를 구성한 다음, ch09-6의 src/models 디렉터리를 복사해서 붙여넣습니다.

R.toPairs와 R.fromPairs 함수

R.toPairs 함수는 객체의 속성들을 분해해 배열로 만들어 줍니다. 이때 배열의 각 아이템은 [string, any] 타입의 튜플입니다. 실행 결과를 보면 IPerson 객체의 모든 속성이 [키, 값] 형태의 배열로 만들어진 것을 볼 수 있습니다.

• src/toPairs-test.ts

```
01: import * as R from 'ramda'
02: import {IPerson, makeRandomIPerson} from './model/person'
03:
04: const person: IPerson = makeRandomIPerson()
05: const pairs: [string, any][] = R.toPairs(person)
06: console.log('pairs', pairs)
```

```
:: 실행 결과
pairs [
  [ 'name', 'Jeff Bridges' ],
  [ 'age', 57 ],
  [ 'title', 'Flight Engineer' ],
  [
    'location',
    {
      country: 'LY',
      city: 'Guvmevu',
      address: '701 Veuha Plaza',
      coordinates: [Object]
    }
  ]
]
```

R.fromPairs 함수는 [키:값] 형태의 아이템을 가진 배열을 다시 객체로 만들어 줍니다.

```
01: import * as R from 'ramda'
02: import {IPerson, makeRandomIPerson} from './model/person'
03:
04: const pairs: [string, any][] = R.toPairs(makeRandomIPerson())
05: const person: IPerson = R.fromPairs(pairs) as IPerson
06: console.log('person:', person)
```

```
:: 실행 결과
person: {
  name: 'Sadie George',
  age: 35,
  title: 'Tax Specialist',
  location: {
    country: 'RO',
    city: 'Giwraak',
    address: '569 Hopve Lane',
    coordinates: { latitude: -34.78422, longitude: -114.44199 }
  }
}
```

R.keys와 R.values 함수

R.keys 함수는 객체의 속성 이름만 추려서 string[] 타입 배열로 반환합니다. 다음 코드는
IPerson 객체에 R.keys 함수를 적용한 예입니다.

```
01: import * as R from 'ramda'
02: import {makeRandomIPerson} from './model/person'
03:
04: const keys: string[] = R.keys(makeRandomIPerson())
05: console.log('keys:', keys)   // keys: [ 'name', 'age', 'title', 'location' ]
```

R.values 함수는 객체의 속성값만 추려서 **any[]** 타입 배열로 반환합니다. 다음 코드는 **IPerson** 객체에 **R.values** 함수를 적용한 예입니다.

```
01: import * as R from 'ramda'
02: import {makeRandomIPerson} from './model/person'
03:
04: const values: any[] = R.values(makeRandomIPerson())
05: console.log('values:', values)
```

```
:: 실행 결과
values: [
  'Dora Young',
  62,
  'MIS Manager',
  {
    country: 'ST',
    city: 'Wuarujov',
    address: '1937 Sijuw Point',
    coordinates: { latitude: 83.83357, longitude: 12.53624 }
  }
]
```

R.zipObj 함수

R.zipObj 함수는 다음처럼 '키 배열(속성 이름 배열)'과 '값 배열(속성에 설정할 값 배열)'이라는 두 가지 매개변수를 결합해 객체로 만들어 줍니다.

```
객체 = R.zipObj(키 배열, 값 배열)
```

다음 코드는 **R.keys**와 **R.values** 함수로 얻은 keys와 values 배열을 **R.zipObj** 함수로 결합해 다시 **IPerson** 객체를 만들고, 두 객체가 서로 같은 속성과 값을 가졌는지 비교합니다.

```
01: import * as R from 'ramda'
02: import {IPerson, makeRandomIPerson} from './model/person'
03:
04: const originalPerson: IPerson = makeRandomIPerson()
05: const keys: string[] = R.keys(originalPerson)
06: const values: any[] = R.values(originalPerson)
07: const zippedPerson: IPerson = R.zipObj(keys, values) as IPerson
08: console.log('originalPerson:', originalPerson, 'zippedPerson:', zippedPerson)
```

:: 실행 결과
```
originalPerson: {
  name: 'Amy Burgess',
  age: 63,
  title: 'Program Manager',
  location: {
    country: 'AQ',
    city: 'Hahmegsel',
    address: '154 Neser View',
    coordinates: { latitude: -77.55442, longitude: -82.01775 }
  }
} zippedPerson: {
  name: 'Amy Burgess',
  age: 63,
  title: 'Program Manager',
  location: {
    country: 'AQ',
    city: 'Hahmegsel',
    address: '154 Neser View',
    coordinates: { latitude: -77.55442, longitude: -82.01775 }
  }
}
```

R.mergeLeft와 R.mergeRight 함수

R.mergeLeft와 R.mergeRight 함수는 두 개의 객체를 입력받아 두 객체의 속성들을 결합해 새로운 객체를 생성합니다.

> 새로운 객체 = R.mergeLeft(객체1)(객체2) ◁ 속성값이 다를 때 왼쪽 객체의 우선순위가 높음
> 새로운 객체 = R.mergeRight(객체1)(객체2) ◁ 속성값이 다를 때 오른쪽 객체의 우선순위가 높음

두 함수가 Left, Right로 나뉜 이유는 '객체1'과 '객체2'가 서로 같은 이름의 속성이 있고, 값은 다를 때 어느 쪽 객체의 것을 선택할지 구분하기 위해서입니다. R.mergeLeft 함수는 왼쪽, 즉 '객체1'의 값에 우선순위가 더 높습니다. 즉, 같은 이름의 속성에 설정된 '객체2'의 값은 무시됩니다. 반면에 R.mergeRight 함수는 '객체2'의 우선순위가 더 높습니다.

다음 코드에서 left와 right 객체는 모두 name이라는 속성을 가지고 있습니다. 그런데 04행에서 R.mergeLeft 함수를 호출하므로 left 쪽 name 속성값의 우선순위가 더 높습니다. 따라서 결과는 left 쪽의 name 속성값이 설정되었습니다.

• src/mergeLeft-test.ts

```
01: import * as R from 'ramda'
02:
03: const left = {name:'Jack'}, right = {name: 'Jane', age: 32}
04: const person = R.mergeLeft(left, right)
05: console.log(person)   // { name: 'Jack', age: 32 }
```

다음 코드 또한 left와 right 객체가 모두 name 속성을 가지고 있습니다. 그런데 04행에서 R.mergeRight 함수를 호출하므로 right 쪽 name 속성값의 우선순위가 더 높습니다. 따라서 결과는 right 쪽의 name 속성값이 설정되었습니다.

• src/mergeRight-test.ts

```
01: import * as R from 'ramda'
02:
03: const left = {name:'Jack'}, right = {name: 'Jane', age: 32}
04: const person = R.mergeRight(left, right)
05: console.log(person)   // { name: 'Jane', age: 32 }
```

R.mergeDeepLeft와 R.mergeDeepRight 함수

앞서 R.mergeLeft와 R.mergeRight 함수는 객체의 속성에 담긴 객체를 바꾸지는 못합니다. 즉, IPerson 타입 객체를 예로 들면, IPerson의 속성값들만 바꿔줄 뿐 location이나 location. coordinates의 속성값을 바꾸지는 못합니다.

반면에 R.mergeDeepLeft와 R.mergeDeepRight 함수는 IPerson의 name, age 속성 외에도 location, coordinates와 같은 경로(path)의 속성값들도 바꿀 수 있습니다.

다음 테스트 코드에서 person과 newPerson의 출력 내용을 비교하면, person의 location과 coordinates 부분만 바뀐 것을 확인할 수 있습니다.

• src/mergeDeepRight-test.ts

```
01: import * as R from 'ramda'
02: import {IPerson, makeRandomIPerson} from './model/person'
03: import {ILocation, makeRandomILocation} from './model/location'
04: import {ICoordinates, makeRandomICoordinates} from './model/coordinates'
05:
06: const person: IPerson = makeRandomIPerson()
07: const location: ILocation = makeRandomILocation()
08: const coordinates: ICoordinates = makeRandomICoordinates()
09:
10: const newLocation = R.mergeDeepRight(location, {coordinates})
11: const newPerson = R.mergeDeepRight(person, {location: newLocation})
12:
13: console.log('person:', person)
14: console.log('newPerson:', newPerson)
```

```
:: 실행 결과
person: {
  name: 'Olive Barrett',
  age: 23,
  title: 'Superintendent',
  location: {
    country: 'CG',
    city: 'Jekinvup',
    address: '596 Jojoh Circle',
    coordinates: { latitude: 28.39547, longitude: -71.19589 }
  }
}
```

```
newPerson: {
  name: 'Olive Barrett',
  age: 23,
  title: 'Superintendent',
  location: {
    country: 'TR',
    city: 'Ubsogri',
    address: '1149 Bejo Glen',
    coordinates: { latitude: -43.47301, longitude: -7.63088 }
  }
}
```

09-9 배열 다루기

R.prepend와 R.append 함수

R.prepend와 R.append는 기존 배열의 앞뒤에 새 아이템을 삽입한 새 배열을 만들어 줍니다. 순수 함수 관점에서 기존 배열에 아이템을 직접 삽입하면 기존 배열의 내용을 훼손하게 되므로 이 함수들이 만들어졌습니다.

다음 코드는 R.prepend 함수를 사용해 배열의 맨 앞에 아이템을 삽입합니다.

• src/prepend-test.ts

```
01: import * as R from 'ramda'
02:
03: const array: number[] = [3, 4]
04: const newArray = R.prepend(1)(array)
05: console.log(array, newArray)   // [ 3, 4 ] [ 1, 3, 4 ]
```

반면에 다음 코드는 R.append 함수를 사용해 배열의 맨 뒤에 아이템을 추가합니다.

• src/append-test.ts

```
01: import * as R from 'ramda'
02:
03: const array: number[] = [3, 4]
04: const newArray = R.append(1)(array)
05: console.log(array, newArray)   // [ 3, 4 ] [ 3, 4, 1 ]
```

R.flatten 함수

배열의 구조가 다음처럼 복잡하게 구성되어 있으면, 이 배열을 대상으로 람다 라이브러리의 기능을 적용하는 것은 어렵습니다.

```
[[[1, 1], [1, 2]], [[2, 1], [2, 2]]]
```

R.flatten 함수는 앞처럼 복잡한 배열을 1차원의 평평한 배열로 바꿔줍니다. 다음 코드에서 array 배열은 매우 복잡한 형태로 구성되었는데, 12행에서 보는 것처럼 R.flatten 함수를 사용해 1차원 배열로 바꿉니다.

• src/flatten-test.ts

```
01: import * as R from 'ramda'
02:
03: const array = R.range(1, 2 + 1).map((x: number) => {
04:   return R.range(1, 2 + 1).map((y: number) => {
05:     return [x, y]
06:   })
07: })
08: console.log(array)   // [ [ [ 1, 1 ], [ 1, 2 ] ], [ [ 2, 1 ], [ 2, 2 ] ] ]
09:
10: const flattendArray = R.flatten(array)
11: console.log(flattendArray)   // [ 1, 1, 1, 2, 2, 1, 2, 2 ]
```

R.unnest 함수

R.unnest 함수는 R.flatten보다 조금 정교하게 배열을 가공해줍니다. 다음 코드는 R.unnest 함수를 한 번 적용했을 때와 두 번 적용했을 때의 차이를 보여줍니다.

• src/unnest-test.ts

```
01: import * as R from 'ramda'
02:
03: const array = R.range(1, 2 + 1).map((x: number) => {
04:   return R.range(1, 2 + 1).map((y: number) => {
05:     return [x, y]
06:   })
07: })
08: console.log(array)   // [ [ [ 1, 1 ], [ 1, 2 ] ], [ [ 2, 1 ], [ 2, 2 ] ] ]
09:
10: const unnestedArray = R.unnest(array)
11: console.log(unnestedArray)   // [ [ 1, 1 ], [ 1, 2 ], [ 2, 1 ], [ 2, 2 ] ]
12:
13: @ts-ignore
14: const twoUnnestedArray = R.pipe(R.unnest, R.unnest)(array)
15: console.log(twoUnnestedArray)   // [ 1, 1, 1, 2, 2, 1, 2, 2 ]
```

unnestedArray는 array를 한 번만 들어올렸기 때문에 [[1, 1], [1, 2], [2, 1], [2, 2]] 형태의 배열을 만들지만, twoUnnestedArray는 두 번 들어올렸기 때문에 R.flatten 함수 때와 같은 결과를 보입니다.

R.sort 함수

배열의 타입이 number[]라면 R.sort 함수를 사용해 배열을 내림차순이나 오름차순으로 정렬할 수 있습니다. R.sort는 첫 번째 매개변수에 콜백 함수를 입력받는 2차 고차 함수입니다.

```
정렬된 배열 = R.sort(콜백 함수)(배열)
```

R.sort의 콜백 함수는 다음처럼 구현해야 합니다.

```
// 마이너스값이면 오름차순, 0이나 플러스값이면 내림차순
(a: number, b: number): number => a - b
```

다음 코드는 랜덤하게 생성된 수들의 배열을 오름차순으로 정렬한 예입니다.

• src/sort-test.ts

```
01: import * as R from 'ramda'
02:
03: type voidToNumberFunc = () => number
04: const makeRandomNumber = (max: number): voidToNumberFunc =>
05:   (): number => Math.floor(Math.random() * max)
06:
07: const array = R.range(1, 5 + 1).map(makeRandomNumber(100))
08: const sortedArray = R.sort( (a:number, b: number): number => a - b)(array)
09:
10: console.log(array, sortedArray) // [ 65, 61, 70, 12, 52 ] [ 12, 52, 61, 65, 70 ]
```

R.sortBy 함수

배열에 담긴 아이템이 객체라면 특정 속성값에 따라 정렬해야 하는데, 이때 R.sortBy 함수를 사용합니다.

정렬된 배열 = R.sortBy(객체의 속성을 얻는 함수)(배열)

다음 코드는 IPerson 객체들의 배열을 대상으로 name 속성에 따른 정렬과 age 속성에 따른 정렬을 각각 보여줍니다.

• src/sortBy-test.ts

```
01: import * as R from 'ramda'
02: import {IPerson, makeRandomIPerson} from './model/person'
03: import {displayPersons} from './displayPersons'
04:
05: const persons: IPerson[] = R.range(1, 4 + 1).map(makeRandomIPerson)
06: const nameSortedPersons = R.sortBy(R.prop('name'))(persons)
07: const ageSortedPersons = R.sortBy(R.prop('age'))(persons)
08:
09: displayPersons('sorted by name: ')(nameSortedPersons)
10: displayPersons('sorted by age: ')(ageSortedPersons)
```

```
∷ 실행 결과
sorted by name: [
  { name: 'Adrian Elliott', age: 55 },
  { name: 'Alta Reynolds', age: 61 },
  { name: 'Curtis Rhodes', age: 43 },
  { name: 'Jerome Ortiz', age: 57 }
]
sorted by age: [
  { name: 'Curtis Rhodes', age: 43 },
  { name: 'Adrian Elliott', age: 55 },
  { name: 'Jerome Ortiz', age: 57 },
  { name: 'Alta Reynolds', age: 61 }
]
```

코드에서 사용된 displayPersons 함수는 다음처럼 구현되어 있습니다.

• src/displayPersons.ts

```
01: import * as R from 'ramda'
02: import {IPerson} from './model/person'
03:
04: export const displayPersons = (prefix: string) => R.pipe(
05:    R.map((person: IPerson) => ({name:person.name, age: person.age})),
06:    R.tap(o => console.log(prefix, o))
07: ) as any
```

R.sortWith 함수

앞에서 소개한 R.sortBy 함수는 아쉽게도 오름차순, 내림차순 정렬을 하지 못하고 항상 오름차순으로만 정렬합니다. R.sortWith 함수는 R.ascend, R.descend 함수와 함께 사용되어 오름차순, 내림차순 정렬을 할 수 있습니다.

다음 코드는 R.sortWith와 R.descend 함수를 사용해 IPerson 타입 객체들의 name 속성을 기준으로 내림차순으로 정렬한 예입니다.

• src/sortWith-test.ts

```
01: import * as R from 'ramda'
02: import {IPerson, makeRandomIPerson} from './model/person'
03: import {displayPersons} from './displayPersons'
04:
05: const persons: IPerson[] = R.range(1, 4 + 1).map(makeRandomIPerson)
06: const nameSortedPersons = R.sortWith([
07:    R.descend(R.prop('name'))
08: ])(persons)
09:
10: displayPersons('sorted by name: ')(nameSortedPersons)
```

:: 실행 결과
```
sorted by name: [
  { name: 'Sadie Webb', age: 23 },
  { name: 'Rosetta Davidson', age: 52 },
  { name: 'Maggie Diaz', age: 23 },
  { name: 'Anne Conner', age: 41 }
]
```

09-10 조합 논리 이해하기

함수형 프로그래밍의 가장 큰 이론적인 배경은 람다 수학(lambda calculus)과 조합 논리학(combinatory logic), 그리고 카테고리 이론(category theory)입니다. 그런데 람다 수학의 모든 이론을 컴퓨터 프로그래밍 언어로 표현할 수 없으므로 어떤 제한된 범위에서 람다 수학을 구현하기 위해 조합 논리학이 생겨났습니다.

조합자란?

조합 논리학은 '조합자(combinator)'라는 특별한 형태의 고차 함수들을 결합해 새로운 조합자를 만들어 내는 것입니다. 이는 함수형 언어의 컴파일러를 만드는 데 필요한 이론을 검증하고 개발할 때 주로 사용됩니다.

그런데 대부분의 함수형 라이브러리들은 조합 논리로 개발된 몇 가지 유용한 조합자들을 제공합니다. 람다 라이브러리 또한 몇 가지 유명한 조합자를 제공합니다.

람다가 제공하는 조합자

조합자 이름	의미	람다 함수 이름
I	identity	R.identity
K	constant	R.always
T	thrush	R.applyTo
W	duplication	R.unnest
C	flip	R.flip
S	substitution	R.ap

이들 함수를 포함한 몇몇 함수의 동작 방식은 이해하기가 무척 힘듭니다. 그래서 우선 R.chain 함수를 통해 조합자들을 결합한다는 것이 어떤 의미인지 살펴보겠습니다.

R.chain 함수 탐구

람다 라이브러리는 R.chain이라는 함수를 제공합니다. 이 함수는 다음처럼 함수를 매개변수로 받아 동작하는 함수로서, 매개변수가 한 개일 때와 두 개일 때의 동작이 조금 다릅니다.

```
R.chain(콜백 함수1)
R.chain(콜백 함수1, 콜백 함수2)
```

다음 코드는 람다 라이브러리의 공식 문서에 있는 샘플을 조금 변형한 것입니다. 이 코드는 06행과 11행에서 R.chain 함수를 사용하는데, R.chain 함수가 어떻게 구현되어 이런 결과가 나왔는지 무척 궁금합니다.

• src/chain-test.ts

```
01: import * as R from 'ramda'
02:
03: const array = [1, 2, 3]
04:
05: R.pipe(
06:   R.chain(n => [n, n]),
07:   R.tap(n => console.log(n))   // [ 1, 1, 2, 2, 3, 3 ]
08: )(array)
09:
10: R.pipe(
11:   R.chain(R.append, R.head),
12:   R.tap(n => console.log(n))   // [ 1, 2, 3, 1 ]
13: )(array)
```

R.chain 함수는 매개변수가 한 개일 때는 다음 flatMap 함수처럼 동작합니다.

• src/flatMap.ts

```
01: import * as R from 'ramda'
02: export const flatMap = (f) => R.pipe(
03:   R.map(f),
04:   R.flatten
05: )
```

다음 flatMap 함수를 테스트하는 코드는 앞서 본 chain-test.ts의 07행 내용과 같은 출력을
보여줍니다.

• src/flatMap-test.ts

```
01: import * as R from 'ramda'
02: import {flatMap} from './flatMap'
03:
04: const array = [1, 2, 3]
05: R.pipe(
06:   flatMap(n => [n, n]),
07:   R.tap(n => console.log(n))   // [ 1, 1, 2, 2, 3, 3 ]
08: )(array)
```

그런데 R.chain 함수는 매개변수가 두 개일 때는 다음 코드의 chainTwoFunc 함수처럼 동작합
니다.

• src/chainTwoFunc.ts

```
01: import * as R from 'ramda'
02: export const chainTwoFunc = (firstFn, secondFn) => (x) => firstFn(secondFn(x), x)
```

다음 chainTwoFunc 함수를 테스트하는 코드는 앞서 본 chain-test.ts의 12행 내용과 똑같은
출력을 보여줍니다.

• src/chainTwoFunc-test.ts

```
01: import * as R from 'ramda'
02: import {chainTwoFunc} from './chainTwoFunc'
03:
04: const array = [1, 2, 3]
05: R.pipe(
06:   chainTwoFunc(R.append, R.head),   // array => R.append(R.head(array))(array)
07:   R.tap(n => console.log(n))        // [ 1, 2, 3, 1 ]
08: )(array)
```

R.flip 조합자

앞서 09-3절에서 소개한 **R.flip** 함수는 다음처럼 2차 고차 함수의 매개변수 순서를 서로 바꿔주는 역할을 합니다.

```
const flip = cb => a => b => cb(b)(a)
```

다음 코드는 09-3절에서 작성한 subtract.ts 코드를 **R.flip**이 아닌 앞의 **flip** 함수로 대체한 예입니다. 실행해 보면 결과는 subtract.ts와 같습니다. 즉, **R.flip** 함수는 앞의 **flip** 함수처럼 구현되었음을 의미합니다.

• src/flip-test.ts

```
01: import * as R from 'ramda'
02:
03: const flip = cb => a => b => cb(b)(a)
04: const reverseSubtract = flip(R.subtract)
05:
06: const newArray = R.pipe(
07:   R.map(reverseSubtract(10)),    // value - 10
08:   R.tap(a => console.log(a))     // [ -9, -8, -7, -6, -5, -4, -3, -2, -1]
09: )(R.range(1, 9+1))
```

R.identity 조합자

R.identity는 다음처럼 구현된 가장 단순한 조합자이지만, 조합자의 구조상 반드시 함수가 있어야 하는 곳에 위치할 때 그 위력을 발휘합니다.

```
const identity = x => x
```

앞서 구현한 **flatMap** 함수는 콜백 함수가 한 개 필요합니다. 다음 코드는 **flatMap** 함수가 요구하는 콜백 함수에 **R.identity** 조합자를 사용한 예입니다. 04행의 **unnest** 함수는 09-9절에서 다루었던 **R.unnest**와 똑같이 동작합니다.

```
01: import * as R from 'ramda'
02: import {flatMap} from './flatMap'
03:
04: const unnest = flatMap(R.identity)
05:
06: const array = [[1], [2], [3]]
07: R.pipe(
08:   unnest,
09:   R.tap(n => console.log(n))   // [ 1, 2, 3 ]
10: )(array)
```

다음 코드는 앞서 09-4절에서 보았던 **R.ifElse** 함수를 사용해 최소 5,000원어치 상품을 사면 500원을 할인해 주는 로직을 구현한 예입니다. 15행은 총 6,000원어치 물건을 샀으므로 500원을 할인해 5,500원을, 16행은 4,500원어치 물건을 샀으므로 할인이 안 되어 4,500원이 되었습니다.

```
01: import * as R from 'ramda'
02:
03: type NumtoNumFunc = (n:number) => number
04: const applyDiscount = (minimum: number, discount: number): NumtoNumFunc =>
05:   R.pipe(
06:     R.ifElse(
07:       R.flip(R.gte)(minimum),
08:       R.flip(R.subtract)(discount),
09:       R.identity
10:     ),
11:     R.tap(amount => console.log(amount))
12:   )
13: const calcPrice = applyDiscount(5000, 500)
14:
15: const discountedPrice = calcPrice(6000)       // 5500
16: const notDiscountedPrice = calcPrice(4500)     // 4500
```

R.always 조합자

R.always 조합자는 다음처럼 두 개의 고차 매개변수 중 첫 번째 것을 반환합니다. 이런 특징 때문에 R.always 조합자는 constant라는 의미에서 'K-조합자'라고 하는데, 이때 K는 독일어로 'Konstante(상수)'를 의미합니다.

```
const always = x => y => x
```

R.always는 두 개의 매개변수가 필요한 조합자에 마치 R.identity처럼 사용됩니다. 비록 R.always는 항상 첫 번째 매개변수값만 반환하지만, R.flip(R.always)는 반대로 항상 두 번째 매개변수값만 반환합니다.

다음 first-second.ts 파일 내용은 always 조합자의 이런 성질을 나타냅니다.

• src/first-second.ts

```
01: import * as R from 'ramda'
02:
03: const always = a => b => a
04: const flip = cb => a => b => cb(b)(a)
05:
06: const first = <T>(a: T) => (b: T): T => always(a)(b)
07: const second = <T>(a: T) => (b: T): T => flip(always)(a)(b)
08:
09: console.log(
10:   first(1)(2),   // 1
11:   second(1)(2)   // 2
12: )
```

예홍쌤의
한마디

현재 버전의 타입스크립트(4.1.3)와 람다(0.27.1) 라이브러리는 R.flip(R.always)가 본문 코드처럼 동작하지 않습니다. 따라서 부득이하게 always와 flip을 람다가 아닌 별도의 함수로 구현했습니다.

R.applyTo 조합자

R.applyTo 조합자는 특별하게 값을 첫 번째 매개변수로, 그리고 이 값을 입력으로 하는 콜백 함수를 두 번째 매개변수로 받아 다음 코드처럼 동작합니다.

```
const applyTo = value => cb => cb(value)
```

다음 코드에서 03행의 함수 T는 value값을 첫 번째 매개변수로 입력받는 2차 고차 함수입니다. 08행의 value100은 이 첫 번째 매개변수에 100을 대입해 만든 1차 함수로 R.identity처럼 매개변수가 한 개인 콜백 함수를 입력받을 수 있습니다. 09행과 10행은 R.identity와 R.add(1)을 적용했을 때 값 100이 어떻게 변화하는지 보여줍니다.

• src/applyTo-test.ts

```
01: import * as R from 'ramda'
02:
03: const T = value => R.pipe(
04:   R.applyTo(value),
05:   R.tap(value => console.log(value))
06: )
07:
08: const value100 = T(100)
09: const sameValue = value100(R.identity)   // 100
10: const add1Value = value100(R.add(1))     // 101
```

R.ap 조합자

R.ap 조합자는 콜백 함수들의 배열을 첫 번째 매개변수로, 배열을 두 번째 매개변수로 입력받는 2차 고차 함수입니다.

```
const ap = ([콜백 함수]) => 배열 => [콜백 함수](배열)
```

R.ap는 콜백 함수가 한 개일 때는 마치 R.map 함수처럼 동작합니다.

```
01: import * as R from 'ramda'
02:
03: const callAndAppend = R.pipe(
04:   R.ap([R.multiply(2)]),
05:   R.tap(a => console.log(a))
06: )
07:
08: const input = [1, 2, 3]
09: const result = callAndAppend(input)   // [ 2, 4, 6 ]
```

그런데 콜백 함수가 다음처럼 두 개일 때는 마치 R.chain(n => [n, n]) 형태로 동작합니다. 다음 코드에서 04행의 R.ap는 두 개의 콜백 함수가 있습니다. 그러면 R.ap는 두 콜백 함수를 적용한 각각의 배열을 만든 다음, 연산이 끝나면 이 배열을 모두 통합해 한 개로 만들어줍니다. 09행의 결과 배열 중 앞 세 개는 R.multiply(2)의 결과이고, 이후 세 개는 R.add(10)의 결과입니다.

```
01: import * as R from 'ramda'
02:
03: const callAndAppend = R.pipe(
04:   R.ap([R.multiply(2), R.add(10)]),
05:   R.tap(a => console.log(a))
06: )
07:
08: const input = [1, 2, 3]
09: const result = callAndAppend(input)   // [ 2, 4, 6, 11, 12, 13 ]
```

다음 코드는 R.ap 조합자의 이런 성질을 이용해 [1, 2, 3] 배열을 세 번 복제한 뒤 통합한 배열을 만드는 예입니다.

```
01: import * as R from 'ramda'
02:
03: const repeat = (N, cb) => R.range(1, N + 1).map(n => cb)
04:
05: const callAndAppend = R.pipe(
06:    R.ap(repeat(3, R.identity)),
07:    R.tap(a => console.log(a))
08: )
09:
10: const input = [1, 2, 3]
11: const result = callAndAppend(input)   // [ 1, 2, 3, 1, 2, 3, 1, 2, 3 ]
```

지금까지 람다 라이브러리를 간략하게 알아보았습니다. 다음으로 11장에서 배우게 될 모나드(monad)를 구현하는 데 필요한 제네릭 프로그래밍(generic programming), 구체적으로 말하면 함수형 제네릭 프로그래밍에 대해 알아보겠습니다.

제네릭 프로그래밍

이번 장에서는 제네릭 타입에 관해 알아보고 함수형 프로그래밍 관점에서 제네릭
타입이 어떻게 활용되는지 살펴보겠습니다.

10-1 제네릭 타입 이해하기

제네릭 타입은 인터페이스나 클래스, 함수, 타입 별칭 등에 사용할 수 있는 기능으로, 해당 심벌의 타입을 미리 지정하지 않고 다양한 타입에 대응하려고 할 때 사용합니다. 다음 소스는 각 심벌에 제네릭 타입을 지정한 예입니다.

어떤 인터페이스가 value라는 이름의 속성을 가질 때, 속성의 타입을 다음처럼 string, number 등으로 특정하지 않고 T로 지정해 제네릭 타입으로 만들 수 있습니다. 이때 인터페이스 이름 뒤에 <T>처럼 표기합니다.

```
// 제네릭 인터페이스 구문
interface IValuable<T> {
  value: T
}
```

다음은 클래스와 함수, 타입 별칭에 각각 제네릭 타입을 사용하는 예를 보여줍니다.

```
// 제네릭 함수 구문
function identity<T>(arg: T): T {return arg}

// 제네릭 타입 별칭 구문
type IValuable<T> = {
  value: T
}

//제네릭 클래스 구문
class Valuable<T> {
  constructor(public value: T) {}
}
```

제네릭 사용하기

이제 실습을 위해 다음과 같은 제네릭 인터페이스를 정의합니다.

• src/IValuable.ts

```
01: export interface IValuable<T> {
02:   value: T
03: }
```

제네릭 인터페이스 IValuable<T>를 구현하는 제네릭 클래스는 자신이 가진 타입 변수 T를 다음 03행에서 보는 방식으로 인터페이스 쪽 제네릭 타입 변수로 넘길 수 있습니다.

• src/Valuable.ts

```
01: import {IValuable} from './IValuable'
02:
03: export class Valuable<T> implements IValuable<T> {
04:   constructor(public value: T) {}
05: }
06:
07: export {IValuable}
```

이제 앞에서 정의한 IValuable<T>, Valuable<T>를 사용하는 제네릭 함수를 만들어 보겠습니다. 제네릭 함수는 다음처럼 자신의 타입 변수 T를 제네릭 인터페이스의 타입 변수 쪽으로 넘기는 형태로 구현할 수 있습니다.

• src/printValue.ts

```
01: import {IValuable, Valuable} from './Valuable'
02:
03: export const printValue = <T>(o: IValuable<T>): void => console.log(o.value)
04: export {IValuable, Valuable}
```

이렇게 만든 제네릭 함수 printValue는 다음 코드처럼 다양한 타입을 대상으로 동작할 수 있습니다.

• src/printValue-test.ts

```
01: import {printValue, Valuable} from './printValue'
02:
03: printValue(new Valuable<number>(1))                // 1
04: printValue(new Valuable<boolean>(true))            // true
05: printValue(new Valuable<string>('hello'))          // hello
06: printValue(new Valuable<number[]>([1, 2, 3]))      // [1, 2, 3]
```

물론 타입스크립트는 다음처럼 타입 변수 부분을 생략해도 스스로 추론해서 구체적인 제네릭 타입을 찾아냅니다.

• src/printValue-test2.ts

```
01: import {printValue, Valuable} from './printValue'
02:
03: printValue(new Valuable(1))               // 1
04: printValue(new Valuable(true))            // true
05: printValue(new Valuable('hello'))         // hello
06: printValue(new Valuable([1, 2, 3]))       // [1, 2, 3]
```

10-2 제네릭 타입 제약

프로그래밍 언어에서 제네릭 타입 제약(generic type constraint)은 타입 변수에 적용할 수 있는 타입의 범위를 한정하는 기능을 합니다. 타입스크립트에서 제네릭 함수의 타입을 제한하고 싶을 때는 다음 구문을 사용합니다.

<최종 타입1 extends 타입1, 최종 타입2 extends 타입2>(a: 최종 타입1, b: 최종 타입2, ...) {}

다음 IValuable<T>는 10-1절에서 보았던 제네릭 인터페이스입니다.

• src/IValuable.ts

```
01: export interface IValuable<T> {
02:   value: T
03: }
```

그런데 다음 printValueT 함수는 10-1절의 printValue와는 구현 방식이 조금 다르게 제네릭 타입 제약 구문을 사용해 구현하고 있습니다.

• src/printValueT.ts

```
01: import {IValuable} from './IValuable'
02:
03: export const printValueT = <Q, T extends IValuable<Q>>(o: T) => console.log(o.
    value)
04: export {IValuable}
```

만약, 앞의 printValueT를 다음처럼 구현하면 안 됩니다. 왜냐하면 매개변수 o의 T 입장에서
타입 T는 IValuable<T>이므로, 타입스크립트는 IValuable <IValuable<T>>로 해석하기
때문입니다.

```
export const printValueT = <T extends IValuable<T>>(o: T) => console.log(o.value)
```

10-1절과 비교할 때 printValue의 매개변수 타입을 어떤 방식으로 제약하느냐만 다를 뿐 사
용법은 완전히 같습니다.

• src/printValueT-test.ts

```
01: import {IValuable, printValueT} from './printValueT'
02: import {Valuable} from './Valuable'
03:
04: printValueT(new Valuable(1))    // 1
05: printValueT({value: true})     // true
```

new 타입 제약

프로그래밍 분야에서 팩토리 함수(factory function)는 new 연산자를 사용해 객체를 생성하는
기능을 하는 함수를 의미합니다. 보통 팩토리 함수는 객체를 생성하는 방법이 지나치게 복잡
할 때 이를 단순화하려는 목적으로 구현합니다.

다음 코드에서 create 함수의 매개변수 type은 실제로는 '타입'입니다. 따라서 type 변수의
타입 주석으로 명시한 T는 '타입의 타입'에 해당합니다.

```
const create = <T>(type: T):  T => new type()
```

그런데 타입스크립트 컴파일러는 '타입의 타입'을 허용하지 않으므로 다음과 같은 오류 메시
지가 발생합니다.

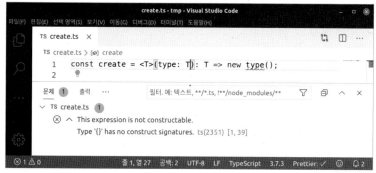

타입의 타입을 허용하지 않아서 발생한 오류

타입스크립트 언어의 창시자인 아네르스 하일스베르(Anders Hejlsberg)는 C# 언어의 창시자이기도 합니다. 다음 코드에서 {new(): T} 구문은 C#에서 볼 수 있는 구문과 매우 유사합니다. 하일스베르는 '타입의 타입'에 해당하는 구문을 만들어 내기보다는 C# 언어에서의 구문을 빌려서 다음과 같은 타입스크립트 구문으로 만들었습니다.

```
const create = <T extends {new(): T}>(type: T): T => new type()
```

create 함수의 타입 제약 구문은 중괄호 {}로 new() 부분을 감싸서 new() 부분을 메서드 형태로 표현했습니다. 이 구문은 다음처럼 중괄호를 없앤 좀 더 간결한 문법으로 표현할 수도 있습니다.

```
const create = <T>(type: new() => T): T => new type()
```

결론적으로, {new(): T}와 new() => T는 같은 의미입니다. new 연산자를 type에 적용하면서 type의 생성자 쪽으로 매개변수를 전달해야 할 때 다음처럼 new(...args) 구문을 사용합니다.

```
const create = <T>(type: {new(...args): T}, ...args): T => new type(...args)
```

다음 코드는 타입스크립트(혹은 자바스크립트)가 기본으로 제공하는 클래스인 Date와 이어서 나오는 create-test.ts 소스의 03행에 있는 Point의 인스턴스를 {new(...args): T} 타입 제약을 설정한 create 함수로 생성하는 예입니다.

• create.ts

```
01: export const create = <T>(type: {new(...args): T}, ...args): T => new type(...args)
```

create 함수에 대한 테스트 코드를 실행해 보면, 앞서 구현한 create 함수가 클래스의 인스턴스를 정상으로 생성하는 것을 확인할 수 있습니다.

```ts
• create-test.ts
01: import {create} from './create'
02:
03: class Point {constructor(public x: number, public y: number) {}}
04: [
05:    create(Date),          // 2019-11-22T03:59:57.920Z
06:    create(Point, 0, 0)   // Point { x: 0, y: 0 }
07: ].forEach(s => console.log(s))
```

인덱스 타입 제약

가끔 객체의 일정 속성들만 추려서 좀 더 단순한 객체를 만들어야 할 때가 있습니다. 다음 코드에서 pick 함수는 네 개의 속성을 가진 obj 객체에서 name과 age 두 속성만 추출해 간단한 형태로 만들려고 합니다.

```
const obj = {name: 'Jane', age: 22, city: 'Seoul', country: 'Korea'}
pick(obj, ['name', 'age'])
```

앞 코드에서 pick 함수는 다음처럼 구현할 수 있습니다.

```ts
• pick.ts
01: export const pick = (obj, keys) => keys.map(key => ({[key]: obj[key]}))
02:    .reduce((result, value) => ({...result, ...value}), {})
```

pick 함수에 대한 다음 테스트 코드는 pick 함수가 obj의 속성 중에서 name과 age 속성과 값을 추출해 주는 것을 확인할 수 있습니다.

```
01: import {pick} from './pick'
02:
03: const obj = {name: 'Jane', age: 22, city: 'Seoul', country: 'Korea'}
04: console.log(
05:    pick(obj, ['name', 'age']),    // { name: 'Jane', age: 22 }
06:    pick(obj, ['nam', 'agge'])    // { nam: undefined, agge: undefined }
07: )
```

그런데 코드를 작성할 때 06행의 ['nam', 'agge']처럼 오타가 발생하면 엉뚱한 결과가 나옵니다. 타입스크립트는 이러한 상황을 방지할 목적으로 다음처럼 keyof T 형태로 타입 제약을 설정할 수 있게 지원합니다. 이것을 '인덱스 타입 제약(index type constraint)'이라고 합니다.

```
<T, K extends keyof T>
```

다음 코드에서 pick 함수는 앞에서와 달리 obj와 keys 매개변수에 각각 T와 K라는 타입 변수를 적용했습니다. 하지만 이 코드는 K 타입에 타입 제약을 설정하지 않았으므로 다음과 같은 오류가 발생합니다.

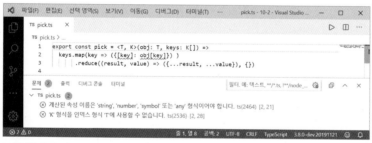

K 형식을 인덱스 형식 T에 사용할 수 없다는 오류

이 오류 메시지를 해결하려면 타입 K가 T의 속성 이름(키)이라는 것을 알려줘야 합니다. 이때 타입스크립트의 인덱스 타입 제약(index type constraint)을 이용합니다. keyof T 구문으로 타입 K가 타입 T의 속성 이름이라고 타입 제약을 설정합니다.

다음 코드는 K에 keyof T 타입 제약을 지정하는 방법입니다.

• pick.ts

```
01: export const pick = <T, K extends keyof T>(obj: T, keys: K[]) =>
02:   keys.map(key => ({[key]: obj[key]}))
03:     .reduce((result, value) => ({...result, ...value}), {})
```

이렇게 하면 컴파일을 해보지 않고도 앞에서 예로 든 'nam', 'agg'와 같은 입력 오류를 코드 작성 시점에 탐지할 수 있습니다.

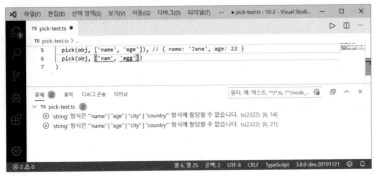

오타를 사전에 알려줌

10-3 대수 데이터 타입

객체지향 프로그래밍 언어에서 ADT라는 용어는 '추상 데이터 타입(abstract data type)'을 의미하지만, 함수형 언어에서는 대수 데이터 타입(algebraic data type)을 의미합니다. 타입스크립트에서 대수 데이터 타입은 '합집합 타입(union type)'과 '교집합 타입(intersection type)' 두 가지 종류가 있습니다.

객체지향 언어들은 상속(inheritance)에 기반을 두고 타입을 분류하는 경향이 있지만, 상속에만 의존하면 true와 false 단 두 가지 값을 가지는 boolean과 같은 타입을 만들기가 어렵습니다. 이 때문에 함수형 언어들은 상속에 의존하는 타입보다는 대수 데이터 타입을 선호합니다.

합집합 타입

합집합 타입(union type)은 '또는(or)'의 의미인 '|' 기호로 다양한 타입을 연결해서 만든 타입을 말합니다. 다음 코드에서 변수 ns의 타입인 NumberOrString은 number나 string 타입이므로, 1과 같은 수와 "hello"와 같은 문자열을 모두 담을 수 있습니다.

```
type NumberOrString = number | string
let ns: NumberOrString = 1
ns = 'hello'
```

교집합 타입

교집합 타입(intersection type)은 '이고(and)'의 의미인 '&' 기호로 다양한 타입을 연결해서 만든 타입을 말합니다. 교집합 타입의 대표적인 예는 두 개의 객체를 통합해서 새로운 객체를 만드는 것입니다.

다음 코드에서 01행의 mergeObjects 함수는 이름이 말해주듯 타입 T와 U 객체를 결합해 새로운 객체를 만드는 예입니다. 타입 T와 U 객체를 결합한 객체는 당연히 타입이 T & U일 것입니다. 이 때문에 mergeObjects<T, U>의 반환 타입은 T & U인 교집합 타입입니다.

• src/mergeObjects.ts

```
01: export const mergeObjects = <T, U>(a: T, b: U): T & U => ({...a, ...b})
```

다음 테스트 코드는 INameable 타입 객체와 IAgeable 타입 객체를 mergeObjects로 결합해
INameable & IAgeable 타입 변수 nameAndAge에 저장합니다.

```
01: import {mergeObjects} from './mergeObjects'
02:
03: type INameable = {name: string}
04: type IAgeable = {age: number}
05:
06: const nameAndAge: INameable & IAgeable = mergeObjects({name: 'Jack'}, {age: 32})
07: console.log(nameAndAge)    // { name: 'Jack', age: 32 }
```

합집합 타입 구분하기

다음과 같은 인터페이스가 세 개 있다고 가정해 봅시다.

```
interface ISquare {size: number}
interface IRectangle {width: number, height: number}
interface ICircle {radius: number}
```

이 인터페이스 타입으로 만든 각각의 객체는 다음과 같습니다.

```
const square: ISquare = {size: 10}
const rectangle: IRectangle = {width: 4, height: 5}
const circle: ICircle = {radius: 10}
```

이 객체 모두를 받아서 면적(area)을 계산해 주는 calcArea라는 함수를 생각해 볼 수 있습니다.

```
console.log(calcArea(square), calcArea(rectangle), calcArea(circle))
```

calcArea 함수가 앞 코드처럼 동작하려면 일단 매개변수의 타입은 ISquare와 IRectangle,
ICircle의 합집합 타입인 IShape이어야 합니다.

```
type IShape = ISquare | IRectangle | ICircle
export const calcArea = (shape: IShape): number => {
  // shape 객체가 구체적으로 ISquare인지, IRectangle인지, ICircle인지 알 수 없음
  return 0
}
```

그런데 문제는 shape가 구체적으로 어떤 타입의 객체인지 구분할 수 없어서 계산하는 코드를 작성할 수 없습니다. 타입스크립트는 이런 문제를 해결할 수 있도록 합집합 타입의 각각을 구분할 수 있게 하는 '식별 합집합(discriminated unions)'이라는 구문을 제공합니다.

식별 합집합 구문

식별 합집합 구문을 사용하려면 합집합 타입을 구성하는 인터페이스들이 모두 똑같은 이름의 속성을 가지고 있어야 합니다. 다음 코드에서 ISquare, IRectangle, ICircle은 모두 tag라는 이름의 공통 속성이 있습니다.

• src/IShape.ts

```
01: export interface ISquare {tag: 'square', size: number}
02: export interface IRectangle {tag: 'rectangle', width: number, height: number}
03: export interface ICircle {tag: 'circle', radius: number}
04:
05: export type IShape = ISquare | IRectangle | ICircle
```

이와 같을 때 다음 area 함수의 switch 문을 보면 왜 '식별 합집합'이라는 구문이 있는지 알 수 있습니다. IShape는 ISquare, IRectangle, ICircle 중 하나이므로, 만약 tag처럼 공통 속성이 없으면 각각의 타입을 구분할 방법이 없습니다.

• src/calcArea.ts

```
01: import {IShape} from './IShape'
02:
03: export const calcArea = (shape: IShape): number => {
04:   switch(shape.tag) {
05:     case 'square': return shape.size * shape.size
```

```
06:     case 'rectangle': return shape.width * shape.height
07:     case 'circle': return Math.PI * shape.radius * shape.radius
08:   }
09:   return 0
10: }
```

다음 calacArea 테스트 코드는 calcArea의 입력 매개변수들을 잘 '식별'해 각각을 적절하게
계산해 줍니다.

• src/calcArea-test.ts

```
01: import {calcArea} from './calcArea'
02: import {IRectangle, ICircle, ISquare} from './IShape'
03:
04: const square: ISquare = {tag: 'square', size: 10}
05: const rectangle: IRectangle = {tag: 'rectangle', width: 4, height: 5}
06: const circle: ICircle = {tag: 'circle', radius: 10}
07:
08: console.log(
09:   calcArea(square), calcArea(rectangle), calcArea(circle)
10: )
```

:: 실행 결과
100 20 314.1592653589793

10-4 타입 가드

다음과 같은 두 개의 타입이 있다고 가정해 봅시다.

```
• BirdAndFish.ts
01: export class Bird {fly() {console.log(`I'm flying.`)}}
02: export class Fish {swim() {console.log(`I'm swimming.`)}}
```

다음처럼 flyOrSwim과 같은 함수를 구현할 때 매개변수 o는 Bird이거나 Fish이므로 04행에서 코드 작성이 모호해질 수 있습니다. 즉, 합집합 타입 (Bird | Fish)의 객체가 구제적으로 Bird인지 Fish인지 알아야 합니다.

```
• flyOrSwim.ts
01: import {Bird, Fish} from './BirdAndFish'
02:
03: export const flyOrSwim = (o: Bird | Fish): void => {
04:    //o.fly() ???
05: }
```

instanceof 연산자

자바스크립트는 instanceof라는 이름의 연산자를 제공하는데, 이 연산자는 다음처럼 두 개의 피연산자가 필요합니다.

```
객체 instanceof 타입    // boolean 타입의 값 반환
```

instanceof 연산자를 사용하면 앞 flyOrSwim 함수는 다음처럼 구현할 수 있습니다.

```
01: import {Bird, Fish} from './BirdAndFish'
02:
03: export const flyOrSwim = (o: Bird | Fish): void => {
04:   if(o instanceof Bird) {
05:     (o as Bird).fly()   // 혹은 (<Bird>o).fly()
06:   } else if(o instanceof Fish) {
07:     (<Fish>o).swim()   // 혹은 (o as Fish).swim()
08:   }
09: }
```

타입 가드

그런데 타입스크립트에서 instanceof 연산자는 자바스크립트와는 다르게 '타입 가드(type guard)' 기능이 있습니다. 여기서 타입 가드는 타입을 변환하지 않은 코드 때문에 프로그램이 비정상으로 종료되는 상황을 보호해 준다는 의미입니다.

다음 flyOrSwim 함수는 instanceof 연산자의 타입 가드 기능을 사용해 변수 o의 타입을 전환하지 않고 사용합니다. 그런데도 타입스크립트는 04행이 true로 확인되면 변수 o를 자동으로 Bird 타입 객체로 전환합니다. 물론, 06행이 true로 확인되면 변수 o는 Fish 타입 객체로 전환됩니다.

```
01: import {Bird, Fish} from './BirdAndFish'
02:
03: export const flyOrSwim = (o: Bird | Fish): void => {
04:   if(o instanceof Bird) {
05:     o.fly()
06:   } else if(o instanceof Fish) {
07:     o.swim()
08:   }
09: }
```

이제 flyOrSwim 함수를 테스트하는 코드를 만들어 실행해 보면 코드가 정상으로 동작하는 것을 확인할 수 있습니다.

```
01: import {Bird, Fish} from './BirdAndFish'
02: import {flyOrSwim} from './flyOrSwim'
03:
04: [new Bird, new Fish]
05:    .forEach(flyOrSwim)   // I'm flying. I'm swimming.
```

is 연산자를 활용한 사용자 정의 타입 가드 함수 제작

개발자 코드에서 마치 instanceof처럼 동작하는 함수를 구현할 수 있습니다. 즉, 타입 가드 기능을 하는 함수를 구현할 수 있습니다. 타입 가드 기능을 하는 함수는 다음처럼 함수의 반환 타입 부분에 is라는 이름의 연산자를 사용해야 합니다. is 연산자를 사용하는 구문은 다음처럼 작성합니다.

변수 is 타입

다음 isFlyable 함수는 반환 타입이 o is Bird이므로 사용자 정의 타입 가드 함수입니다.

```
01: import {Bird, Fish} from './BirdAndFish'
02:
03: export const isFlyable = (o: Bird | Fish): o is Bird => {
04:    return o instanceof Bird
05: }
```

물론, 다음 isSwimmable 함수 또한 사용자 정의 타입 가드 함수입니다.

```
01: import {Bird, Fish} from './BirdAndFish'
02:
03: export const isSwimmable = (o: Bird | Fish): o is Fish => {
04:    return o instanceof Fish
05: }
```

그런데 사용자 정의 타입 가드 함수는 if 문에서 사용해야 합니다. 다음 swimOrFly 함수는 두 개의 if 문에서 앞서 제작한 사용자 정의 타입 가드 함수를 사용합니다.

• swimOrFly.ts

```
01: import {Bird, Fish} from './BirdAndFish'
02: import {isFlyable} from './isFlyable'
03: import {isSwimmable} from './isSwimmable'
04:
05: export const swimOrFly = (o: Fish | Bird) => {
06:   if(isSwimmable(o))
07:     o.swim()
08:   else if(isFlyable(o))
09:     o.fly()
10: }
```

swimOrFly 함수에 대한 테스트 코드를 작성해 실행해보면 앞서 flyOrSwim-test.ts의 결과와 똑같다는 것을 확인할 수 있습니다.

• swimOrFly-test.ts

```
01: import {Bird, Fish} from './BirdAndFish'
02: import {swimOrFly} from './swimOrFly'
03:
04: [new Bird, new Fish].forEach(swimOrFly)   // I'm flying. I'm swimming.
```

10-5 F-바운드 다형성

실습 프로젝트 구성

이제 좀 더 복잡한 코드를 구현해야 하는 F-바운드 다형성에 대해 알아보겠습니다. 이번 절은 코드가 복잡하므로 다음처럼 타입스크립트용 노드제이에스 프로젝트를 만들겠습니다.

```
> npm init --y
> npm i -D typescript ts-node @types/node
> mkdir -p src/test
> mkdir src/classes
> mkdir src/interfaces
```

다음은 이 절에서 사용하는 tsconfig.json 파일입니다.

• tsconfig.json

```
01: {
02:   "compilerOptions": {
03:     "module": "commonjs",
04:     "esModuleInterop": true,
05:     "target": "es5",
06:     "moduleResolution": "node",
07:     "outDir": "dist",
08:     "baseUrl": ".",
09:     "sourceMap": true,
10:     "downlevelIteration": true,
11:     "noImplicitAny": false,
12:     "paths": { "*": ["node_modules/*"] },
13:   },
14:   "include": ["src/**/*"]
15: }
```

this 타입과 F-바운드 다형성

타입스크립트에서 this 키워드는 타입으로도 사용됩니다. this가 타입으로 사용되면 객체지향 언어에서 의미하는 다형성(polymorphism) 효과가 나는데, 일반적인 다형성과 구분하기 위해 this 타입으로 인한 다형성을 'F-바운드 다형성(F-bound polymorphism)'이라고 합니다.

(1) F-바운드 타입

F-바운드 타입이란, 자신을 구현하거나 상속하는 서브타입(subtype)을 포함하는 타입을 말합니다. 다음 IValueProvider<T> 타입은 특별히 자신을 상속하는 타입이 포함되어 있지 않은 일반 타입입니다.

• src/interfaces/IValueProvider.ts

```
01: export interface IValueProvider<T> {
02:   value(): T
03: }
```

반면에 다음 IAddable<T>는 add 메서드가 내가 아닌 나를 상속하는 타입을 반환하는 F-바운드 타입입니다.

• src/interfaces/IAddable.ts

```
01: export interface IAddable<T> {
02:   add(value: T): this
03: }
```

다음 IMultiplyable<T> 또한 메서드의 반환 타입이 this이므로 F-바운드 타입입니다.

• src/interfaces/IMultiplyable.ts

```
01: export interface IMultiplyable<T> {
02:   multiply(value: T): this
03: }
```

이제 앞으로 코드를 편하게 작성하고자 다음 index.ts 파일을 src/interfaces 디렉터리에 만들겠습니다.

```
01: import {IValueProvider} from './IValueProvider'
02: import {IAddable} from './IAddable'
03: import {IMultiplyable} from './IMultiplyable'
04:
05: export {IValueProvider, IAddable, IMultiplyable}
```

이제 이 세 개의 인터페이스를 구현하는 Calculator와 StringComposer 클래스를 구현해 가면서 this 타입이 필요한 이유를 알아보겠습니다.

(2) IValueProvider⟨T⟩ 인터페이스의 구현

다음 Calculator 클래스는 IValueProvider⟨T⟩ 인터페이스를 구현하고 있습니다. 이 클래스는 _value 속성을 private으로 만들어 Calculator를 사용하는 코드에서 _value 속성이 아닌 value() 메서드로 접근할 수 있게 설계되었습니다.

```
01: import {IValueProvider} from '../interfaces'
02:
03: export class Calculator implements IValueProvider<number> {
04:   constructor(private _value: number = 0) {}
05:   value(): number {return this._value}
06: }
```

같은 방식으로 다음 StringComposer 또한 IValueProvider⟨T⟩를 구현합니다.

```
01: import {IValueProvider} from '../interfaces'
02:
03: export class StringComposer implements IValueProvider<string> {
04:   constructor(private _value: string = '') {}
05:   value(): string {
06:     return this._value
07:   }
08: }
```

(3) IAddable⟨T⟩와 IMultiplyable⟨T⟩ 인터페이스 구현

다음 Calculator 클래스는 IValueProvider⟨T⟩ 외에도 IAddable⟨T⟩를 구현합니다. Calculator 의 add 메서드는 클래스의 this값을 반환하는데, 이는 메서드 체인(method chain) 기능을 구현하기 위해서입니다.

• src/classes/Calculator.ts

```
01: import {IValueProvider, IAddable} from '../interfaces'
02:
03: class Calculator implements IValueProvider<number>, IAddable<number> {
04:     constructor(private _value: number = 0) {}
05:     value(): number {return this._value}
06:     add(value: number): this {
07:         this._value = this._value + value
08:         return this
09:     }
10: }
```

이제 IMultiplyable⟨T⟩도 같은 방법으로 Calculator 클래스에 구현하겠습니다.

• src/classes/Calculator.ts

```
01: import {IValueProvider, IAddable, IMultiplyable} from '../interfaces'
02:
03: export class Calculator implements IValueProvider<number>, IAddable<number>,
04:     IMultiplyable<number> {
05:     constructor(private _value: number = 0) {}
06:     value(): number {return this._value}
07:     add(value: number): this {this._value = this._value + value; return this}
08:     multiply(value: number): this {this._value = this._value * value; return this}
09: }
```

이제 src/test 디렉터리에 Calculator 클래스를 테스트하는 코드를 작성하겠습니다. Calculator 의 add와 multiply 메서드는 this를 반환하므로 04~06행과 같은 메서드 체인 코드를 작성할 수 있습니다. 물론, IValueProvider⟨T⟩의 value 메서드는 메서드 체인을 위한 것이 아니라, private으로 지정된 속성 _value의 값을 가져오는 것이 목적입니다. 따라서 07행에서 보듯 메서드 체인에서 가장 마지막에 호출해야 합니다.

```
01: import {Calculator} from '../classes/Calculator'
02:
03: const value = (new Calculator(1))
04:                 .add(2)          // 3
05:                 .add(3)          // 6
06:                 .multiply(4)     // 24
07:                 .value()
08: console.log(value)              // 24
```

StringComposer도 Calculator를 구현했던 방식을 그대로 사용해 다음처럼 구현할 수 있습니다.

```
01  import {IValueProvider, IAddable, IMultiplyable} from '../interfaces'
02
03  export class StringComposer implements IValueProvider<string>, IAddable<string>,
04      IMultiplyable<number> {
05    constructor(private _value: string = '') {}
06    value(): string {return this._value}
07    add(value: string): this {this._value = this._value.concat(value); return this}
08    multiply(repeat: number): this {
09      const value = this.value()
10      for(let index=0; index < repeat; index++)
11        this.add(value)
12      return this
13    }
14  }
```

StringComposer 클래스의 테스트 코드 또한 Calculator 때와 비슷하게 다음처럼 만들 수 있습니다.

```
01: import {StringComposer} from '../classes/StringComposer'
02:
03: const value = new StringComposer('hello')
04:              .add(' ')       // hello
05:              .add('world')  // hello world
06:              .add('!')       // hello world!
07:              .multiply(3)    // hello world!hello world!hello world!hello world!
08:              .value()
09: console.log(value)           // hello world!hello world!hello world!hello world!
```

IAddable<T>의 add 메서드나 IMultiplyable<T>의 multiply 메서드는 자신을 구현한 클래스에 따라 반환 타입은 Calculator가 되기도 하고 StringComposer가 되기도 합니다. 즉, 반환타입 this는 어떤 때는 Calculator가 되기도 하고 어떤 때는 StringComposer가 되기도 합니다. 이런 방식으로 동작하는 것을 'F-바운드 다형성'이라고 합니다.

10-6 nullable 타입과 프로그램 안전성

실습 프로젝트 구성

이번 절 또한 복잡한 구현 내용이 포함되어 있으므로 다음처럼 타입스크립트용 노드제이에스 프로젝트로 만들어야 합니다.

```
> npm init --y
> npm i -D typescript ts-node @types/node
> mkdir -p src/option
> mkdir src/test
```

다음은 이 절에서 사용하는 tsconfig.json 파일입니다.

• tsconfig.json

```
01: {
02:   "compilerOptions": {
03:     "module": "commonjs",
04:     "esModuleInterop": true,
05:     "target": "es5",
06:     "moduleResolution": "node",
07:     "outDir": "dist",
08:     "baseUrl": ".",
09:     "sourceMap": true,
10:     "downlevelIteration": true,
11:     "noImplicitAny": false,
12:     "paths": { "*": ["node_modules/*"] },
13:   },
14:   "include": ["src/**/*"]
15: }
```

nullable 타입이란?

자바스크립트와 타입스크립트는 변수가 초기화되지 않으면 undefined라는 값을 기본으로 지정합니다. 그런데 자바스크립트와 타입스크립트는 undefined와 사실상 같은 의미인 null이 있습니다.

타입스크립트에서 undefined값의 타입은 undefined이고, null값의 타입은 null입니다. 이 둘은 사실상 같은 것이므로 서로 호환됩니다. 따라서 다음 화면에서 보는 것처럼 undefined 타입 변수 u에는 null값을 지정할 수 있고, null 타입 변수 n에 undefined값을 지정할 수 있습니다. 하지만 undefined와 null 타입 변수에는 두 값 이외에 1과 같은 값을 설정할 수는 없습니다.

null과 undefined 타입

undefined와 null 타입을 nullable 타입이라고 하며, 코드로는 다음처럼 표현할 수 있습니다.

• src/option/nullable.ts

```
01: export type nullable = undefined | null
02: export const nullable: nullable = undefined
```

그런데 이 nullable 타입들은 프로그램이 동작할 때 프로그램을 비정상으로 종료시키는 주요 원인이 됩니다. 즉, 프로그램의 안전성을 해칩니다. 함수형 언어들은 이를 방지하기 위해 연산 자나 클래스를 제공하기도 합니다. 이제 이 두 가지 경우에 대해 알아보겠습니다.

옵션 체이닝 연산자

변수가 선언만 되었을 뿐 어떤 값으로 초기화되지 않으면 다음 화면처럼 코드를 작성할 때는 문제가 없지만, 실제로 실행하면(즉, 런타임) 다음과 같은 오류가 발생하면서 프로그램이 비정 상으로 종료합니다.

변수를 초기화하지 않아서 런타임 오류 발생

이런 오류는 프로그램의 안전성을 해치므로 프로그래밍 언어 설계자들은 '옵션 체이닝
(optional chaining)' 연산자나 조금 뒤 설명할 '널 병합 연산자(nullish coalescing opertor)'를 제
공하기도 합니다.

자바스크립트는 최근에 물음표 기호와 점 기호를 연이어 쓰는 ?. 연산자를 표준으로 채택했
으며, 타입스크립트는 버전 3.7.2부터 이 연산자를 지원하기 시작했습니다.

다음 코드에서 06행은 앞서 본 런타임 오류를 발생시키지만, 07행은 옵션 체이닝 연산자를
사용해 06행과 같은 오류가 발생하지 않습니다.

• src/optional-chainging-operator.ts

```
01: export interface IPerson {
02:    name: string
03:    age?: number
04: }
05: let person: IPerson
06: // console.log(person.name)    // 런타임 오류 발생
07: console.log(person?.name)     /* 런타임 오류 없이 정상적으로 실행되며,
08:                                 undefined값이 반환됩니다. */
```

옵션 체이닝 연산자는 '세이프 내비게이션 연산자(safe navigation operator)'라고 하는데, 이
두 이름의 의미는 다음 코드의 06행에서 찾을 수 있습니다. 06행은 08~10행처럼 수다스럽게
구현해야 하는 코드를 간결하게 구현한 예입니다.

```
01: export type ICoordinates = {longitude: number}
02: export type ILocation = {country: string, coords?: ICoordinates}
03: export type IPerson  = {name: string, location?: ILocation}
04:
05: let person: IPerson = {name: 'Jack'}
06: let longitude = person?.location?.coords?.longitude    // safe navigation
07: console.log(longitude)    // undefined
08: if(person && person.location && person.location.coords) {
09:   longitude = person.location.coords.longitude
10: }
```

널 병합 연산자

자바스크립트는 옵션 체이닝 연산자를 표준으로 채택하면서, 이와 동시에 물음표 기호 두 개를 연달아 이어 붙인 ?? '널 병합 연산자(nullish coalescing operator)'도 표준으로 채택했습니다. 타입스크립트는 3.7.2 버전부터 이 널 병합 연산자도 지원하기 시작했습니다.

다음 코드의 08행에서는 옵션 체이닝 연산자와 널 병합 연산자를 한꺼번에 사용하는데, 옵션 체이닝 연산자 부분이 undefined가 되면 널 병합 연산자가 동작해 undefined 대신 0을 반환합니다.

```
01: export type ICoordinates = {longitude: number}
02: export type ILocation = {country: string, coords: ICoordinates}
03: export type IPerson  = {name: string, location: ILocation}
04:
05: let person: IPerson
06:
07: // 널 병합 연산자를 사용해 기본값 0을 설정
08: let longitude = person?.location?.coords?.longitude ?? 0
09: console.log(longitude)    // 0
```

nullable 타입의 함수형 방식 구현

함수형 프로그래밍 언어인 하스켈에는 Maybe란 타입이 있습니다. 스칼라 언어는 Maybe 타입의 이름을 Option으로 바꿔서 제공합니다. 스위프트나 코틀린, 러스트와 같은 언어들도 Option 혹은 Optional이라는 이름으로 이 타입을 제공합니다.

이제 타입스크립트 언어로 Option 타입을 구현해 보면서 프로그래밍에서 어떤 의미가 있는지 알아보겠습니다. 다음 코드에서 Option 클래스는 스칼라에서 사용되는 방식으로 동작합니다.

• src/option/Option.ts

```
01: import {Some} from './Some'
02: import {None} from './None'
03:
04: export class Option {
05:   private constructor() {}
06:   static Some<T>(value: T) {return new Some<T>(value)}
07:   static None = new None()
08: }
09: export {Some, None}
```

Option 클래스는 05행에서 생성자가 private으로 선언되었으므로, new 연산자로 Option 클래스의 인스턴스를 만들 수 없습니다. 따라서 다음처럼 오류가 발생합니다.

private으로 선언된 클래스는 new 연산자로 인스턴스 생성 불가

즉, Option 타입 객체는 다음처럼 Option.Some(값) 혹은 Option.None 형태로만 생성할 수 있습니다.

private으로 선언된 클래스의 인스턴스 생성 예

Option.Some 정적 메서드는 Some이라는 클래스의 인스턴스를 반환하고, Option.None 정적
속성은 None이라는 클래스의 인스턴스입니다. 함수형 언어들은 보통 어떤 정상적인 값을 가
지면 Option.Some(1), Option.Some('hello'), Option.Some({name: 'Jack'}), Option.
Some([1, 2, 3])처럼 Some 타입에 값을 저장하고, undefined나 null과 같은 비정상적인 값
은 모두 None 타입으로 처리하는 경향이 있습니다.

사실 이처럼 값을 미리 Some과 None으로 분리하면 앞서 설명한 옵션 체이닝 연산자나 널 병합
연산자가 필요 없습니다. 이제 왜 Some이나 None으로 값을 구분하는지 알아보겠습니다.

조금 뒤에 보겠지만 Some과 None은 둘 다 IValuable<T>와 IFunctor<T>라는 인터페이스를 구
현하고 있는데, 두 클래스는 각기 다르게 이 인터페이스를 구현합니다. 다음 코드는
IValuable 제네릭 인터페이스의 선언으로 getOrElse라는 이름의 메서드를 선언하고 있습니
다. IValuable을 구현하는 Some과 None은 이 getOrElse 메서드를 반드시 구현해야 합니다.

• src/option/IValuable.ts

```
01: export interface IValuable<T> {
02:   getOrElse(defaultValue: T)
03: }
```

함수형 프로그래밍 언어에서는 map이라는 메서드가 있는 타입들을 '펑터(functor)'라고 부릅
니다. 다음은 타입스크립트 언어로 선언한 펑터 인터페이스입니다. Some과 None 클래스는
IValuable은 물론 이 IFunctor 인터페이스도 구현하고 있으므로, 이 두 클래스는 getOrElse
와 map이라는 이름의 메서드를 제공합니다.

• src/option/IFunctor.ts

```
01: export interface IFunctor<T> {
02:   map<U>(fn: (value: T) => U)
03: }
```

288   **Do it!** 타입스크립트 프로그래밍

(1) Some 클래스 구현

다음 코드는 Some 클래스의 구현 내용입니다. getOrElse와 map 메서드가 정상으로 구현되어 있습니다. 클래스의 value 속성은 private으로 선언되어 있으므로 Some 클래스의 사용자는 항상 getOrElse 메서드를 통해 Some 클래스에 담긴 값을 얻어야 합니다. Some 클래스의 사용자는 또한 value값을 변경하려면 항상 map 메서드를 사용해야만 합니다.

• src/option/Some.ts

```
01: import {IValuable} from './IValuable'
02: import {IFunctor} from './IFunctor'
03:
04: export class Some<T> implements IValuable<T>, IFunctor<T> {
05:   constructor(private value: T) {}
06:   getOrElse(defaultValue: T) {
07:     return this.value ?? defaultValue
08:   }
09:   map<U>(fn: (T) => U) {
10:     return new Some<U>(fn(this.value))
11:   }
12: }
```

예홍쌤의 한마디

map 메서드의 반환 타입이 this가 아닌 이유

Some.ts 소스의 10행은 다음 장에서 설명하는 카테고리 이론에 근거한 구현 방식입니다. map 메서드의 반환 타입이 this가 아닌 이유는 map 메서드가 반환하는 타입이 Some<T>가 아니라 Some<U>이기 때문입니다. 그리고 조금 뒤에 보겠지만, None의 경우 map 메서드는 None을 반환합니다. 결론적으로 map 메서드의 반환 타입은 Some<U> | None이어야겠지만, 타입스크립트 컴파일러는 반환 타입을 명시하지 않으면 타입을 추론해서 반환 타입을 찾아냅니다.

(2) None 클래스 구현

다음은 None 클래스의 구현 내용입니다. Some과 다르게 None의 map 메서드는 콜백 함수를 전혀 사용하지 않습니다. None 클래스는 nullable 타입의 값을 의미하므로, nullable값들이 map의 콜백 함수에 동작하면 프로그램이 비정상적으로 종료될 수 있습니다.

```
01: import {nullable} from './nullable'
02: import {IValuable} from './IValuable'
03: import {IFunctor} from './IFunctor'
04:
05: export class None implements IValuable<nullable>, IFunctor<nullable> {
06:   getOrElse<T>(defaultValue: T | nullable) {
07:     return defaultValue
08:   }
09:   map<U>(fn: (T) =>  U) {
10:     return new None
11:   }
12: }
```

(3) Some과 None 클래스 사용

이제 앞에서 구현한 Option 클래스의 기능을 테스트해 보겠습니다. 다음 테스트 코드를 작성하고 실행해 보면 Some 타입에 설정된 값 1은 04행에서 map 메서드를 통해 2로 바뀌고, getOrElse 메서드에 의해 value 변수에는 2가 저장됩니다.

```
01: import {Option} from '../option/Option'
02:
03: let m = Option.Some(1)
04: let value = m.map(value => value + 1).getOrElse(1)
05: console.log(value)    // 2
06:
07: let n = Option.None
08: value = n.map(value => value + 1).getOrElse(0)
09: console.log(value)    // 0
```

반면에 None 타입 변수 n은 map 메서드를 사용할 수 있지만, 이 map 메서드의 구현 내용은 콜백 함수를 전혀 실행하지 않고 단순히 None 타입 객체만 반환합니다. None 타입은 getOrElse 메서드가 있으므로 코드는 정상으로 동작하지만, 08행에서 value 변수에는 getOrElse(0)이 호출되어 전달받은 0이 저장됩니다.

Option 타입과 예외 처리

Option 타입은 부수 효과가 있는 불순(impure) 함수를 순수(pure) 함수로 만드는 데 효과적입니다. 자바스크립트의 parseInt 함수는 문자열을 수로 만들어주는데, 문제는 문자열이 "1"이 아니라 "hello"와 같으면 NaN(Not a Number)이라는 값을 만든다는 사실입니다. 어떤 값이 NaN인지 여부는 자바스크립트가 제공하는 isNaN 함수를 사용하면 알 수 있습니다.

다음 parseNumber 함수는 parseInt의 반환값이 NaN인지에 따라 Option.None이나 Option.Some 타입의 값을 반환합니다.

• src/option/parseNumber.ts

```
01: import {Option} from './Option'
02: import {IValuable} from './IValuable'
03: import {IFunctor} from './IFunctor'
04:
05: export const parseNumber = (n: string): IFunctor<number> & IValuable<number> => {
06:   const value = parseInt(n)
07:   return isNaN(value) ? Option.None : Option.Some(value)
08: }
```

다음 테스트 코드는 값이 정상으로 변환되면 04, 05행의 map 메서드가 동작해 4가 출력되지만, 값이 비정상적이면 getOrElse(0)가 제공하는 0을 출력합니다.

• src/test/parseNumber-test.ts

```
01: import {parseNumber} from '../option/parseNumber'
02:
03: let value = parseNumber('1')
04:              .map(value => value + 1)   // 2
05:              .map(value => value * 2)   // 4
06:              .getOrElse(0)
07: console.log(value)   // 4
08:
09: value = parseNumber('hello world')
10:              .map(value => value + 1)   // 콜백 함수가 호출되지 않는다
11:              .map(value => value * 2)   // 콜백 함수가 호출되지 않는다
12:              .getOrElse(0) // 0
13: console.log(value)   // 0
```

자바스크립트의 JSON.parse 함수는 매개변수가 정상적인 JSON 포맷 문자열이 아니면 예외 (exception)를 발생시킵니다. 예외를 발생시키는 함수는 부수 효과가 있는 불순 함수이지만, 다음 parseJson 함수는 try/catch 구문과 Option을 활용해 순수 함수가 되었습니다.

• src/option/parseJson.ts

```ts
01: import {Option} from './Option'
02: import {IValuable} from './IValuable'
03: import {IFunctor} from './IFunctor'
04:
05: export const parseJson = <T>(json: string): IValuable<T> & IFunctor<T> => {
06:   try {
07:     const value = JSON.parse(json)
08:     return Option.Some<T>(value)
09:   } catch(e) {
10:     return Option.None
11:   }
12: }
```

이제 다음 테스트 코드를 실행해 보면 07행에서 비정상으로 종료하지 않고 정상으로 동작하는 것을 확인할 수 있습니다.

• src/test/parseJson-test.ts

```ts
01: import {parseJson} from '../option/parseJson'
02:
03: const json = JSON.stringify({name: 'Jack', age: 32})
04: let value = parseJson(json).getOrElse({})
05: console.log(value)    // { name: 'Jack', age: 32 }
06:
07: value = parseJson('hello world').getOrElse({})
08: console.log(value)    // {}
```

이제 다음 장에서 Some 클래스의 map 메서드를 구현할 때 사용된 카테고리 이론과 모나드에 대해 알아보겠습니다.

모나드

이번 장에서는 함수형 프로그래밍의 중요한 요소인 카테고리 이론을 기반으로 한 모나드에 대해 알아봅니다.

11-1 모나드 이해하기

모나드(Monad)는 수학의 '카테고리 이론(category theory)'이라는 분야에서 사용되는 용어입니다. 프로그래밍에서 모나드는 일종의 '코드 설계 패턴(design pattern)'으로서 몇 개의 인터페이스를 구현한 클래스입니다. 모나드 클래스는 몇 가지 공통적인 특징이 있습니다.

◎ 이번 절의 코드는 개념을 설명하는 용도이고, 샘플 코드와 자세한 설명은 11-2절부터 다룹니다.

타입 클래스란?

모나드를 이해하는 첫걸음은 타입 클래스(type class)가 왜 필요한지 아는 것입니다. 다음 2차 고차 함수 callMap은 두 번째 고차 매개변수 b가 map이라는 메서드를 가졌다는 가정으로 구현되었습니다.

```
const callMap = fn => b => b.map(fn)
```

따라서 다음과 같은 코드를 사용하면 작성자의 의도대로 정상으로 실행됩니다.

```
callMap(a => a + 1)([1])    // 정상 실행
```

하지만 다음처럼 작성자의 의도를 이해하지 못한 코드는 프로그램이 비정상으로 종료합니다.

```
callMap(a => a + 1)(1)    // 비정상 종료
```

이를 방지하려면 다음처럼 매개변수 b는 반드시 map 메서드가 있는 타입이라고 타입을 제한해야 합니다.

```
const callMap = <T, U>(fn: (T) => U) => <T extends {map(fn)}>(b: T) => b.map(fn)
```

그러면 다음 화면에서 보듯 map 메서드가 없는 수 1은 두 번째 고차 매개변수로 사용할 수 없습니다. 따라서 코드를 작성하는 시점에 프로그램이 비정상으로 종료되는 것을 막을 수 있습니다. 여기까지는 사실 10장에서 다루었던 내용입니다.

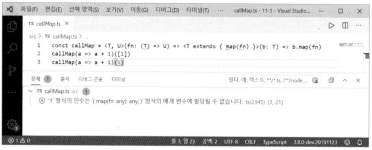

타입 제한으로 코드 작성 시 문제 인식

그런데 하스켈(haskell) 언어는 상당한 발상의 전환을 했습니다. 보통 객체지향 언어라면 Number라는 클래스를 만들고 map이라는 메서드를 구현하는 식으로 설계하겠지만, 모나드 방식 설계는 반드시 map과 of라는 이름의 메서드가 있는 Monad<T> 클래스를 만듭니다.

```
class Monad<T> {
  constructor(public value: T) {}
  static of<U>(value: U): Monad<U> {return new Monad<U>(value)}
  map<U>(fn: (x: T) => U): Monad<U> {return new Monad<U>(fn(this.value))}
}
```

이처럼 Monad<T>와 같은 클래스를 타입 클래스라고 합니다. 타입 클래스는 다음처럼 함수를 만들 때 특별한 타입으로 제약하지 않아도 됩니다.

```
const callMonad = (fn) => (b) => Monad.of(b).map(fn).value
```

Monad<T>와 같은 타입 클래스 덕분에 callMonad처럼 타입에 따른 안정성을 보장하면서도 코드의 재사용성(code reusability)이 뛰어난 범용 함수를 쉽게 만들 수 있습니다. callMonad와 같은 함수는 한 번만 만들어 두면, 다음처럼 매개변수의 타입에 무관한 간결한 코드를 쉽게 작성할 수 있습니다.

```
callMonad((a: number) => a + 1)(1)   // 2
callMonad((a: number[]) => a.map(value => value + 1))([1, 2, 3, 4])   // [2, 3, 4, 5]
```

고차 타입이란?

앞서 본 Monad<T>는 타입 T를 Monad<T> 타입으로 변환했다가 때가 되면 다시 타입 T로 변환해 줍니다. 이는 마치 지구의 중력 때문에 불가능한 수술 환자를 중력이 낮은 화성으로 옮겨서 수술한 후 완치되면 다시 지구로 돌려보내는 것으로 생각할 수 있습니다.

Monad<T>처럼 타입 T를 한 단계 더 높은 타입으로 변환하는 용도의 타입을 '고차 타입(higher-kinded type)'이라고 합니다. 그런데 고차 타입은 카테고리 이론이라는 수학에서 아이디어를 얻었습니다.

카테고리 이론이란?

카테고리 이론(category theory)은 1940년대에 시작된 수학의 한 분야로, 함수형 프로그래밍 언어의 중요한 이론적인 배경이 되었습니다. 카테고리 이론은 흔히 다음 그림으로 표현됩니다.

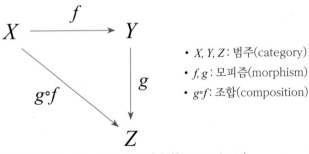

- X, Y, Z: 범주(category)
- f, g: 모피즘(morphism)
- $g{\circ}f$: 조합(composition)

카테고리 이론(출처: https://en.wikipedia.org/wiki/Category_theory)

수학에서 집합(set)은 프로그래밍에서 타입입니다. 수학에서 카테고리는 '집합의 집합'으로 이해할 수 있습니다. 따라서 프로그래밍에서 카테고리는 타입의 타입, 즉 고차 타입으로 이해할 수 있습니다. 그리고 모나드는 별도의 특징이 있는 고차 타입입니다.

판타지랜드 규격

모나드는 원래 카테고리 이론에서 사용되는 용어였지만, 함수형 프로그래밍 언어의 최고봉인 하스켈 언어의 **Prelude**라는 표준 라이브러리에서 사용되는 용어이기도 합니다. 모나드는 '모나드 룰(Monad raw)'이라고 하는 코드 설계 원칙에 맞춰 구현된 클래스를 의미합니다. 그런데 모나드 룰은 글로 이해하는 것보다는 다음 그림으로 이해하는 것이 수월합니다.

다음 그림은 깃허브(Github)에 있는 판타지랜드(fantasy-land) 규격에서 발췌했습니다. 판타지랜드 규격이란, 하스켈 표준 라이브러리 구조를 자바스크립트 방식으로 재구성한 것입니다.

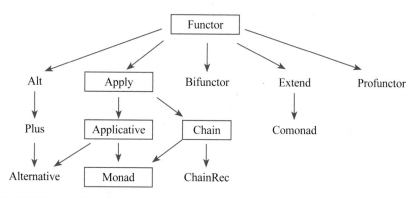

모나드 계층 구조(출처 : https://github.com/fantasyland/fantasy-land)

그림에서 보면 모나드는 다음 네 가지 요소를 구현한 것임을 알 수 있습니다. 즉, 어떤 클래스가 다음 네 가지 조건을 모두 만족한다면 그 클래스는 모나드입니다.

> * 펑터(Functor): map이라는 인스턴스 메서드를 가지는 클래스
> * 어플라이(Apply): 펑터이면서 ap라는 인스턴스 메서드를 가지는 클래스
> * 애플리커티브(Applicative): 어플라이이면서 of라는 클래스 메서드를 가지는 클래스
> * 체인(Chain): 어플라이이면서 chain이라는 메서드를 가지는 클래스

모나드 룰

어떤 클래스의 이름이 M이고 이 클래스의 인스턴스를 m이라고 할 때 모나드는 앞서 언급한 애플리커티브와 체인의 기능을 가지고 있고, 다음과 같은 두 가지 법칙을 만족하게 구현한 클래스입니다.

모나드 룰의 왼쪽 법칙과 오른쪽 법칙

구분	의미
왼쪽 법칙(left identity)	M.of(a).chain(f) == f(a)
오른쪽 법칙(right identity)	m.chain(M.of) == m

하스켈 Prelude 표준 라이브러리는 Maybe와 같은 미리 구현된 모나드를 제공합니다. 하지만 타입스크립트에는 Prelude 같은 표준 라이브러리를 제공하지 않으므로, 앞서 본 판타지랜드 규격에 맞춰 필요한 모나드를 직접 작성해야 합니다. 이제 몇 가지 모나드를 직접 구현해 보고 왼쪽 법칙과 오른쪽 법칙에 부합하는지 확인해 보겠습니다.

11-2 Identity 모나드 이해와 구현

이번 절은 타입스크립트용 노드제이에스 프로젝트 구성으로 충분하며, src 디렉터리에
interfaces, classes, test 등 세 개의 하위 디렉터리를 만듭니다.

```
> npm init --y
> npm i -D typescript ts-node @types/node
> mkdir -p src/test
> mkdir src/interfaces
> mkdir src/classes
```

tsconfig.json 파일 내용도 다른 장에서 보던 것과 같습니다.

• tsconfig.json

```
01: {
02:   "compilerOptions": {
03:     "module": "commonjs",
04:     "esModuleInterop": true,
05:     "target": "es5",
06:     "moduleResolution": "node",
07:     "outDir": "dist",
08:     "baseUrl": ".",
09:     "sourceMap": true,
10:     "downlevelIteration": true,
11:     "noImplicitAny": false,
12:     "paths": { "*": ["node_modules/*"] }
13:   },
14:   "include": ["src/**/*"]
15: }
```

값 컨테이너 구현용 IValuable\<T\> 인터페이스 구현

어떤 타입 T가 있을 때 배열 T[]는 같은 타입의 아이템을 여러 개 가진 컨테이너입니다. 보통 컨테이너란 용어는 이처럼 흔히 배열을 의미합니다. 하지만 앞에서 본 **Monad\<T\>**처럼 배열이 아닌 단지 한 개의 값만 가지는 컨테이너 클래스를 생각해 볼 수 있습니다. 이 컨테이너 클래스는 **number**와 같은 구체적인 타입의 값을 가지는 것이 아니라, 모든 타입 T의 값을 가질 수 있는 제네릭 컨테이너 클래스를 생각할 수 있습니다. 이처럼 타입 T를 가지는 값의 컨테이너를 '값 컨테이너(value container)'라고 합니다.

이제 다음과 같은 **IValuable\<T\>** 인터페이스를 구현하는 **Identity\<T\>** 클래스를 구현하겠습니다.

• src/interfaces/IValuable.ts

```
01: export interface IValuable<T> {
02:   value(): T
03: }
```

그리고 앞으로 **Identity\<T\>**의 코드를 편리하게 사용하고자 다음과 같은 내용으로 index.ts 파일을 만듭니다.

• src/interfaces/index.ts

```
01: import {IValuable} from './IValuable'
02: import {ISetoid} from './ISetoid'
03: import {IFunctor} from './IFunctor'
04: import {IApplicative} from './IApplicative'
05: import {IApply} from './IApply'
06: import {IChain} from './IChain'
07: import {IMonad} from './IMonad'
08:
09: export {IValuable, ISetoid, IFunctor, IApplicative, IApply, IChain, IMonad}
```

클래스 이름이 왜 Identity인가?

함수형 프로그래밍에서 **identity**는 항상 다음처럼 구현하는 특별한 의미의 함수입니다.

```
const identity = <T>(value: T): T => value
```

09-10절에서 다음 내용의 샘플 코드가 있었는데, R.ifElse의 false 조건 부분에 사용된 R.identity가 앞의 identity를 구현하고 있습니다.

```
const applyDiscount = (minimum: number, discount: number) => R.ifElse(
    R.flip(R.gte)(minimum),
    R.flip(R.subtract)(discount),
    R.identity
  )
```

Identity는 앞서 본 map, ap, of, chain과 같은 기본 메서드만 구현한 모나드입니다. 카테고리 이론에서 자신의 타입에서 다른 타입으로 갔다가 돌아올 때 값이 변경되지 않는 카테고리를 Identity라고 부릅니다. 다음 코드에서 Identity<number> 타입은 chain 메서드를 통해 다시 자기 자신의 타입인 Identity<number>로 돌아올 수 있는데, 이런 의미에서 Identity라는 이름으로 지었습니다.

```
Identity.of(1).chain(Identity.of)    // Identity.of(1)
```

값 컨테이너로서의 Identity<T> 구현하기

앞서 11-1절에서 본 Monad<T>는 코드 분량을 줄이고자 value 속성을 public하게 사용했습니다. 하지만 이번 절에서 Identity는 다음처럼 값 속성 _value를 private하게 구현하는 대신, value 메서드를 public하게 구현하겠습니다.

• src/classes/Identity.ts

```
01: import {IValuable} from '../interfaces'
02:
03: export class Identity<T> implements IValuable<T>{
04:   constructor(private _value: T) {}
05:   value() {return this._value}
06: }
```

ISetoid<T> 인터페이스와 구현

판타지랜드 규격에서 **setoid**는 **equals**라는 이름의 메서드를 제공하는 인터페이스를 의미하며, 타입스크립트로는 다음처럼 구현할 수 있습니다.

• src/interfaces/ISetoid.ts

```
01: import {IValuable} from './IValuable'
02:
03: export interface ISetoid<T> extends IValuable<T> {
04:   equals<U>(value: U): boolean
05: }
```

예흥쌤의
한마디

ISetoid<T>가 IValuable<T>를 상속하는 이유

코드에서 ISetoid<T>는 IValuable<T>를 상속하는데, 사실 값이 없다면 같은지를 비교할 수 없기 때문입니다. 판타지랜드 규격은 이런 내용을 명시적으로 담고 있지 않지만, 약간 융통성 있게 구현했습니다.

이제 Identity<T>에 ISetoid<T>를 구현하겠습니다.

• src/classes/Identity.ts

```
01: import {ISetoid} from '../interfaces'
02:
03: export class Identity<T> implements ISetoid<T> {
04:   constructor(private _value: T) {}
05:   value() {return this._value}
06:   equals<U>(that: U): boolean {
07:     if(that instanceof Identity)
08:       return this.value() == that.value()
09:     return false
10:   }
11: }
```

이제 src/test 디렉터리에 ISetoid<T>가 정상으로 구현되었는지 판별할 수 있는 테스트 코드를 작성하겠습니다.

```
01: import {Identity} from '../classes/Identity'
02:
03: const one = new Identity(1), anotherOne = new Identity(1)
04: const two = new Identity(2)
05: console.log(
06:   one.equals(anotherOne),    // true
07:   one.equals(two),           // false
08:   one.equals(1),             // false
09:   one.equals(null),          // false
10:   one.equals([1])            // false
11: )
```

코드는 Identity<number> 타입 변수 one이 똑같은 Identity<number> 타입 변수 anotherOne
과 비교할 때만 true를 반환하고 있습니다. 08~10행처럼 아예 Identity <number> 타입이 아
닌 변수들일 때는 항상 false를 반환하도록 구현되었으므로 실행 결과는 정상입니다.
Identity.ts 파일의 Identity<T> 구현 코드에서 매개변수 that이 Identity의 인스턴스인지
를 판별하는데, 이는 08~10행 코드의 결과를 만들기 위해서입니다.

IFunctor<T> 인터페이스와 구현

판타지랜드 규격에서 펑터(functor)는 map이라는 메서드를 제공하는 인터페이스입니다. 다음
코드는 타입스크립트 언어의 특성을 고려해 구현한 것으로, 카테고리 이론에서 펑터는 '엔도
펑터(endofunctor)'라는 특별한 성질을 만족시켜야 합니다.

```
01: export interface IFunctor<T> {
02:   map<U>(fn: (x: T) => U)
03: }
```

예홍쌤의 한마디

map 메서드의 반환 타입을 생략한 이유

현재 버전(4.1.3)의 타입스크립트는 조금 뒤 설명할 엔도펑터를 구현할 수 있게 하는 구문
을 제공하지 않습니다. 따라서 IFunctor<T>의 map 메서드는 반환 타입을 생략하고 구현했
습니다.

엔도펑터란?

영화 '혹성탈출'은 원숭이들이 인간을 지배하는 희한한 행성에서 벌어지는 에피소드를 다루고 있습니다. 마지막에 주인공이 그 괴상한 행성에서 탈출하고자 할 때 멀리서 무너진 자유의 여신상을 보게 됩니다. 그때서야 주인공은 자신이 탈출하고자 했던 행성이 핵전쟁으로 멸망한 지구였음을 알게 됩니다.

'엔도(endo)'는 단어 앞에 붙는 일종의 접두사입니다. 엔도펑터(endofunctor)는 특정 카테고리에서 출발해도 도착 카테고리는 다시 출발 카테고리가 되게 하는 펑터를 의미합니다. 즉, 지구 카테고리에서 탈출해 봐야 도로 지구 카테고리인 상황을 만드는 펑터입니다.

다음 Identity<T>의 map 메서드의 구현 내용은 엔도펑터로 동작하게 하는 코드입니다. 비록 값 타입 T가 U로 바뀔 수는 있지만, 카테고리는 여전히 Identity에 머물게 하는 것입니다.

• src/classes/Identity.ts

```
01: import {IFunctor, ISetoid} from '../interfaces'
02:
03: export class Identity<T> implements ISetoid<T>, IFunctor<T> {
04:   constructor(private _value: T) {}
05:
06:   // IValuable
07:   value() {return this._value}
08:
09:   // ISetoid
10:   equals<U>(that: U): boolean {
11:     if(that instanceof Identity)
12:       return this.value() == that.value()
13:     return false
14:   }
15:
16:   // IFunctor
17:   map<U>(fn: (x: T) => U) {
18:     return new Identity<U>(fn(this.value()))
19:   }
20: }
```

IApply<T> 인터페이스와 구현

판타지랜드 규격에서 어플라이(apply)는 자신은 펑터이면서 동시에 **ap**라는 메서드를 제공하는 인터페이스입니다.

• src/interfaces/IApply.ts

```
01: import {IFunctor} from './IFunctor'
02:
03: export interface IApply<T> extends IFunctor<T> {
04:   ap<U>(b: U)
05: }
```

그런데 **IApply**를 구현하는 컨테이너는 값 컨테이너로서뿐만 아니라 고차 함수의 컨테이너로서도 동작합니다. 이 말은 코드 형태가 아니면 이해하기 어려우므로 이번엔 먼저 테스트 코드를 보겠습니다. 다음 테스트 코드에서 04행의 **Identity**는 add라는 2차 고차 함수를 값으로 가지고 있습니다. 그리고 **add**는 2차 고차 함수이므로 **ap** 메서드를 두 번 호출해 함수를 동작시키고 있습니다.

• src/test/IApply-test.ts

```
01: import {Identity} from '../classes/Identity'
02:
03: const add = x => y => x + y
04: const id = new Identity(add)
05:
06: console.log(
07:   id.ap(1).ap(2).value()
08: )
```

이제 **Identity<T>**를 구현하는 코드는 분량이 많으므로 다른 부분은 생략하고 **ap** 메서드를 구현한 내용만 보겠습니다.

☺ 전체 코드는 이 책의 앞부분에서 소개하는 저장소에서 내려받을 수 있습니다.

```
01: import {IApply, ISetoid} from '../interfaces'
02:
03: export class Identity<T> implements ISetoid<T>, IApply<T> {
04:   ...생략...
05:   // IApply
06:   ap<U>(b: U) {
07:     const f = this.value()
08:     if(f instanceof Function)
09:       return Identity.of<U>((f as Function)(b))
10:   }
11: }
```

예홍쌤의 한마디

현재 타입스크립트 버전(3.7.4)은 N차 고차 함수를 한 개의 타입으로 표현하는 구문을 제공하지 않습니다. 코드에서 ap는 이런 상황을 반영해 작성했습니다.

IApplicative<T> 인터페이스와 구현

판타지랜드 규격에서 애플리커티브(applicative)는 그 자신이 어플라이이면서 of라는 클래스 메서드(즉, 정적 메서드)를 추가로 제공하는 인터페이스입니다. 그런데 현재 버전(3.7.4)의 타입 스크립트에서는 인터페이스에 정적 메서드를 구현하지 못합니다. 따라서 04행처럼 주석으로 처리했습니다.

```
01: import {IApply} from './IApply'
02:
03: export interface IApplicative<T> extends IApply<T> {
04:   // static of(value: T)
05: }
```

다음 코드는 Identity 클래스에 of 클래스 메서드를 구현한 예입니다.

```
01: import {IApplicative, ISetoid} from '../interfaces'
02:
03: export class Identity<T> implements ISetoid<T>, IApplicative<T> {
04:    ...생략...
05:    static of<T>(value: T): Identity<T> {return new Identity<T>(value)}
06: }
```

예홍쌤의 **한마디**

현재 버전(3.7.4)의 타입스크립트에서는 정적 메서드의 반환 타입에 **this**를 사용할 수 없으므로, **IApply**의 of 메서드의 반환 타입을 생략했습니다.

IChain⟨T⟩ 인터페이스와 구현

판타지랜드 규격에서 체인(chain)은 그 자신이 어플라이이면서 **chain**이라는 메서드를 구현하는 인터페이스입니다.

```
01: import {IApply} from './IApply'
02:
03: export interface IChain<T> extends IApply<T> {
04:    chain<U>(fn: (T) => U)
05: }
```

예홍쌤의 **한마디**

IChain을 구현하는 모나드의 특성에 따라 chain은 U 타입을 반환하지 않을 수 있으므로, chain 메서드의 반환 타입을 지정하지 않았습니다.

체인의 **chain** 메서드는 펑터의 **map**과 달리 엔도펑터로 구현해야 할 의무가 없습니다. 따라서 다음 코드에서 **chain**은 **map**과 함수 시그너처는 같지만 구현 내용은 조금 다릅니다.

```
01: import {IChain, IApplicative, ISetoid} from '../interfaces'
02:
03: export class Identity<T> implements ISetoid<T>, IChain<T>, IApplicative<T> {
04:    ...생략...
05:    // IChain
06:    chain<U>(fn: (T) => U): U {
07:      return fn(this.value())
08:    }
09: }
```

map과 chain 메서드는 같은 듯 다릅니다. 엔도펑터인 map은 항상 같은 카테고리에 머무르므로 다음 코드에서 04행처럼 코드를 작성할 수 있습니다. 반면에 chain은 자신이 머무르고 싶은 카테고리를 스스로 정해야 합니다. 코드에서 04행과 05행은 같은 결과를 보이지만, 엔도펑터인 map과 그렇지 않은 chain은 이처럼 코드 사용법에 차이가 있습니다.

```
01: import {Identity} from '../classes/Identity'
02:
03: console.log(
04:    Identity.of(1).map(value => `the count is ${value}`).value(),
05:    Identity.of(1).chain(value => Identity.of(`the count is ${value}`)).value())
```

:: 실행 결과
```
  the count is 1
  the count is 1
```

IMonad<T> 인터페이스와 구현

판타지랜드 규격에서 모나드는 다음처럼 체인과 애플리커티브를 구현한 것입니다.

```
01: import {IChain} from './IChain'
02: import {IApplicative} from './IApplicative'
03:
04: export interface IMonad<T> extends IChain<T>, IApplicative<T> {}
```

이제 Identity<T> 모나드가 완성되었습니다.

```
01: import {IMonad, ISetoid} from '../interfaces'
02:
03: export class Identity<T> implements ISetoid<T>, IMonad<T> {
04:    constructor(private _value: T) {}
05:    value() { return this._value }
06:
07:    // IApplicative
08:    static of<T>(value: T): Identity<T> {return new Identity<T>(value)}
09:
10:    // ISetoid
11:    equals<U>(that: U): boolean {
12:      if(that instanceof Identity)
13:        return this.value() == that.value()
14:      return false
15:    }
16:
17:    // IFunctor
18:    map<U, V>(fn: (x: T) => U): Identity<U> {return new Identity<U>(fn(this.value()))}
19:    // IApply
20:    ap<U>(b: U) {
21:      const f = this.value()
22:      if(f instanceof Function)
23:        return Identity.of<U>((f as Function)(b))
24:    }
25:
26:    // IChain
27:    chain<U>(fn: (T) => U): U {return fn(this.value())}
28: }
29:
```

다음 코드는 완성된 Identity<T> 모나드가 11-1절에서 설명한 왼쪽 법칙을 만족하는지 테스트하는 내용입니다. 코드를 실행해 보면 true가 출력되는데, 이는 Identity<T>가 모나드 왼쪽 법칙에 충족한다는 것을 나타냅니다.

```
• src/test/IMonad-left-law-test.ts
01: import {Identity} from '../classes/Identity'
02:
03: const a = 1
04: const f = a => a * 2
05: console.log(
06:    Identity.of(a).chain(f) == f(a)    // true
07: )
```

다음 코드는 Identity<T>가 모나드 오른쪽 법칙을 충족하는지를 테스트하는 내용입니다. true가 출력되므로 Identity<T>는 모나드 오른쪽 법칙을 충족합니다. 결론적으로 Identity<T>는 모나드의 왼쪽과 오른쪽 법칙을 모두 충족하므로 정상적인 모나드입니다.

```
• src/test/IMonad-right-law-test.ts
01: import {Identity} from '../classes/Identity'
02:
03: const m = Identity.of(1)
04:
05: console.log(
06:    m.chain(Identity.of).equals(m)    // true
07: )
```

다음 코드는 마치 배열의 map, filter 메서드를 메서드 체인으로 코딩하듯, Identity 타입 객체 jack의 메서드들을 체인 형태로 호출합니다. 모나드는 이처럼 05-2절에서 설명한 선언형 프로그래밍(declarative programming)을 염두에 두고 설계된 것입니다.

```
01: import {Identity} from '../classes/Identity'
02: type IPerson = {name: string, age: number}
03: const jack = Identity.of(['Jack', 32])
04:
05: console.log(
06:   jack
07:     .map(([name, age]) => ({name, age}))
08:     .chain((p: IPerson) => Identity.of(p))
09:     .map(({name, age}) => [name, age])
10:     .value()[0] == jack.value()[0]   // true
11: )
```

11-3 Maybe 모나드 이해와 구현

이번 절은 11-2절의 프로젝트 구성과 더불어 09장에서 설명한 람다 라이브러리와 **node-fetch** 패키지를 사용합니다. 또한, 앞 절에서 작성한 interfaces 디렉터리의 내용을 src/interfaces에 그대로 복사해서 사용합니다.

```
> npm init --y
> npm i -S ramda node-fetch
> npm i -D typescript ts-node @types/node @types/ramda @types/node-fetch
> mkdir -p src/test
> mkdir src/classes
```

다음은 package.json 파일의 내용입니다. tsconfig.json 파일의 내용은 앞 절과 같습니다.

• package.json

```
01: {
02:   "name": "ch11-3",
03:   "version": "1.0.0",
04:   "devDependencies": {
05:     "@types/node": "^14.14.20",
06:     "@types/node-fetch": "^2.5.7",
07:     "@types/ramda": "^0.27.34",
08:     "ts-node": "^9.1.1",
09:     "typescript": "^4.1.3"
10:   },
11:   "dependencies": {
12:     "node-fetch": "^2.6.1",
13:     "ramda": "^0.27.1"
14:   }
15: }
```

Maybe 모나드란?

Maybe는 오류일 때와 정상적일 때를 모두 고려하면서도 사용하는 쪽 코드를 간결하게 작성할 수 있게 해줍니다. 즉, 데이터의 유무에 따라 코드가 적절하게 동작하도록 설계되었습니다.

Maybe는 하스켈 Prelude 표준 라이브러리에서 제공하는 모나드입니다. 10장의 마지막 절에서 만든 Option 타입을 이용해 완전한 모나드로 동작하는 Maybe를 만들겠습니다. Maybe 모나드는 Option의 Some, None과 비슷한 의미를 가진 Just와 Nothing이라는 두 가지 타입을 제공합니다.

그런데 사실 Maybe는 그 자체가 모나드가 아니라, Maybe가 제공하는 Just<T>와 Nothing 타입이 모나드입니다. 이 말의 의미는 다음 코드에서 알 수 있습니다.

```
export class Maybe<T> {
  static Just<U>(value: U) {return new Just<U>(value)}
  static Nothing = new Nothing
}
```

Maybe의 이런 설계 목적은 코드의 안정성을 함수형 방식으로 보장하기 위해서입니다. 예를 들어, 타입스크립트는 수를 0으로 나누면 다른 언어들처럼 '0으로 나눌 수 없다(divide by zero)'라는 예외(exception)를 발생시키는 것이 아니라 Infinity값이 생깁니다. Infinity는 number 타입의 값이므로 프로그램이 비정상 종료하지는 않지만 로직에 혼동을 줄 수 있으므로 가급적 피하는 것이 좋습니다. 결론적으로 코드에 적용되는 값에 따라 어떤 때는 정상적이고 어떤 때는 undefined, null, Infinity 등의 값을 유발할 때 Maybe를 사용하면 매우 효율적인 방식으로 코드를 작성할 수 있습니다.

예를 들어, 다음 코드는 b의 값이 undefined, null, 0이 아닐 때는 Maybe.Just(a/b)가 반환되지만, 그 반대일 때는 Maybe.Nothing이 반환됩니다.

```
import {Maybe, IMaybe} from '../classes/Maybe'
const divide = (a: number) => (b: number): IMaybe<number> =>
  b ? Maybe.Just(a/b) : Maybe.Nothing
```

따라서 divide 함수를 사용하는 다음 코드는 간결하면서도 안정성을 해치지 않게 작성되었습니다.

```
import * as R from 'ramda'
console.log(
  divide(1)(1).map(R.add(1)).getOrElse(0),    // 2
  divide(1)(0).map(R.add(1)).getOrElse(0)     // 0
)
```

출력문에서 첫 번째 줄은 Just(1/1)이 반환한 값을 R.add(1)에 더해 2를 출력합니다. 그리고
두 번째 줄은 Nothing이 반환되어 R.add(1)은 동작하지 않고, getOrElse(0)가 반환한 0을 출
력합니다.

Maybe 클래스 구조

Maybe 클래스는 타입스크립트 언어의 특성을 고려해 다음처럼 설계합니다. 03행의 IMonad는
11-2절의 것과 같으며, Just와 Nothing 모나드는 이후에 구현할 예정입니다.

• src/classes/Maybe.ts

```
01: import {Just} from './Just'
02: import {Nothing} from './Nothing'
03: import {IMonad} from '../interfaces'
04: import {_IMaybe } from './_IMaybe'
05:
06: export class Maybe<T> {
07:   static Just<U>(value: U) {return new Just<U>(value)}
08:   static Nothing = new Nothing
09: }
10:
11: export type IMaybe<T> = _IMaybe<T> & IMonad<T>
```

11행에서 IMaybe<T>라는 타입을 내보내는데(export), 이 부분은 타입스크립트 언어의 특징
을 반영한 것입니다.

Maybe가 함수의 반환 타입일 때의 문제점

현재 버전(3.7.4)의 타입스크립트는 Just<number> ¦ Nothing과 같은 두 클래스의 합집합 타
입을 만나면 다음처럼 오류가 발생합니다.

두 클래스의 합집합 타입에 발생하는 오류

하지만 다음처럼 IMaybe라는 인터페이스를 함수의 반환 타입으로 사용하면 코드는 정상으로 컴파일됩니다.

두 클래스의 합집합 타입에 발생하는 오류 해결

타입스크립트의 이러한 특성 때문에 Maybe 클래스는 다음 _IMaybe 인터페이스와 IMonad 인터페이스를 합해 놓은 IMaybe 타입을 제공합니다.

• src/classes/_IMaybe.ts

```
01: export interface _IMaybe<T> {
02:   isJust(): boolean
03:   isNothing(): boolean
04:   getOrElse(defaultValue: T): T
05: }
```

Just 모나드 구현

Just 모나드는 앞 절의 Identity 모나드에 _IMaybe 인터페이스를 구현한 다음과 같은 내용으로 구현합니다. 다만, Identity 모나드와 달리 ISetoid 인터페이스를 구현하지 않는데, 이는 Just가 Nothing일 때를 고려해 value()가 아닌 getOrElse(0)과 같은 형태로 동작하는 것을 염두에 둔 것입니다.

```
01: import {IMonad} from '../interfaces'
02: import {_IMaybe} from './_IMaybe'
03:
04: export class Just<T> implements _IMaybe<T>, IMonad<T> {
05:   constructor(private _value: T) {}
06:   value(): T {return this._value}
07:
08:   // IApplicative
09:   static of<T>(value: T): Just<T> {return new Just<T>(value)}
10:
11:   // IMaybe
12:   isJust() {return true}
13:   isNothing() {return false}
14:   getOrElse<U>(defaultValue: U) {return this.value()}
15:
16:   // IFunctor
17:   map<U, V>(fn: (x: T) => U): Just<U> {return new Just<U>(fn(this.value()))}
18:
19:   // IApply
20:   ap<U>(b: U) {
21:     const f = this.value()
22:     if(f instanceof Function)
23:       return Just.of<U>((f as Function)(b))
24:   }
25:
26:   // IChain
27:   chain<U>(fn: (T) => U): U {return fn(this.value())}
28: }
```

Nothing 모나드 구현

Nothing 모나드는 Just 모나드와 달리 코드를 완벽하게 실행시키지 않는 것이 설계 목적입니다. 다음 코드는 앞서 본 divide(1)(0).map(R.add(1)).getOrElse(0) 형태의 코드가 비정상으로 동작하지 않고 가장 마지막에 호출된 getOrElse 메서드의 기본값을 반환하는 것을 목표로 작성되었습니다.

• src/classes/Nothing.ts

```
01: import {IMonad} from '../interfaces'
02: import {_IMaybe} from './_IMaybe'
03:
04: export class Nothing implements _IMaybe<null>, IMonad<null> {
05:   // IApplicative
06:   static of<T>(value: T = null): Nothing {return new Nothing}
07:
08:   // IMaybe
09:   isJust() {return false}
10:   isNothing() {return true}
11:   getOrElse<U>(defaultValue: U) {return defaultValue}
12:
13:   // IFunctor
14:   map<U, V>(fn: (x) => U): Nothing {return new Nothing}
15:
16:   // IApply
17:   ap<U>(b: U) {
18:     return new Nothing
19:   }
20:
21:   // IChain
22:   chain<U>(fn: (T) => U): Nothing {return new Nothing}
23: }
```

Just와 Nothing 모나드 단위 테스트

Just는 정상적일 때 동작하는 모나드이므로 항상 getOrElse가 제공하는 기본값 1이 아닌 자신의 실제 값을 반환해야 합니다. 다음 테스트 코드는 Just가 Identity처럼 정상적인 모나드로 동작하면서 _IMaybe 인터페이스 기능을 추가로 제공하는 것을 보여줍니다.

```
01: import * as R from 'ramda'
02: import {Just} from '../classes/Maybe'
03:
04: console.log(
05:     Just.of(100).isJust(),                   // true
06:     Just.of(100).isNothing(),                // false
07:     Just.of(100).getOrElse(1),               // 100
08:     Just.of(100).map(R.identity).getOrElse(1), // 100
09:     Just.of(R.identity).ap(100).getOrElse(1), // 100
10:     Just.of(100).chain(Just.of).getOrElse(1)  // 100
11: )
```

Nothing 모나드는 Just와 달리 자신의 모나드 관련 코드를 동작시키지 말아야 합니다. 또한, undefined나 null, NaN, Infinity와 같은 값을 반환해서도 안 됩니다. 다음은 Nothing에 모나드를 테스트하는 코드입니다.

```
01: import {Nothing, Just} from '../classes/Maybe'
02:
03: console.log(
04:     Nothing.of().isJust(),                   // false
05:     Nothing.of().isNothing(),                // true
06:     Nothing.of().getOrElse(1),               // 1
07:     Nothing.of().map(x => x + 1).getOrElse(1), // 1
08:     Nothing.of().ap(1).getOrElse(1),         // 1
09:     Nothing.of().chain(Just.of).getOrElse(1), // 1
10: )
```

Maybe 테스트

이번에는 좀 더 현실적인 상황에서 Maybe 모나드를 사용하는 예를 들어 보겠습니다. 웹 서버는 HTML을 서버에서 만들어 보내는 경우와 데이터를 JSON 포맷으로 보내고 웹 브라우저 쪽에서 이 JSON 데이터를 바탕으로 HTML을 동적으로 생성하게 하는 API 서버로 구분할 수 있습니다.

웹 브라우저에서 API 서버에서 데이터를 가져올 때는 fetch라는 함수를 사용합니다. 그런데 fetch 함수는 웹 브라우저에서는 기본으로 제공되지만, 노드제이에스 환경에서는 그렇지 않습니다. 이번 절 앞에서 node-fetch와 @types/node-fetch 패키지를 설치했으므로 fetch 함수를 사용해 보겠습니다.

fetch 함수는 다음처럼 문자열로 된 URL을 입력 매개변수로 호출하면 Promise 객체를 반환합니다.

```
fetch(url: string): Promise
```

fetch가 반환한 Promise 객체는 then 메서드를 호출해 얻은 응답 객체(response)의 text, blob, json과 같은 메서드를 호출해 실제 데이터를 얻을 수 있습니다.

다음 코드는 '척 노리스(Chuck Norris)'라는 영화배우를 주제로 한 유머 사이트에서 JSON 포맷으로 된 글을 fetch 함수로 가져오는 코드입니다.

• src/fetchJokes.ts

```
01: import fetch from 'node-fetch'
02:
03: export const fetchJokes = <T>() => new Promise<T>( (resolve, reject) => {
04:   const jokeUrl = 'https://api.icndb.com/jokes/random/5?limitTo=[nerdy]'
05:
06:   fetch(jokeUrl)
07:     .then(res => res.json())
08:     .then((fetchResult: unknown) => resolve(fetchResult as T))
09:     .catch((e: Error) => reject(e))
10: })
```

04행의 jokeUrl 변수에 담긴 사이트는 JSON 포맷으로 된 데이터를 보내주므로 07행에서는 응답 객체 res의 json 메서드를 호출합니다. 이렇게 얻은 실제 JSON 데이터는 현재 구체적인 타입을 알 수 없으므로 타입을 unknown으로 해서 얻습니다.

이제 앞에서 구현한 fetchJokes 함수를 테스트하는 코드를 작성해 실제 데이터의 형태를 관찰해 보겠습니다.

```
01: import {fetchJokes} from '../fetchJokes'
02:
03: fetchJokes()
04:   .then(result => console.log(result))
05:   .catch((e: Error) => console.log(e.message))
```

다음 화면은 jokeUrl 사이트에서 보내온 JSON 데이터를 출력해 본 것입니다.

척 노리스 유머 사이트에서 가져온 JSON 데이터

이 화면으로부터 데이터는 다음과 같은 형태의 타입을 가지고 있음을 파악할 수 있습니다.

```
{type: string, value: {id: number, joke: string, category: string[]}[]}
```

다음 코드는 fetchJokes 함수의 응답 데이터를 가공해 여러 개의 joke 데이터 중 하나를 랜덤하게 선택하는 로직입니다.

```
01: import {fetchJokes} from './fetchJokes'
02: const random = (max: number) => Math.floor(Math.random() * max)
03:
04: export type FetchResult = {type: string, value: JokeType[]}
05: export type JokeType = {id: number, joke: string, category: string[]}
06:
07: export const getRandomJoke = () => new Promise<JokeType>((resolve, reject) => {
08:   fetchJokes<FetchResult>()
09:   .then((result: FetchResult) => {
10:     let array: JokeType[] = result.value
```

```
11:      resolve(array[random(array.length)])
12:    })
13:    .catch((e: Error) => reject(e))
14: })
```

다음 테스트 코드는 랜덤하게 선택된 척 노리스 관련 유머 중 하나를 화면에 출력하는 내용입니다. 09장에서 설명한 람다 라이브러리의 렌즈(lens) 기능을 사용해 joke 속성값만 얻어옵니다.

• src/test/getRandomJoke-test.ts

```
01: import * as R from 'ramda'
02: import {getRandomJoke, JokeType} from '../getRandomJoke'
03:
04: getRandomJoke()
05:   .then((JokeItem: JokeType) => {
06:     const joke = R.view(R.lensProp('joke'))(JokeItem)
07:     console.log(joke)   // Chuck Norris doesn't need an OS.
08:   })
09:   .catch((e: Error) => console.log(e.message))
```

그런데 getRandomJoke 함수는 then과 catch 문이 있으므로 코드가 조금 번거롭습니다. 그래서 getRandomJoke 함수로 얻은 값을 Maybe를 사용해 다시 한번 가공하겠습니다. 다음 getJokeAsMaybe 함수는 정상적인 데이터는 Maybe.Just로 처리하고, 오류가 발생하면 reject 함수를 호출하지 않고 Maybe.Nothing을 반환합니다.

• src/getJokeAsMaybe.ts

```
01: import * as R from 'ramda'
02: import {getRandomJoke, JokeType} from './getRandomJoke'
03: import {IMaybe, Maybe} from './classes/Maybe'
04:
05: const _getJokeAsMaybe = async() => {
06:   const jokeItem: JokeType = await getRandomJoke()
07:   const joke = R.view(R.lensProp('joke'))(jokeItem)
08:   return joke
09: }
10:
```

```
11: export const getJokeAsMaybe = () => new Promise<IMaybe<string>>((resolve, reject) => {
12:   _getJokeAsMaybe()
13:     .then((joke: string) => resolve(Maybe.Just(joke)))
14:     .catch(e => resolve(Maybe.Nothing))
15: })
16:
17: export {IMaybe, Maybe}
```

앞서 구현된 getJokeAsMaybe는 에러가 발생하면 reject 호출 대신 Maybe.Nothing을 반환하므로, 다음 테스트 코드는 catch 문이 없어 간결합니다.

• src/test/getJokeAsMaybe-test.ts

```
01: import {getJokeAsMaybe, IMaybe} from '../getJokeAsMaybe'
02:
03: (async() => {
04:   const joke: IMaybe<string> = await getJokeAsMaybe()
05:   console.log(joke.getOrElse('something wrong'))
06: })()
07:
```

:: 실행 결과
  Chuck Norris doesn't use GUI, he prefers COMMAND line.

Maybe는 이처럼 오류일 때와 정상일 때를 모두 고려하면서도 사용하는 쪽 코드를 매우 간결하게 작성할 수 있게 해줍니다.

11-4 Validation 모나드 이해와 구현

이번 절은 11-2절의 프로젝트와 똑같이 구성합니다. 또한, 앞 절의 interfaces 디렉터리 내용을 src/interfaces에 그대로 복사해 사용합니다. 다만, src 디렉터리 안에 utils라는 하위 디렉터리를 생성합니다.

```
> mkdir -p src/utils
```

Validation 모나드란?

데이터 유무에 따라 코드가 적절하게 동작하게 하는 것이 Maybe 모나드였다면, 데이터는 있는데 그 데이터가 유효한지를 판단하는 용도로 설계된 모나드가 Validation입니다. Validation 모나드는 판타지랜드의 어플라이 규격에 의존해 동작합니다.

Validation 클래스는 Maybe와 비슷하게 Success와 Failure 두 가지 모나드로 구성됩니다. Success와 Failure 모나드는 기본적으로 11-2절에서 구현해 보았던 Identity 모나드의 ap 메서드 방식으로 동작합니다. ap 메서드를 사용할 때는 Identity 모나드의 value가 함수여야 합니다.

다음 테스트 코드는 Identity 모나드에 2차 고차 함수를 value로 삼은 뒤 ap 메서드를 두 번 호출해 3을 만듭니다.

• src/test/ap-test.ts

```
01: import {Identity} from '../classes/Identity' // 11-2절의 src/classes/Identity.ts
02:
03: const add = (a:number) => (b: number) => a + b
04: console.log(
05:     add(1)(2),                          // 3
06:     Identity.of(add).ap(1).ap(2).value()   // 3
07: )
```

그런데 N차 고차 함수를 다음 코드에서 04행처럼 만들 수 있습니다.

• src/getRandomJoke.ts

```
01: import {Identity} from '../classes/Identity'
02: type ISuccess = {isSuccess: boolean, isFailure: boolean}
03:
04: const checkSuccess = (a: ISuccess) => (b: ISuccess): boolean =>
05:   [a, b].filter(({isFailure}) => isFailure == true).length  == 0
06:
07: const isSuccess = Identity.of(checkSuccess)
08:                     .ap({isSuccess: true, isFailure: false})
09:                     .ap({isSuccess: false, isFailure: true})
10:                     .value()
11: console.log(isSuccess)   // false
```

checkSuccess 함수는 두 개의 고차 매개변수들을 배열로 만든 다음, isFailure값이 true인
것들만 추려내 그 개수가 0일 때만 '성공'이라고 판단합니다. 코드는 09행에서 isFailure가
true인 것이 있으므로 테스트 코드는 false가 출력됩니다.
Validation 클래스가 제공하는 Success와 Failure 모나드는 이런 방식으로 동작합니다. 이
제 Validation 클래스에 대해 알아보겠습니다.

Validation 클래스 구조

Validation 클래스는 Maybe와 비슷하게 Success와 Failure 두 가지 모나드로 구성됩니다.
Success와 Failure는 내부적으로 현재 데이터의 유효성 검증 상태가 성공인지 실패인지를
판단해 동작합니다.

• src/classes/Validation.ts

```
01: import {Success} from './Success'
02: import {Failure} from './Failure'
03:
04: export class Validation {
05:   static Success = Success
06:   static Failure = Failure
07:   static of<T>(fn: T): Success<T> {return Success.of<T>(fn)}
08: }
09: export {Success, Failure}
```

Success와 Failure 모나드는 다음 인터페이스를 구현하고 있습니다.

• src/classes/IValidation.ts

```
01: export interface IValidation<T> {
02:   isSuccess: boolean
03:   isFailure: boolean
04: }
```

Success 모나드 구현

Success 모나드는 IChain 형태로는 동작하지 않으므로 IFunctor와 IApply, IApplicative만 구현합니다. 그리고 다른 메서드들과 달리 ap 메서드는 매개변수가 Failure인지에 따라 조금 다르게 동작합니다.

• src/classes/Success.ts

```
01: import {IFunctor, IApply}from '../interfaces'
02: import {IValidation} from './IValidation'
03:
04: export class Success<T> implements IValidation<T>, IFunctor<T>, IApply<T> {
05:   constructor(public value: T, public isSuccess=true, public isFailure=false) {}
06:
07:   // IApplicative
08:   static of<U>(value: U): Success<U> {return new Success<U>(value)}
09:
10:   // IFunctor
11:   map<U>(fn: (x: T) => U) {
12:     return new Success<U>(fn(this.value))
13:   }
14:
15:   // IApply
16:   ap(b) {
17:     return b.isFailure ? b : b.map(this.value)
18:   }
19: }
```

Success 클래스의 value는 현재 함수입니다. 따라서 17행 map 함수의 콜백 함수로 사용될 수 있습니다. 다음 테스트 코드를 실행해 보면, checkSuccess 2차 고차 함수가 최종적으로 boolean 타입의 값을 반환하므로 최종 Success 객체의 value값은 true입니다.

• src/test/Success-test.ts

```ts
01: import {Success} from '../classes/Success'
02:
03: const checkSuccess = <T>(a:Success<T>) => (b:Success<T>): boolean =>
04:   [a, b].filter(({isFailure}) => isFailure == true).length  == 0
05:
06: console.log(
07:   Success.of(checkSuccess)
08:     .ap(Success.of(1))
09:     .ap(Success.of(2))
10: )
```

:: 실행 결과
```
Success { value: true, isSuccess: true, isFailure: false }
```

Failure 모나드 구현

이번엔 Failure의 구현 내용을 알아보겠습니다. Failure 모나드는 최종적으로 다음 화면처럼 실패한 원인을 문자열 배열로 저장합니다. 참고로 이 화면의 내용은 잠시 후에 설명합니다.

실패 원인을 문자열 배열로 저장하는 Failure 모나드

다음 Failure 구현 코드는 14행의 ap 메서드에서 과거의 ap 호출 때 발생한 에러 문자열들이 담긴 배열에 현재의 에러 문자열들을 전개 연산자로 병합합니다.

```
01: import {IFunctor, IApply} from '../interfaces'
02: import {IValidation} from './IValidation'
03:
04: export class Failure<T> implements IValidation<T>, IFunctor<T>, IApply<T> {
05:   constructor(public value: T[], public isSuccess=false, public isFailure=true) {}
06:
07:   // IApplicative
08:   static of<U>(value: U[]): Failure<U> {return new Failure<U>(value)}
09:
10:   // IFunctor
11:   map(fn) {return new Failure<T>(fn(this.value))}
12:
13:   // IApply
14:   ap(b) {
15:     return b.isFailure ? new Failure<T>([...this.value, ...b.value]) : this
16:   }
17: }
```

언뜻 보기에 Success와 Failure는 복잡해 보입니다. 이제 비밀번호를 검증하는 기능을 구현해 보면서 Success와 Failure의 구체적인 사용법을 알아보겠습니다.

비밀번호 검증 기능 구현

비밀번호를 검증한다는 것은 일단 객체에 `password`라는 속성이 있어야 하고, 이 속성에 `string` 타입의 값이 들어 있어야 합니다. 다음 checkNull 함수는 이런 내용을 검증합니다.

```
01: import {Success, Failure} from '../classes/Validation'
02:
03: export const checkNull = <S, F>(o: {password?: string}) => {
04:   const {password} = o
05:   return (password == undefined || typeof password != 'string') ?
06:     new Failure(['Password can not be null']) : new Success(o)
07: }
```

반면에 문자열의 길이가 최소 6자 이상이어야 한다는 등의 검증은 다음 checkLength 함수로 구현합니다.

• src/utils/checkLength.ts

```
01: import {Success, Failure} from '../classes/Validation'
02:
03: export const checkLength = (o: {password?: string}, minLength: number = 6) => {
04:   const {password} = o
05:   return (!password || password.length < minLength) ?
06:     new Failure(['Password must have more than 6 characters']) : new Success(o)
07: }
```

이와 같을 때 비밀번호의 유효성 검증은 checkNull과 checkLength 모두 Success 타입 객체를 반환하는지를 판별해야 합니다. 다음 코드에서 checkPassword 함수는 이러한 내용을 구현한 예입니다.

• src/checkPassword.ts

```
01: import {Validation} from './classes/Validation'
02: import {checkNull} from './utils/checkNull'
03: import {checkLength} from './utils/checkLength'
04:
05: export const checkPassword = (o): [object, string[]] => {
06:   const result = Validation.of(a => b => o)
07:     .ap(checkNull(o))
08:     .ap(checkLength(o))
09:
10:   return result.isSuccess ? [result.value, undefined] : [undefined, result.value]
11: }
```

이제 이 checkPassword 함수를 테스트하는 코드를 만들겠습니다. 다음 코드는 비밀번호가 {password: '123456'}처럼 정상일 때와 {password: '1234'}처럼 길이가 짧아서 비정상일 때, {}나 {pa: '123456'}처럼 password 속성이 아예 없는 비정상일 때 checkPassword 함수로 검증하는 내용입니다.

```
01: import {checkPassword} from '../checkPassword'
02:
03: [
04:   {password: '123456'},
05:   {password: '1234'},
06:   {},
07:   {pa: '123456'}
08: ]
09:   .forEach((target, index) => {
10:     const [value, failureReason] = checkPassword(target)
11:     if(failureReason)
12:       console.log(index, 'validation fail.', JSON.stringify(failureReason))
13:     else
14:       console.log(index, 'validation ok.', JSON.stringify(value))
15:   })
16:
17:
```

:: 실행 결과
```
0 validation ok. {"password":"123456"}
1 validation fail. ["Password must have more than 6 characters"]
2 validation fail. ["Password can not be null","Password must have more than 6 characters"]
3 validation fail. ["Password can not be null","Password must have more than 6 characters"]
```

이메일 주소 검증 기능 구현

이메일 주소처럼 어떤 일정한 패턴이 있을 때 정규식(regular expression)을 사용해 유효성을 판별합니다. 사실 인터넷을 검색하면 프로그래밍 언어별로 정규식 패턴을 쉽게 찾을 수 있습니다. 다음 코드는 인터넷에서 찾은 정규식을 사용해 이메일 주소를 검증합니다.

```
01: import {Success, Failure} from '../classes/Validation'
02:
03: export const checkEmailAddress = (o: {email?: string}) => {
04:   const {email} = o
```

```
05:    const re = new RegExp(/^((([^<>()\[\]]\\.,;:\s@"]+(\.[^<>()\[\]]\\.,;:\s@"]+)*)¦
06:       ('.+'))@((\[[0-9]{1,3}\.[0-9]{1,3}\.[0-9]{1,3}\.[0-9]{1,3}])¦
07:       (([a-zA-Z\-0-9]+\.)+[a-zA-Z]{2,}))$/)
08:    return re.test(email) ? new Success(email)
09:      : new Failure(['invalid email address'])
10: }
```

다음 checkEmail 함수는 checkEmailAddress 유틸리티 함수를 사용해 데이터 유효성을 판별하는 내용으로 구현되었습니다. 앞서 checkPassword와 달리 이 함수는 email 속성값이 null인지 판단하지 않으므로 Validation.of에 적용되는 함수는 1차 함수입니다. 따라서 ap 메서드도 한 번만 호출됩니다.

• src/checkEmail.ts

```
01: import {Validation} from './classes/Validation'
02: import {checkNull} from './utils/checkNull'
03: import {checkEmailAddress} from './utils/checkEmailAdress'
04:
05: export const checkEmail = (o): [object, string[]] => {
06:   const result = Validation.of(a => o)
07:     .ap(checkEmailAddress(o))
08:
09:   return result.isSuccess ? [result.value, undefined] : [undefined, result.value]
10: }
```

다음 테스트 코드는 abc@efg.com은 적법한 주소로 판별하지만, abcdef처럼 단순 문자열은 틀린 주소로 판별합니다.

```
01: import {checkEmail} from '../checkEmail'
02:
03: [
04:   {email: 'abc@efg.com'},
05:   {email: 'abcefg'}
06: ].forEach((target, index) => {
07:   const [value, failureReason] = checkEmail(target)
08:   if(failureReason)
09:     console.log(index, 'validation fail.', JSON.stringify(failureReason))
10:   else
11:     console.log(index, 'validation ok.', JSON.stringify(value))
12: })
```

:: 실행 결과

```
0 validation ok. {"email":"abc@efg.com"}
1 validation fail. ["invalid email address"]
```

11-5 IO 모나드 이해와 구현

이번 절은 기본적으로 11-2절의 프로젝트 구성과 같습니다. 다만, 테스트 코드를 위해 람다 패키지를 설치해야 합니다.

IO 모나드란?

Promise 타입 객체는 생성할 때 넘겨주는 콜백 함수가 then 메서드를 호출해야 비로소 동작하는데, 이번 절에서 설명하는 IO 모나드도 이런 방식으로 동작합니다. IO 모나드는 사용하는 쪽 코드를 알아야 그 동작을 이해할 수 있으므로, 잠시 테스트 코드를 구경하겠습니다.

다음 코드에는 03행에 work라는 함수가 선언되어 있습니다. 그리고 07행에서 IO.of(work)로 IO 타입 객체를 만듭니다. 그런데 여기까지는 work 함수가 실행되지 않고 있다가, 이후에 runIO 메서드가 호출되면 그제서야 동작합니다.

• src/test/run-test.ts

```
01: import {IO} from '../classes/IO'
02:
03: const work = () => {
04:   console.log('work called...')
05:   return {name: 'Jack', age: 32}
06: }
07: const result = IO.of(work).runIO()
08: console.log(result)    // {name: 'Jack', age: 32}
```

work 함수의 동작 시점을 알게 하는 실행 결과

다음 코드는 조금 더 복잡하게 work가 반환한 객체를 09장에서 설명했던 람다 라이브러리의 렌즈(lens) 기능을 사용해 name 속성값만 추출한 다음, 다시 이 속성값을 대문자로 바꾸는 예입니다.

• src/test/lens-test.ts

```
01: import {IO} from '../classes/IO'
02: import * as R from 'ramda'
03:
04: const work = () => ({name: 'Jack', age: 32})
05:
06: const result = IO.of(work)
07:   .map(R.view(R.lensProp('name')))
08:   .map(R.toUpper)
09:   .runIO()
10: console.log(result)   // JACK
```

IO는 모나드이므로 chain 메서드를 사용할 수 있습니다. 다음 코드는 work1 작업을 하는 모나드가 다시 chain 메서드를 사용해 work1이 넘긴 결과를 토대로 다른 작업을 수행하는 예입니다.

• src/test/chain-test.ts

```
01: import * as R from 'ramda'
02: import {IO} from '../classes/IO'
03:
04: const work1 = () => ({name: 'Jack'})
05: const work2 = (obj) => () => ({age: 32, ...obj})
06:
07: const obj = IO.of(work1)
08:   .chain((obj: object) => IO.of(work2(obj)))
09:   .runIO()
10: console.log(obj)   // { age: 32, name: 'Jack' }
```

왜 모나드 이름이 IO인가?

IO 모나드는 여러 개의 파일 입출력을 선언형 프로그래밍 방식으로 작성할 수 있게 고안되었습니다. 다음 코드는 package.json과 tsconfig.json 파일을 읽은 후 각각 **JSON.parse** 함수를 사용해 타입스크립트 객체로 만들고, 다시 이 둘을 결합해 한 개의 객체로 만듭니다. 이때 14행까지의 코드는 동작하지 않다가 15행인 **runIO** 메서드가 호출되어야 비로소 동작하기 시작합니다.

• src/test/merge-file-test.ts

```
01: import * as R from 'ramda'
02: import * as fs from 'fs'
03: import {IO} from '../classes/IO'
04:
05: const work1 = () => fs.readFileSync('package.json')
06: const work2 = (json1) => () => {
07:   const json2 = fs.readFileSync('tsconfig.json')
08:   return [json1, json2]
09: }
10:
11: const result = IO.of(work1)
12:   .chain(json1 => IO.of(work2(json1)))
13:   .map(R.map(JSON.parse))
14:   .map(R.reduce((result: object, obj: object) => ({...result, ...obj}), {}))
15:   .runIO()
16: console.log(result)   // package.json과 tsconfig.json 파일 내용 출력
```

IO 모나드를 사용할 때 주의할 점

05-3절에서 함수형 프로그래밍을 할 때는 함수가 순수 함수(pure function)여야 한다고 설명한 바 있습니다. 그런데 비동기 입출력, 프로미스, 생성기 등은 부수 효과가 발생하는 함수를 만들어 버립니다. 앞에서 작성한 merge-file-test.ts에서 **work1**과 **work2**를 순수 함수로 만들어야 하므로 **fs.readFile**과 같은 비동기 함수가 아니라 동기 버전인 **readFileSync** 함수를 사용했습니다.

runIO 메서드 이해하기

IO 모나드의 runIO 메서드는 다음 코드처럼 여러 개의 매개변수를 사용해 동작시킬 수 있습니다.

• src/classes/IRunIO.ts

```
01: export interface IRunIO {
02:   runIO<R>(...args: any[]): R
03: }
```

다음 테스트 코드에서 04행의 runIO 메서드를 호출할 때 인수를 두 개 사용하는데, 이 인수들은 03행과 같은 형태로 얻을 수 있습니다.

```
01: import {IO} from '../classes/IO'
02:
03: const work = (a: number, b: number) => a + b
04: const result = IO.of(work).runIO(1, 2)
05: console.log(result)   // 3
```

IO 모나드 구현

IO 모나드가 동작하는 모습은 **IApply**의 ap 메서드를 연상시키지만 runIO에 의해 동작합니다. 따라서 다음 IO 모나드 구현 코드에서는 **IApply** 메서드를 구현하지 않고 있습니다. IO 모나드의 map 메서드는 runIO가 호출되기 전까지는 동작하지 말아야 합니다. 이에 따라 다른 모나드와 다르게 입력받은 콜백 함수를 **pipe**를 사용해 조합하는 방식으로 구현해야 합니다.

• src/classes/IO.ts

```
01: import {IRunIO} from './IRunIO'
02: import {IFunctor} from '../interfaces'
03:
04: const pipe = (...funcs) => (arg) => funcs.reduce((value, fn) => fn(value), arg)
05:
06: export class IO implements IRunIO, IFunctor<Function> {
07:   constructor(public fn: Function) {}
```

```
08:    static of(fn: Function) {return new IO(fn)}
09:
10:    // IRunIO
11:    runIO<T>(...args: any[]): T {
12:      return this.fn(...args) as T
13:    }
14:
15:    // IFunctor
16:    map(fn: Function): IO {
17:      const f: Function = pipe(this.fn, fn)
18:      return IO.of(f)
19:    }
20:
21:    // IChain
22:    chain(fn) {
23:      const that = this
24:      return IO.of((value) => {
25:        const io = fn(that.fn(value))
26:        return io.fn()
27:      })
28:    }
29: }
```

chain 메서드는 구현하기가 까다로운데, 일단 이 메서드에 타입 주석을 달면 코드가 컴파일
되지 않습니다. 이 코드는 자바스크립트처럼 접근해야 동작합니다. chain 메서드 또한 runIO
가 호출될 때 비로소 동작해야 하므로 구현 내용이 조금 묘합니다.

chain에 입력되는 콜백 함수 fn은 IO 타입 객체를 반환하므로 25행 fn 호출의 반환값은 IO 타
입 객체입니다. 또한, 이 IO 타입 객체에 저장되는 함수 또한 IO 타입 객체를 반환하는 형태로
구현되었으므로 io.fn() 함수를 호출해 chain 메서드가 또 다른 IO 타입 객체를 반환하도록
구현되었습니다.

앞 메서드들의 반환값 얻기

IO 모나드는 시작할 때의 콜백 함수가 runIO 호출 때 전달한 매개변수를 받는 방법과 그 이후
의 map 혹은 chain 메서드가 앞 작업의 결괏값을 받는 형태가 다릅니다. 다음 코드에서 03행
의 a1 변수는 runIO가 전달해 준 시작값입니다.

```
01: import {IO} from '../classes/IO'
02:
03: const result = IO.of((a1) => {
04:    console.log('io started', a1)
05:    return a1
06: })
07: .runIO(1)
08: console.log(result)    // 1
```

다음 코드에서 03행 IO 객체의 콜백 함수는 a1 변숫값을 반환하는데, 07행의 **map** 메서드는 이 값을 다른 모나드에서 봤던 것과 똑같은 방식으로 얻습니다.

```
01: import {IO} from '../classes/IO'
02:
03: const result = IO.of((a1) => {
04:    console.log('io started', a1)
05:    return a1
06: })
07: .map(a2 => {
08:    console.log('first map called', a2)
09:    return a2 + 1
10: })
11: .runIO(1)
12: console.log(result)    // 2
```

그러나 **chain** 메서드일 때는 IO 모나드를 반환해야 하므로 다음과 같은 코드가 됩니다.

```
01: import {IO} from '../classes/IO'
02:
03: const result = IO.of((a1) => {
04:    console.log('io started', a1)
05:    return a1
```

```
06: })
07: .chain(a2 => {
08:   return IO.of(() => {
09:     console.log('first chain called', a2)
10:     return a2 + 1
11:   })
12: })
13: .runIO(1)
14: console.log(result)   // 2
```

결론적으로 chain 메서드에서 앞 작업의 결과를 얻으려면 다음 코드의 03행처럼 마치 2차 고차 함수 형태로 보이는 방식으로 구현해야 합니다.

• src/test/step4.ts

```
01: import {IO} from '../classes/IO'
02:
03: const chainCB = a2 => IO.of(() => {
04:   console.log('first chain called')
05:   return a2 + 1
06: })
07:
08: const result = IO.of((a1) => {
09:   console.log('io started', a1)
10:   return a1
11: })
12: .chain(chainCB)
13: .runIO(1)
14: console.log(result)   // 2
```

지금까지 함수형 프로그래밍 방식의 다양한 면을 알아보았습니다. 다음 장에서는 이 책에서 다룬 모든 내용을 적용해 실무에서 타입스크립트와 함수형 방식 코드가 어떻게 사용되는지 알아보겠습니다.

12

타입스크립트 함수형 프로그래밍 실습

이번 장은 지금까지 배운 내용을 토대로 실무에서 자주 사용되는 DB용 배치 프로그램과 백엔드 서버, 프런트엔드 웹 개발에 대해 알아봅니다. 다만, 이번 장은 지금까지 배운 타입스크립트 코드와 함수형 프로그래밍을 실습하는 데 목적이 있으므로 프로젝트에서 사용한 몽고DB, 익스프레스, 리액트, 부트스트랩 등에 관해 자세하게 설명하지는 않습니다.

12-1 빅데이터 배치 프로그램 만들기

실습 프로젝트 구성

이번 절은 다음처럼 네 부분으로 구성되며 많은 양의 코드를 작성합니다.

- 노드제이에스의 fs 패키지가 제공하는 비동기 방식 API들의 Promise 방식 구현
- range, zip 같은 유틸리티 함수 구현
- chance 패키지를 사용해 그럴듯한 가짜 데이터 생성 코드 구현
- CSV 파일 포맷 데이터를 읽고 쓰는 코드 구현

이번 절의 내용은 노드제이에스의 fs 패키지를 사용하므로 @types/node 패키지를 설치해야 합니다. 이제 ch12-1이라는 이름으로 프로젝트 디렉터리를 만들고, 이 디렉터리 안에 다음 명령을 실행해 package.json 파일을 생성하고 패키지를 설치합니다.

```
> npm init --y
> npm i -D typescript ts-node @types/node
```

이번 절은 디렉터리를 생성하고 삭제하는 기능을 구현하는데, 이를 위해서는 다음 두 패키지를 설치해야 합니다.

```
> npm i -S mkdirp rimraf
> npm i -D @types/mkdirp @types/rimraf
```

이번 절은 객체들의 배열을 CSV 파일 포맷으로 저장하는 내용을 담고 있습니다. 이를 위해 09장에서 사용했던 가짜 데이터(fake data)를 만들어 주는 chance 패키지를 설치합니다.

```
> npm i -S chance
> npm i -D @types/chance
```

다음 package.json 파일은 이 과정을 통해 만들어진 것입니다.

• package.json

```json
01: {
02:   "name": "ch12-1",
03:   "version": "1.0.0",
04:   "devDependencies": {
05:     "@types/chance": "^1.1.1",
06:     "@types/mkdirp": "^1.0.1",
07:     "@types/node": "^14.14.20",
08:     "@types/rimraf": "^3.0.0",
09:     "ts-node": "^9.1.1",
10:     "typescript": "^4.1.3"
11:   },
12:   "dependencies": {
13:     "chance": "^1.1.7",
14:     "mkdirp": "^1.0.4",
15:     "rimraf": "^3.0.2"
16:   }
17: }
```

다음 tsconfig.json 파일은 이 프로젝트에서 사용하는 타입스크립트 컴파일러 설정 파일입니다.

• tsconfig.json

```json
01: {
02:   "compilerOptions": {
03:     "module": "commonjs",
04:     "esModuleInterop": true,
05:     "target": "es5",
06:     "moduleResolution": "node",
07:     "outDir": "dist",
08:     "baseUrl": ".",
09:     "sourceMap": true,
10:     "downlevelIteration": true,
11:     "noImplicitAny": false,
12:     "paths": { "*": ["node_modules/*"] }
13:   },
14:   "include": ["src/**/*"]
15: }
```

이번 절의 소스 파일들은 src 디렉터리 안에 fileApi, fake, csv, utils, test 등의 하위 디렉터리에 작성합니다. 이제 다음 명령을 실행해 필요한 디렉터리를 만듭니다.

```
> mkdir -p src/fileApi
> mkdir src/fake
> mkdir src/csv
> mkdir src/utils
> mkdir src/test
```

CSV 파일과 생성기

자바스크립트나 타입스크립트는 파일에 데이터를 저장할 때 주로 JSON 포맷을 사용합니다. 그런데 저장할 데이터의 분량이 많아지면 JSON 파일 포맷은 시스템 메모리를 많이 사용합니다. 예를 들어, 1,000만 건의 데이터가 담긴 JSON 파일을 읽는다면, JSON 포맷의 물리적인 구조상 이 데이터를 한꺼번에 읽어들여야 합니다.

데이터를 파일에 저장할 때는 JSON처럼 나중에 읽기 쉬운 형식으로 만듭니다. 보통 테이블 형태의 데이터는 파일 확장자가 '.csv'인 파일에 저장합니다. CSV(comma separated values)는 데이터가 다음과 같은 형식으로 저장된 파일입니다.

```
name,email,ip,phone
Leona Alexander,ikefo@ved.ws,32.133.3.226,(502) 739-6533
```

CSV 파일 형식의 가장 큰 장점은 맨 첫 줄의 헤더 정보에 데이터를 나타내는 이름을 쉼표(,)로 구분해 놓으면, 그다음 줄부터는 각 이름에 해당하는 데이터를 똑같이 쉼표로 구분해 놓을 수 있다는 점입니다. 예를 들어, 1,000만 명의 고객정보를 '1,000만 줄 + 헤더 1줄'로 쉽게 나타낼 수 있습니다. 또한, CSV 파일 형식은 데이터를 한꺼번에 읽지 않고 한 줄씩 읽습니다. JSON은 파일을 전부 읽지 않고서는 데이터의 의미를 파악할 수 없습니다. 그러나 CSV 형식은 맨 첫 줄을 읽어 쉼표로 구분된 항목의 의미를 파악한 다음, 파일의 끝까지 한 줄씩 계속 데이터를 읽어서 시스템 자원을 적게 소비합니다.

06장에서 설명한 생성기(generator)는 시스템 자원을 매우 적게 소모하면서도 엄청난 분량의 데이터를 처리할 수 있게 합니다. 예를 들어, 1,000만 건의 데이터가 담긴 CSV 파일을 읽을 때는 모두 한꺼번에 읽지 않고 한 줄씩 읽습니다. 그리고 읽은 데이터를 타입스크립트 객체로 변환한 후 yield 문으로 for...of 문에 넘겨주면, 생성기가 전달한 객체 한 개를 대상으로만 작업을 진행합니다.

이번 절에서는 10만 건의 그럴듯한 가짜 데이터를 CSV 파일 포맷으로 저장한 뒤, 이를 다시 읽어내는 프로그램을 구현합니다. 이번 절의 내용은 노드제이에스 환경에서 CSV 파일 형식의 데이터를 MySQL이나 PostgreSQL과 같은 데이터베이스 시스템에 배치(batch) 작업으로 데이터를 저장하고 싶을 때 유용합니다.

노드제이에스에서 프로그램 명령 줄 인수 읽기

노드제이에스 프로그램을 실행하면서 다음처럼 실행 명령 뒤에 여러 개의 매개변수를 입력할 수 있습니다. 이처럼 프로그램을 실행할 때 외부에서 입력된 값을 **명령 줄 인수**(command line arguments)라고 합니다.

```
> ts-node src/test/processArgs-test.ts data/fake.csv 100000
```

노드제이에스는 process라는 내장 객체를 제공하는데, 프로그램의 명령 줄 인수는 이 객체의 argv 배열 속성에서 얻을 수 있습니다. 이제 src/test/ 디렉터리에 다음 내용의 processArgs -test.ts 파일을 만들고 앞의 명령을 실행해 보겠습니다.

• src/test/processArgs-test.ts

```
01: process.argv.forEach((val: string, index: number) => {
02:   console.log(index + ': ' + val)
03: })
```

:: 실행 결과
```
> ts-node src/test/processArgs-test.ts data/fake.csv 100000
0: C:\scoop\apps\nodejs-lts\current\bin\node_modules\ts-node\dist\bin.js
1: D:\code\ch08\08-5\src\test\processArgs-test.ts
2: data/fake.csv
3: 100000010
```

실행 결과를 보면 실제 명령인 data/fake.csv와 100000은 index값이 2와 3일 때 얻어지는 것을 알 수 있습니다. 이제 이러한 내용을 바탕으로 src/utils/ 디렉터리에 다음 내용의 getFile NameAndNumber.ts 파일을 만듭니다.

```
01: export type FileNameAndNumber = [string, number]
02:
03: export const getFileNameAndNumber = (defaultFilename: string,
04:   defaultNumberOfFakeData: number): FileNameAndNumber => {
05:     const [bin, node, filename, numberOfFakeData] = process.argv
06:     return [filename || defaultFilename, numberOfFakeData ?
07:       parseInt(numberOfFakeData, 10) : defaultNumberOfFakeData]
08: }
```

그리고 src/test 디렉터리에 다음 내용의 getFileNameAndNumber-test.ts 테스트 파일을 만들어 01행에 주석으로 표시한 명령을 실행하면 파일 이름과 숫자를 얻을 수 있습니다.

```
01: import {getFileNameAndNumber} from '../utils/getFileNameAndNumber'
02:
03: const [filename, numberOfFakeItems] = getFileNameAndNumber('data/fake.csv', 100000)
04: console.log(filename, numberOfFakeItems)
```

```
∷ 실행 결과
> ts-node ./src/test/getFileNameAndNumber-test.ts data/fake.csv 100000
data/fake.csv 100000
```

파일 처리 비동기 함수를 프로미스로 구현하기

(1) fs.access API로 디렉터리나 파일 확인하기

코드를 작성하다 보면 파일이나 디렉터리가 현재 있는지 없는지를 확인해야 할 때가 생깁니다. 이때 **fs.access** 함수를 사용할 수 있습니다. 다음 fileExists.ts는 **fs.access** 함수를 사용해 파일이나 디렉터리가 있는지 확인하는 코드를 프로미스 형태로 구현한 것입니다.

```
01: import * as fs from 'fs'
02:
03: export const fileExists = (filepath: string): Promise<boolean> =>
04:   new Promise(resolve => fs.access(filepath, error => resolve(error ? false : true)))
```

이제 이 코드의 테스트 파일을 src/test 디렉터리에 만들겠습니다.

• src/test/fileExists-test.ts

```
01: import {fileExists} from '../fileApi/fileExists'
02:
03: const exists = async(filepath) => {
04:   const result = await fileExists(filepath)
05:   console.log(`${filepath} ${result ? 'exists' : 'not exists'}`)
06: }
07:
08: exists('./package.json')
09: exists('./package')
```

VSCode 터미널에서 다음 명령을 실행하면 테스트 결과를 볼 수 있습니다.

```
> ts-node ./src/test/fileExists-test.ts
./package.json exists
./package not exists
```

노드제이에스 프로젝트에서는 package.json 파일이 있는 위치가 '현재 디렉터리(current directory)'입니다. exists('./package.json')은 현재 디렉터리에 package.json 파일이 있는지를 알아보는 코드입니다. fileExists 함수는 파일이 있으면 true를 반환하고, 없으면 false를 반환합니다.

(2) mkdirp 패키지로 디렉터리 생성 함수 만들기

노드제이에스는 mkdir이라는 API를 제공하는데, 이 API는 아쉽게도 './src/data/today'처럼 여러 경로의 디렉터리를 한꺼번에 만들지 못합니다. mkdirp 패키지는 여러 디렉터리를 한꺼번에 만들 때 사용하는 명령인 mkdir -p처럼 동작하는 API를 제공합니다.

다음 코드는 디렉터리가 있는지를 판단해 없을 때만 mkdirp 함수로 디렉터리를 생성합니다.

```
01: import mkdirp from 'mkdirp'
02: import {fileExists} from './fileExists'
03:
04: export const mkdir = (dirname: string): Promise<string> =>
05:   new Promise(async (resolve, reject) => {
06:     const alreadyExists = await fileExists(dirname)
07:       alreadyExists ? resolve(dirname) :
08:         mkdirp(dirname).then(resolve).catch(reject)
09: })
```

이제 다음처럼 테스트 코드를 만들어 실행하면 './data/today' 디렉터리가 생깁니다.

```
01: import {mkdir} from '../fileApi/mkdir'
02:
03: const makeDataDir = async(dirname: string) => {
04:   let result = await mkdir(dirname)
05:   console.log(`'${result}' dir created`)   // './data/today' dir created
06: }
07: makeDataDir('./data/today')
```

(3) rimraf 패키지로 디렉터리 삭제 함수 만들기

프로그래밍으로 특정 디렉터리를 삭제해야 할 때가 있습니다. 노드제이에스는 이런 목적으로 **fs.rmdir**이라는 함수를 제공하는데, 이 함수의 한 가지 문제점은 비어 있지 않은 디렉터리는 삭제하지 못한다는 것입니다. 그러나 앞서 설치한 **rimraf** 패키지를 이용하면 비어 있지 않은 디렉터리도 삭제할 수 있습니다.

다음 rmdir.ts 파일은 **rimraf** 패키지가 제공하는 기능을 사용해 디렉터리 삭제 함수를 구현한 예입니다.

```
01: import rimraf from 'rimraf'
02: import {fileExists} from './fileExists'
03:
04: export const rmdir = (dirname: string): Promise<string> =>
05:   new Promise(async(resolve, reject) => {
06:   const alreadyExists = await fileExists(dirname)
07:     !alreadyExists ? resolve(dirname) :
08:     rimraf(dirname, error => error ? reject(error) : resolve(dirname))
09: })
```

다음 테스트 코드는 앞에서 생성한 'data/today' 디렉터리를 삭제합니다.

```
01: import {rmdir} from '../fileApi/rmdir'
02:
03: const deleteDataDir = async (dir) => {
04:   const result = await rmdir(dir)
05:   console.log(`'${result}' dir deleted.`)   // './data/today' dir deleted.
06: }
07: deleteDataDir('./data/today')
```

(4) fs.writeFile API로 파일 생성하기

노드제이에스 환경에서 파일의 데이터를 읽거나 쓸 때는 대부분 텍스트(text) 데이터를 대상
으로 합니다. 이때 텍스트 데이터는 유니코드로 처리해야 합니다. 다음 내용은 유니코드 텍스
트를 사용할 때 fs.writeFile API를 사용하는 예입니다.

```
import * as fs from 'fs'
fs.writeFile(filepath, data, 'utf8', callback)
```

다음 코드는 fs.writeFile을 프로미스 버전으로 구현한 예입니다.

```
01: import * as fs from 'fs'
02:
03: export const writeFile = (filename: string, data: any) : Promise<any> =>
04:   new Promise((resolve, reject) => {
05:     fs.writeFile(filename, data, 'utf8', (error: Error) => {
06:       error ? reject(error) :  resolve(data)
07:     })
08: })
```

다음 테스트 코드는 './data' 디렉터리를 생성하고, 이 안에 각각 hello.txt와 test.json 파일을 writeFile 함수를 사용해 생성하는 예입니다.

```
01: import * as path from 'path'
02: import {writeFile} from '../fileApi/writeFile'
03: import {mkdir} from '../fileApi/mkdir'
04: import mkdirp = require('mkdirp')
05:
06: const writeTest = async(filename: string, data: any) => {
07:   const result = await writeFile(filename, data)
08:   console.log(`write ${result} to ${filename}`)
09: }
10:
11: mkdir('./data')
12:   .then(s => writeTest('./data/hello.txt', 'hello world'))
13:   .then(s => writeTest('./data/test.json', JSON.stringify({name: 'Jack', age: 32},
    null, 2)))
14:   .catch((e: Error) => console.log(e.message))
```

JSON.stringify(object, null, 2) 코드의 의미

타입스크립트(혹은 자바스크립트) 객체 object를 JSON 문자열로 바꿔주는 기능을 제공하는 코드는 JSON.stringify(object)입니다. 그런데 사람이 읽기 좋은 형태로 JSON 문자열을 만들지 않습니다. 반면에, JSON.stringify(object, null, 2) 코드는 줄 바꿈도 하고 들여쓰기(indentation)도 해주어, 사람이 읽기 편한 형태의 JSON 문자열을 만들어 줍니다. 여기서 숫자 2는 들여쓰기를 위해 공백 문자(space)를 두 개 사용하라는 의미입니다.

(5) fs.readFile API로 파일 내용 읽기

fs.writeFile로 데이터를 파일에 써보았는데, 파일에 담긴 데이터를 읽을 때는 **fs.readFile** API를 사용합니다. 그런데 파일에 담긴 데이터는 텍스트 포맷으로 읽을 수도 있고 바이너리 포맷으로 읽을 수도 있습니다. 그런데 텍스트 포맷은 텍스트가 영문으로만 이루어졌다고 가정하는 ANSI 포맷과 비영어권 문자도 있다고 가정하는 유니코드 포맷 두 가지가 존재합니다. 그리고 유니코드 포맷은 ANSI 문자열 체계를 확장한 utf8 포맷과 원래의 유니코드 포맷 등 두 가지가 있습니다. 보통 노드제이에스 환경에서 파일의 데이터를 읽거나 쓸 때는 기본으로 utf8 포맷을 사용합니다. 다음 내용은 유니코드 텍스트를 사용할 때 **fs.readFile** API의 사용 예입니다.

```
import * as fs from 'fs'
fs.readFile(filepath, 'utf8', callback)
```

다음 코드는 **fs.readFile**을 프로미스 형태로 구현한 예입니다.

• src/fileApi/readFile.ts

```
01: import * as fs from 'fs'
02:
03: export const readFile = (filename: string) : Promise<any> =>
04:   new Promise<any>((resolve, reject) => {
05:   fs.readFile(filename, 'utf8', (error: Error, data: any) => {
06:     error ? reject(error) : resolve(data)
07:   })
08: })
```

다음 테스트 코드를 실행하면 앞서 writeFile-test.ts에서 생성한 hello.txt와 test.json 파일의 내용을 읽는 것을 확인할 수 있습니다.

• src/test/readFile-test.ts

```
01: import {readFile} from '../fileApi/readFile'
02:
03: const readTest = async(filename: string) => {
04:   const result = await readFile(filename)
```

```
05:    console.log(`read '${result}' from ${filename} file.`)
06: }
07:
08: readTest('./data/hello.txt')
09:    .then(s => readTest('./data/test.json'))
10:    .catch((e: Error) => console.log(e.message))
```

(6) fs.appendFile API로 파일에 내용 추가하기

fs.writeFile은 파일이 이미 존재할 때 기존 파일 내용을 모두 지우고 새로운 데이터를 씁니다(즉, 덮어쓰기). 반면에 기존 내용을 보존하고 새로운 데이터를 파일 끝에 삽입하고자 한다면 fs.writeFile 대신 다음의 fs.appendFile을 사용해야 합니다.

```
import * as fs from 'fs'
fs.appendFile(filepath, data, 'utf8', callback)
```

다음 코드는 fs.appendFile을 프로미스 버전으로 구현한 예입니다.

• src/fileApi/appendFile.ts

```
01: import * as fs from 'fs'
02:
03: export const appendFile = (filename: string, data: any) : Promise<any> =>
04:    new Promise((resolve, reject) => {
05:    fs.appendFile(filename, data, 'utf8', (error: Error) => {
06:      error ? reject(error) :  resolve(data)
07:    })
08: })
```

다음 테스트 코드는 앞서 만든 ./data/hello.txt 파일에 "Hi, there!"라는 문자열을 추가합니다.

• src/test/appendFile-test.ts

```
01: import * as path from 'path'
02: import {appendFile} from '../fileApi/appendFile'
```

```
03: import {mkdir} from '../fileApi/mkdir'
04:
05: const appendTest = async(filename: string, data: any) => {
06:   const result = await appendFile(filename, data)
07:   console.log(`append ${result} to ${filename}`)
08: }
09:
10: mkdir('./data')
11:   .then(s => appendTest('./data/hello.txt', 'Hi, there!'))
12:   .catch((e: Error) => console.log(e.message))
```

(7) fs.unlink API로 파일 삭제하기

노드제이에스 환경에서 파일을 삭제할 때는 다음 fs.unlink API를 사용합니다.

```
import * as fs from 'fs'
fs.unlink(filepath, callback)
```

다음 deleteFile.ts는 파일이 존재하는지 판별해서 존재할 때만 fs.unlink 호출로 파일을 삭제합니다.

• src/fileApi/deleteFile.ts

```
01: import * as fs from 'fs'
02: import {fileExists} from './fileExists'
03:
04: export const deleteFile = (filename: string) : Promise<string> =>
05:   new Promise<any>(async(resolve, reject) => {
06:   const alreadyExists = await fileExists(filename)
07:   !alreadyExists ? resolve(filename) :
08:     fs.unlink(filename, (error) => error ? reject(error) : resolve(filename))
09: })
```

다음 테스트 코드는 './data' 디렉터리에 생성된 hello.txt와 test.json 파일을 삭제하고, './data' 디렉터리 또한 삭제합니다.

```
01: import {deleteFile} from '../fileApi/deleteFile'
02: import {rmdir} from '../fileAPi/rmdir'
03:
04: const deleteTest = async(filename: string) => {
05:   const result = await deleteFile(filename)
06:   console.log(`delete ${result} file.`)
07: }
08: Promise.all([deleteTest('./data/hello.txt'), deleteTest('./data/test.json')])
09:   .then(s => rmdir('./data'))
10:   .then(dirname => console.log(`delete ${dirname} dir`))
11:   .catch((e: Error) => console.log(e.message))
```

(8) src/fileApi/index.ts 파일 만들기

이제 마지막으로 src/fileApi 디렉터리에 index.ts라는 파일을 만들고 다음 내용을 구현합니다.

```
01: import {fileExists} from './fileExists'
02: import {mkdir} from './mkdir'
03: import {rmdir} from './rmdir'
04: import {writeFile} from './writeFile'
05: import {readFile} from './readFile'
06: import {appendFile} from './appendFile'
07: import {deleteFile} from './deleteFile'
08:
09: export {fileExists, mkdir, rmdir, writeFile, readFile, appendFile, deleteFile}
```

이 파일은 09행에서 export를 이용해 각기 다른 파일에 구현된 fileExists, mkdir 같은 함수들을 모두 다시 내보냅니다. 이것은 앞으로 src/fileApi 디렉터리의 함수들을 다음처럼 사용할 수 있게 해줍니다.

```
import {fileExists, mkdir, rmdir, writeFile, readFile, appendFile, deleteFile} from
'./src/fileApi'
```

그럴듯한 가짜 데이터 만들기

앞에서 실습 프로젝트를 구성할 때 설치한 chance 패키지를 이용해 그럴듯한 가짜 데이터를 만들겠습니다. 먼저 **IFake**라는 이름으로 인터페이스를 만들고 이름과 이메일 주소, 직업, 생년월일, 간단한 프로필(sentence)을 속성으로 포함합니다.

• src/fake/IFake.ts

```
01: export interface IFake {
02:   name: string
03:   email: string
04:   sentence: string
05:   profession: string
06:   birthday: Date
07: }
```

다음 코드는 chance 패키지를 사용해 앞에서 만든 **IFake** 인터페이스 형태의 데이터를 만듭니다.

• src/fake/makeFakeData.ts

```
01: import Chance from 'chance'
02: import {IFake} from './IFake'
03:
04: const c = new Chance
05:
06: export const makeFakeData = (): IFake => ({
07:   name: c.name(),
08:   email: c.email(),
09:   profession: c.profession(),
10:   birthday: c.birthday(),
11:   sentence: c.sentence(),
12: })
13: export {IFake}
```

다음 코드는 **makeFakeData** 함수의 사용 예입니다.

```
01: import {makeFakeData, IFake} from '../fake/makeFakeData'
02:
03: const fakeData: IFake = makeFakeData()
04: console.log(fakeData)
```

:: 실행 결과
```
{ name: 'Sean Hicks',
  email: 'om@adoipope.ne',
  profession: 'Security Director',
  birthday: 1982-07-16T14:26:16.070Z,
  sentence:
   'Jibelefu cujmijew ruwvefces abafaso zon fumu kokiz fuarvof si ocubabga takveg am-
rihwi vowabjek hokud vaf buhe.' }
```

이제 이렇게 만들어진 가짜 데이터를 CSV 파일에 쓸 차례인데, 이를 위해서는 한 가지 먼저 만들어 둬야 할 함수가 있습니다.

Object.keys와 Object.values 함수 사용하기

CSV 파일을 만들려면 객체의 속성과 값을 분리해야 하는데, 자바스크립트는 이를 위해 Object. keys와 Object.values 함수를 제공합니다. 다음 코드는 이 두 함수를 사용해 각각 객체의 속성 이름과 속성값으로 구성된 배열을 추출합니다.

```
01: import {IFake, makeFakeData} from '../fake/makeFakeData'
02:
03: const data: IFake = makeFakeData()
04: const keys = Object.keys(data)
05: console.log('keys:', keys)
06: const values = Object.values(data)
07: console.log('values:', values)
```

```
keys: [ 'name', 'email', 'profession', 'birthday', 'sentence' ]
values: [ 'Travis Freeman',
  'jadged@cigpasun.bf',
  'Lead Software Engineer',
  1955-09-23T01:01:10.785Z,
  'Si fudazwe logut oj bak wef zitatiow kiwvari sunso nuc se roz edu dikdobi ne fek
rofgeiwo ji.' ]
```

CSV 파일 만들기

이제 가짜 데이터를 여러 개 생성해 CSV 파일에 써보겠습니다. 이를 위해서는 일단 다음 range 함수가 필요합니다.

• src/utils/range.ts

```
01: export function * range(max: number, min: number=0) {
02:   while(min < max)
03:     yield min++
04: }
```

다음 코드는 앞에서 구현한 makeFakeData를 사용해 numberOfItems만큼 IFake 객체를 생성합니다. 그리고 속성명과 속성값의 배열을 각각 추출해 filename 파일을 만듭니다.

• src/fake/writeCsvFormatFakeData.ts

```
01: import * as path from 'path'
02: import {IFake, makeFakeData} from './makeFakeData'
03: import {mkdir, writeFile, appendFile} from '../fileApi'
04: import {range} from '../utils/range'
05:
06: export const writeCsvFormatFakeData = async(filename: string,
07:   numberOfItems: number): Promise<string> => {
08:   const dirname = path.dirname(filename)
09:   await mkdir(dirname)
10:
```

```
11:   const comma = ',', newLine = '\n'
12:   for(let n of range(numberOfItems)) {
13:     const fake: IFake = makeFakeData()
14:     if(n == 0) {
15:       const keys = Object.keys(fake).join(comma)
16:       await writeFile(filename, keys)
17:     }
18:     const values = Object.values(fake).join(comma)
19:     await appendFile(filename, newLine + values)
20:   }
21:   return `write ${numberOfItems} items to ${filename} file`
22: }
```

CSV 파일은 첫 줄에 객체의 속성 이름을 쉼표로 구분해서 작성해야 합니다. 이를 구현한 코드가 14~17행입니다. 18, 19행에서는 객체의 속성 이름을 생략한 채 속성값만 한 줄 한 줄 파일에 씁니다.

이제 지금까지 구현한 함수들을 사용하기 쉽게 src/fake 디렉터리에 담긴 파일들의 함수를 다시 내보내는(export) index.ts 파일을 작성합니다.

• src/fake/index.ts

```
01: import {IFake, makeFakeData} from './makeFakeData'
02: import {writeCsvFormatFakeData } from './writeCsvFormatFakeData'
03: export {IFake, makeFakeData, writeCsvFormatFakeData }
```

데이터를 CSV 파일에 쓰기

이제 마지막으로 CSV 파일 포맷으로 **IFake** 타입 객체를 저장하는 파일을 만들고 다음과 같은 코드를 작성합니다.

```
01: import {writeCsvFormatFakeData} from './fake'
02: import {getFileNameAndNumber} from './utils/getFileNameAndNumber'
03:
04: const [filename, numberOfFakeData] = getFileNameAndNumber('./data/fake', 1)
05: const csvFilename = `${filename}-${numberOfFakeData}.csv`
06: writeCsvFormatFakeData(csvFilename, numberOfFakeData)
07:   .then(result => console.log(result))
08:   .catch((e: Error) => console.log(e.message))
```

그리고 터미널에서 다음 명령을 실행하면 package.json 파일이 있는 디렉터리에 data/fake-1.csv 파일이 생깁니다.

```
> ts-node src/writeCsv.ts
write 1 items to ./data/fake-1.csv file
```

data 디렉터리에 생긴 fake-1.csv 파일을 열어보면 다음과 같은 내용이 작성된 것을 확인할 수 있습니다.

```
name,email,profession,birthday,sentence
Vernon Collier,bofurfe@apfecal.lc,Portfolio Manager,Wed Mar 26 1975 08:56:38 GMT+0900
(GMT+09:00),Jedmaliv ibezulo ameec louf letbanu rugah linepo low je ozdoju fuku hi oge
rakep nil hi.
```

좀 더 많은 데이터를 가진 CSV 파일을 만들려면 writeCsv.ts 파일을 실행할 때 명령줄에 개수를 명시합니다. 터미널에서 다음 명령을 실행하면 컴퓨터 성능에 따라 다르지만 5분쯤 뒤에 10만 개의 가짜 데이터가 담긴 fake-100000.csv 파일을 생성할 수 있습니다.

```
> ts-node src/writeCsv.ts data/fake 100000
```

다음 화면은 한 줄의 헤더와 10만 줄의 데이터가 담긴 fake-100000.csv 파일의 마지막 부분을 보여줍니다.

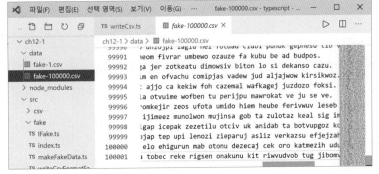

10만 개의 가짜 데이터

zip 함수 만들기

이번엔 앞의 과정을 통해 만든 CSV 포맷 파일을 읽는 코드를 작성해 보겠습니다. 그런데 CSV 파일은 첫 줄에 객체의 속성 이름들이 있고, 두 번째 줄부터는 속성값들만 있습니다. 이를 고려하면 다음처럼 객체의 속성명 배열과 속성값 배열을 결합해 객체를 만드는 함수가 필요합니다. 이러한 기능을 하는 함수는 보통 zip라는 이름으로 구현합니다.

```
const zip = (keys: string[], values: any[]): object => {}
```

다음 코드는 zip 함수를 구현한 예입니다.

• src/utils/zip.ts

```
01: export const zip = (keys:string[], values:any[]) => {
02:   const makeObject = (key:string, value:any) => ({[key]: value})
03:   const mergeObject = (a:any[]) => a.reduce((sum, val) => ({...sum, ...val}), {})
04:
05:   let tmp = keys
06:     .map((key, index) => [key, values[index]])
07:     .filter(a => a[0] && a[1])
08:     .map(a => makeObject(a[0], a[1]) )
09:   return mergeObject(tmp)
10: }
```

zip.ts는 utils 디렉터리에 작성했으므로 scr/utils/index.ts 파일의 내용을 다음처럼 수정합니다.

• src/utils/index.ts

```
01: import {getFileNameAndNumber, FileNameAndNumber} from './getFileNameAndNumber'
02: import {range} from './range'
03: import {zip} from './zip'
04:
05: export {getFileNameAndNumber, FileNameAndNumber, range, zip}
```

이제 zip 함수에 대한 테스트 코드를 다음처럼 작성합니다. 다음 테스트 코드는 makeFakeData를 호출해 가짜 데이터를 만든 다음, Object.keys와 Object.values를 각각 호출해 속성명 배열과 속성값 배열을 만듭니다. 그리고 앞에서 구현한 zip 함수를 이용해 다시 가짜 데이터를 IFake 타입 객체로 만듭니다.

• src/test/zip-test.ts

```
01: import {zip} from '../utils'
02: import {makeFakeData, IFake} from '../fake'
03: const data = makeFakeData()
04: const keys = Object.keys(data), values = Object.values(data)
05:
06: const fake: IFake = zip(keys, values) as IFake
07: console.log(fake)
```

:: 실행 결과
```
{ name: 'Della Hoffman',
  email: 'avejuv@lotirfu.cn',
  profession: 'Risk Analyst',
  birthday: 1989-01-23T10:36:46.385Z,
  sentence:
   'Zizrenih pueburur kesatte kehgurfen dofva bu pazo ovewoeni imoher awo ka caipepav.'
}
```

생성기 코드를 구현할 때 주의할 점

생성기를 작성할 때는 다음처럼 'yield 식은 생성기 본문에서만 사용할 수 있습니다'라는 오류가 발생하는 이유를 주의해야 합니다.

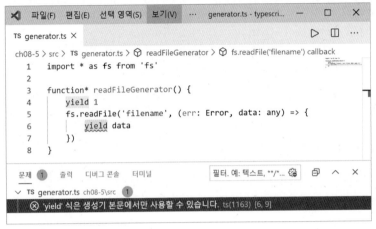

생성기 사용 시 주의할 점 : yield

화면에 보이는 코드에서 04행과 06행에 yield 문이 있습니다. 그런데 04행과 달리 06행의 yield 문은 fs.readFile의 콜백 함수 내부에 있습니다. 즉, 06행은 '생성기 본문'에 있지 않습니다. 이처럼 생성기를 구현할 때는 fs.readFile과 같은 비동기 함수를 사용할 수 없습니다.

CSV 파일 데이터 읽기

앞에서 살펴본 것처럼 파일 읽기를 생성기 방식으로 구현할 때 fs.readFile을 사용하지 못하므로 그냥 fs.readFile을 이용하는 방법을 생각해 볼 수 있습니다. 그런데 fs.readFile을 이용하면 시스템 메모리를 많이 사용하는 문제가 발생합니다. 즉, fs.readFile의 물리적인 동작을 고려할 때, 엄청난 용량의 데이터가 담겨 있을지도 모를 CSV 파일을 한꺼번에 읽는 것은 매우 바람직하지 못합니다.

결론적으로 유일한 해법은 파일을 한 줄씩 읽는 방식으로 생성기를 구현하는 것입니다. 다음 코드는 1,024Byte의 Buffer 타입 객체를 생성해 파일을 1,024Byte씩 읽으면서 한 줄씩 찾은 뒤, 찾은 줄(즉, \n으로 끝난 줄)의 데이터를 yield 문으로 발생시키는 예입니다.

```
01: import * as fs from 'fs'
02:
03: export function * readFileGenerator(filename: string): any {
04:   let fd: any
05:
06:   try {
07:     fd = fs.openSync(filename, 'rs')
08:     const stats = fs.fstatSync(fd)
09:     const bufferSize = Math.min(stats.size, 1024)
10:     const buffer = Buffer.alloc(bufferSize+4)
11:     let filepos = 0, line
12:
13:     while(filepos > -1) {
14:       [line, filepos] = readLine(fd, buffer, bufferSize, filepos)
15:       if(filepos > -1) {
16:         yield line
17:       }
18:     }
19:     yield buffer.toString()   // 마지막 줄
20:   } catch(e) {
21:     console.error('readLine:', e.message)
22:   } finally {
23:     fd && fs.closeSync(fd)
24:   }
25: }
26:
27: function readLine(fd: any, buffer: Buffer, bufferSize: number, position: number):
    [string, number] {
28:   let line = '', readSize
29:   const crSize = '\n'.length
30:
31:   while(true) {
32:     readSize = fs.readSync(fd, buffer, 0, bufferSize, position)
33:     if(readSize > 0) {
34:       const temp = buffer.toString('utf8', 0, readSize)
35:       const index = temp.indexOf('\n')
```

```
36:        if(index > -1) {
37:            line += temp.substr(0, index)
38:            position += index + crSize
39:            break
40:        } else {
41:            line += temp
42:            position += temp.length
43:        }
44:    }
45:    else {
46:        position = -1 // end of file
47:        break
48:    }
49:  }
50:  return [line.trim(), position]
51: }
```

이제 src/fileApi에 readFileGenerator.ts가 추가되었으므로, src/fileApi/index.ts 파일에
이를 반영합니다.

• src/fileApi/index.ts

```
01: import {fileExists} from './fileExists'
02: import {mkdir} from './mkdir'
03: import {rmdir} from './rmdir'
04: import {writeFile} from './writeFile'
05: import {readFile} from './readFile'
06: import {appendFile} from './appendFile'
07: import {deleteFile} from './deleteFile'
08: import {readFileGenerator} from './readFileGenerator'
09:
10: export {fileExists, mkdir, rmdir, writeFile, readFile, appendFile, deleteFile,
    readFileGenerator}
```

이제 src/test 디렉터리에 다음 내용의 파일을 생성한 후 실행하면, CSV 파일의 맨 앞 줄 헤더 부분이 정확히 읽힌 것을 확인할 수 있습니다.

• src/test/readFileGenerator-test.ts

```
01: import {readFileGenerator} from '../fileApi'
02:
03: for(let value of readFileGenerator('data/fake-100000.csv')) {
04:   console.log('<line>', value, '</line >')
05:   break   // 일단 첫 줄만 출력
06: }
```

:: 실행 결과

```
<line> name,email,profession,birthday,sentence </line >
```

앞에서 구현한 readFileGenerator는 단순히 파일을 한 줄 한 줄 읽습니다. 이번에는 CSV 파일을 해석하면서 읽는 코드를 보겠습니다. 다음 csvFileReaderGenerator.ts 파일을 src/csv 디렉터리에 생성합니다.

• src/csv/csvFileReaderGenerator.ts

```
01: import {readFileGenerator} from '../fileApi'
02: import {zip} from '../utils'
03:
04: export function * csvFileReaderGenerator(filename: string, delim: string=',') {
05:   let header = []
06:   for(let line of readFileGenerator(filename)) {
07:     if(!header.length)
08:       header = line.split(delim)
09:     else
10:       yield zip(header, line.split(delim))
11:   }
12: }
```

이제 마지막으로 src 디렉터리에 다음 내용의 readCsv.ts 파일을 만들고 실행해 보겠습니다.
다음 코드는 앞에서 writeCsv.ts 파일을 실행해서 만든 data/fake-100000.csv 파일을 읽습
니다.

```
                                                                    • src/readCsv.ts
01: import {getFileNameAndNumber} from './utils'
02: import {csvFileReaderGenerator} from './csv/csvFileReaderGenerator'
03:
04: const [filename] = getFileNameAndNumber('./data/fake-100000.csv', 1)
05:
06: let line = 1
07: for(let object of csvFileReaderGenerator(filename)) {
08:   console.log(`[${line++}] ${JSON.stringify(object)}`)
09: }
10: console.log('\n read complete.')
```

다음은 10만 건의 CSV 파일 데이터를 모두 읽어서 출력한 화면입니다. 시스템 자원을 거의
소비하지 않으면서 이와 같은 대용량 데이터를 처리할 수 있게 하는 것이 생성기의 진정한 힘
입니다.

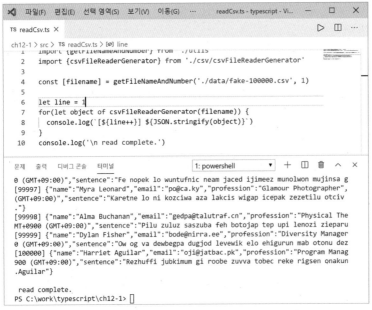

10만 건의 데이터가 담긴 파일 읽기

지금까지 그럴듯한 가짜 데이터를 CSV 파일에 쓰고 읽는 프로그램을 구현해 보았습니다. 그런데 웹 서버 등에서 데이터를 서비스하려면 단순히 CSV 파일에 데이터를 저장하는 것만으로는 부족하고, 데이터베이스 시스템(DBMS)에 데이터를 저장해야 합니다. 이제 대표적인 데이터베이스 시스템인 몽고DB(MongoDB)에 데이터를 저장하고 읽는 방법을 알아보겠습니다.

12-2 몽고DB에 데이터 저장하기

몽고DB란?

현재 데이터베이스 시장은 크게 관계형 데이터베이스 시스템과 NoSQL(Non SQL) 데이터베이스 시스템으로 양분되어 있습니다. 관계형 데이터베이스 시스템은 SQL(structured query language)이라고 부르는 데이터 질의 언어를 사용하는 반면, 몽고DB와 같은 NoSQL 시스템은 이름이 의미하는 대로 SQL을 사용하지 않고 다른 방식의 질의어를 사용합니다.

몽고DB는 2009년에 처음 발표되었고 이 책을 집필하는 시점에 최신 버전은 4.2.0입니다. 몽고DB는 오픈소스 제품이므로 무료로 사용할 수 있고, '몽고DB 아틀라스(MongoDB Atlas)'와 같은 클라우드 형태의 서비스도 제공합니다.

몽고DB 설치

몽고DB는 다음처럼 scoop을 사용해 설치할 수 있습니다. 명령이 정상으로 실행되면 다음처럼 몽고DB가 동작한다는 메시지가 출력됩니다.

```
> scoop install mongodb
> mongod --install
> net start mongodb
MongoDB 서비스를 시작합니다.
MongoDB 서비스가 잘 시작되었습니다.
```

실습 프로젝트 구성

이번 절은 앞선 12-1절의 프로젝트 구조에 몽고DB 접속 라이브러리를 추가로 사용합니다. 몽고DB는 거의 모든 프로그래밍 언어로 구현된 접속 라이브러리를 제공하는데, 자바스크립트는 mongodb라는 이름의 패키지를 사용하면 몽고DB에 접속할 수 있습니다. 타입스크립트는 다음처럼 @types/mongodb를 추가로 설치합니다.

```
> npm i -S mongodb
> npm i -D @types/mongodb
```

다음은 이번 절에서 사용하는 프로젝트의 package.json 파일입니다. tsconfig.josn 파일은 12-1절에서 작성한 것을 그대로 복사해서 붙여넣습니다.

• package.json

```
01: {
02:   "name": "ch12-2",
03:   "version": "1.0.0",
04:   "dependencies": {
05:     "chance": "^1.1.7",
06:     "mkdirp": "^1.0.4",
07:     "mongodb": "^3.6.3",
08:     "rimraf": "^3.0.2",
09:   },
10:   "devDependencies": {
11:     "@types/chance": "^1.1.1",
12:     "@types/mkdirp": "^1.0.1",
13:     "@types/mongodb": "^3.6.3",
14:     "@types/node": "^14.14.20",
15:     "@types/rimraf": "^3.0.0",
16:     "ts-node": "^9.1.1",
17:     "typescript": "^4.1.3"
18:   }
19: }
```

마지막으로 12-1절의 src 디렉터리에 있는 코드를 복사하면 준비가 끝납니다.

몽고DB에 접속하기

몽고DB 관련 유틸리티 함수들을 사용하고자 src 디렉터리에 mongodb라는 하위 디렉터리를 만듭니다.

```
> mkdir -p src/mongodb
```

mongodb 패키지가 제공하는 MongoClient 객체의 connect 함수를 사용하면 몽고DB에 접속할 수 있습니다. 앞에서 소개한 방식으로 몽고DB를 설치한 경우 27017 포트에 접속하면 되는데, 다음 코드는 이러한 내용을 구현한 예입니다.

```
01: import MongoClient from 'mongodb'
02:
03: export const connect = (mongoUrl: string = 'mongodb://localhost:27017') =>
04:   MongoClient.connect(mongoUrl, {useNewUrlParser: true, useUnifiedTopology: true})
```

mongodb 패키지가 제공하는 서비스는 모두 프로미스 기반으로 동작합니다. 다음 테스트 코드
는 mongodb 패키지가 권장하는 몽고DB 연결 코드입니다. 코드를 실행했을 때 정상으로 연결
되면 'connection OK'라는 메시지와 데이터베이스 접속 정보 등이 출력됩니다.

```
01: import {connect} from '../mongodb/connect'
02:
03: const connectTest = async() => {
04:   let connection
05:   try {
06:     connection = await connect()
07:     console.log('connection OK.', connection)
08:   } catch(e) {
09:     console.log(e.message)
10:   } finally {
11:     connection.close()
12:   }
13: }
14:
15: connectTest()
```

:: 실행 결과
```
connection OK. MongoClient {
  domain: null,
  ...생략...
}
```

데이터베이스 연결

데이터베이스 시스템은 보통 여러 개의 데이터베이스를 담을 수 있으며, 각 데이터베이스는 자신만의 이름을 가집니다. 다음 코드는 'ch12-2'라는 이름의 데이터베이스를 생성합니다.

```
const db = await connection.db('ch12-2')
```

앞에서 작성한 connect-test.ts 파일에 데이터베이스를 생성하는 내용을 추가해 다음과 같은 makedb-test.ts 파일을 작성합니다. 참고로 데이터베이스가 이미 만들어졌으면 데이터베이스를 생성하지 않고 이용할 수 있습니다.

• src/test/makedb-test.ts

```
01: import {connect} from '../mongodb/connect'
02:
03: const makedbTest = async() => {
04:   let connection
05:   try {
06:     connection = await connect()
07:     const db = await connection.db('ch12-2')
08:     console.log('db', db)
09:   } catch(e) {
10:     console.log(e.message)
11:   } finally {
12:     connection.close()
13:   }
14: }
15:
16: makedbTest()
```

컬렉션이란?

데이터베이스에는 여러 종류의 데이터를 저장할 수 있습니다. 일반적으로 관계형 DB들은 '테이블(table)'을 만들고 여기에 관련된 데이터를 저장하는데, 테이블에 저장되는 한 개의 데이터를 '레코드(record)'라고 합니다. 몽고DB도 개념적으로는 관계형 DB와 비슷하지만, 테이블이라는 용어 대신에 '컬렉션(collection)'을 사용하고 레코드라는 용어 대신에 '문서(document)'를 사용합니다.

관계형 DB와 몽고DB 용어 비교

구분	관계형 DB	몽고DB
한 개의 데이터	레코드	문서
관련된 데이터 전체	테이블	컬렉션

다음은 각각 persons과 addresses라는 이름의 컬렉션을 생성하는 코드입니다.

```
const personsCollection  = db.collection('persons')
const addressesCollection = db.collection('addresses')
```

앞에서 작성한 makedb-test.ts 파일에 다음과 같은 내용을 추가해 collection-test.ts 파일을 작성합니다.

• src/test/collection-test.ts

```
01: import {connect} from '../mongodb/connect'
02:
03: const makeCollectionsTest = async() => {
04:   let connection
05:   try {
06:     connection = await connect()
07:     const db = await connection.db('ch12-2')
08:     const personsCollection  = db.collection('persons')
09:     const addressesCollection = db.collection('addresses')
10:     console.log(personsCollection, addressesCollection)
11:   } catch(e) {
12:     console.log(e.message)
13:   } finally {
14:     connection.close()
15:   }
16: }
17:
18: makeCollectionsTest()
```

문서를 컬렉션에 저장하기

컬렉션에 한 개의 문서를 저장하는 것은 컬렉션 객체가 제공하는 insertOne 메서드를 사용해 다음처럼 구현할 수 있습니다.

```
const personsCollection  = db.collection('persons')
const person = {name:'Jack', age: 32}
let result = await personsCollection.insertOne(person)
```

앞에서 작성한 collection-test.ts 파일에 다음과 같은 내용을 추가해 insert-document-test.ts 파일을 작성합니다. 코드는 한 개의 person 객체와 address 객체를 각각 personsCol-lection과 addressesCollection에 저장합니다.

• src/test/insert-document-test.ts

```
01: import {connect} from '../mongodb/connect'
02:
03: const insertDocumentTest = async() => {
04:   let connection, cursor
05:   try {
06:     connection = await connect()
07:     const db = await connection.db('ch12-2')
08:     const personsCollection  = db.collection('persons')
09:     const addressesCollection = db.collection('addresses')
10:
11:     const person = {name:'Jack', age: 32}
12:     let result = await personsCollection.insertOne(person)
13:     console.log(result)
14:
15:     const address = {country: 'korea', city: 'seoul'}
16:     result = await addressesCollection.insertOne(address)
17:     console.log(result)
18:   } catch(e) {
19:     console.log(e.message)
20:   } finally {
21:     connection.close()
22:   }
23: }
24:
25: insertDocumentTest()
```

몽고 셸에 접속하기

이제 데이터를 저장했으니 몽고 셸에서 실제 데이터가 저장되었는지 확인해 보겠습니다. VSCode 터미널에서 다음 명령을 실행해 몽고 셸에 접속합니다.

```
> mongo
```

다음은 몽고 셸에 접속하면 나타나는 초기 출력 내용입니다.

몽고 셸 접속 초기 화면

현재 ch12-2라는 이름의 데이터베이스를 만들었으므로 몽고 셸에서 다음 명령으로 ch12-2 데이터베이스에 연결합니다.

```
> use ch12-2
switched to db ch12-2
```

이처럼 데이터베이스에 연결했으면 컬렉션에 저장된 문서들은 다음 명령으로 검색해 볼 수 있습니다.

```
> db.persons.find({})
{ "_id" : ObjectId("5deb0f4212551e63bce04440"), "name" : "Jack", "age" : 32 }
> db.addresses.find({})
{ "_id" : ObjectId("5deb0f4212551e63bce04441"), "country" : "korea", "city" : "seoul"}
```

몽고 셸에서 빠져나오려면 Ctrl + D를 누릅니다.

_id 속성과 ObjectId 타입

모든 몽고DB 문서는 _id라는 이름의 속성이 있는데, 이 속성은 문서가 DB에 저장될 때 자동으로 만들어집니다. 그런데 앞의 몽고 셸에서 _id값은 ObjectId('문자열') 형태로 출력되는데, 프로그램에서 ObjectId는 다음 코드로 얻을 수 있습니다.

```
import {ObjectId} from 'mongodb'
```

문서 찾기

특정 컬렉션에 담긴 문서들은 다음과 같은 형식의 코드로 얻을 수 있습니다. 참고로 find 메서드는 자바스크립트 배열에서 찾은 객체를 주지 않고, 일단 cursor라는 이름의 객체를 반환합니다. 그리고 cursor 객체의 toArray 메서드로 자바스크립트 배열을 얻을 수 있습니다.

```
let cursor = await 컬렉션 객체.find(검색 조건 객체)
const foundResult = await cursor.toArray()
```

다음 코드는 personsCollection에 저장된 문서 중 name 속성값이 'Jack'인 문서를 찾는 예입니다.

```
cursor = personsCollection.find({name: 'Jack'})
```

참고로 조건 없이 모든 문서를 얻으려면 다음처럼 검색 조건에 빈 객체 {}를 사용합니다.

```
cursor = addressesCollection.find({})
```

앞서 몽고 셸에서 해보았던 작업을 프로그래밍으로 구현하면 다음과 같습니다.

```
01: import {connect} from '../mongodb/connect'
02:
03: const findDocumentTest = async() => {
04:   let connection, cursor
05:   try {
06:     connection = await connect()
07:     const db = await connection.db('ch12-2')
08:     const personsCollection  = db.collection('persons')
09:     const addressesCollection = db.collection('addresses')
10:
11:     cursor = personsCollection.find({name: 'Jack'})
12:     const foundPersons = await cursor.toArray()
13:     console.log(foundPersons)
14:
15:     cursor = addressesCollection.find({})
16:     const foundAddresses = await cursor.toArray()
17:     console.log(foundAddresses)
18:   } catch(e) {
19:     console.log(e.message)
20:   } finally {
21:     connection.close()
22:   }
23: }
24:
25: findDocumentTest()
```

:: 실행 결과
```
[ { _id: 5de606f79db96c1ea4c9c81c, name: 'Jack', age: 32 } ]
[ { _id: 5de606f79db96c1ea4c9c81d, country: 'korea', city: 'seoul' } ]
```

컬렉션 객체는 findOne 메서드도 제공하는데, findOne은 검색 조건에 맞는 문서를 한 개만 찾아
줍니다. 문서가 한 개이므로 findOne은 cursor를 반환하지 않고 문서 객체 자체를 반환합니다.

```
const result = await 컬렉션 객체.findOne(검색 조건 객체)
```

```
01: import {connect} from '../mongodb/connect'
02: import {ObjectId} from 'mongodb'
03:
04: const findOneTest = async() => {
05:   let connection, cursor
06:   try {
07:     connection = await connect()
08:     const db = await connection.db('ch12-2')
09:     const personsCollection  = db.collection('persons')
10:
11:     cursor = personsCollection.find({})
12:     const foundPersons = await cursor.toArray()
13:
14:     const _id = foundPersons[0]._id
15:     const result = await personsCollection.findOne({_id})
16:     console.log(result)
17:   } catch(e) {
18:     console.log(e.message)
19:   } finally {
20:     connection.close()
21:   }
22: }
23:
24: findOneTest()
```

:: 실행 결과
```
  { _id: 5de606f79db96c1ea4c9c81c, name: 'Jack', age: 32 }
```

문서 삭제하기

컬렉션에 담긴 문서는 deleteOne 혹은 deleteMany 메서드를 사용하면 삭제할 수 있습니다. 이
두 메서드는 deleteCount라는 이름의 속성에 삭제된 문서의 개수가 담긴 객체를 반환합니다.

```
let result = await 컬렉션 객체.deleteOne(검색 조건 객체)
result = await 컬렉션 객체.deleteMany(검색 조건 객체)
```

참고로 문서를 한 개 생성할 때는 insertOne 메서드를 사용했지만, 동시에 문서를 여러 개 생성하고 싶을 때는 insertMany 메서드를 사용합니다. 다음 코드는 insertMany로 문서를 세 개 생성하고, deleteOne과 deleteMany를 사용해 세 문서를 다시 삭제하는 내용을 구현한 예입니다.

• src/test/delete-test.ts

```
01: import {connect} from '../mongodb/connect'
02:
03: const deleteTest = async() => {
04:   let connection
05:   try {
06:     connection = await connect()
07:     const db = await connection.db('ch12-2')
08:     const personsCollection = db.collection('persons')
09:     await personsCollection.insertMany([
10:       {name: 'Jack'}, {name: 'Tom'}, {name: 'Jane'}
11:     ])
12:
13:     let result = await personsCollection.deleteOne({name: 'Tom'})
14:     console.log(result)   // deleteCount: 1
15:     result = await personsCollection.deleteMany({})
16:     console.log(result)   // deletedCount: 2
17:   } catch(e) {
18:     console.log(e.message)
19:   } finally {
20:     connection.close()
21:   }
22: }
23:
24: deleteTest()
```

검색 결과 정렬하기

find 메서드로 검색한 결과는 다음처럼 sort 메서드를 연이어 호출해 검색 결과를 오름차순 혹은 내림차순으로 정렬할 수 있습니다. 다음 코드는 name 속성값이 'Jack'인 문서에서 이름이 같으면 age의 내림차순으로 정렬하는 예입니다.

```
const cursor = personsCollection.find({name: 'Jack'}).sort({age: -1})
```

그런데 컬렉션에 문서 개수가 많아지면 검색 시간이 느려지는데, 이를 방지하기 위해 컬렉션에 인덱스(index)를 만들게 됩니다. 인덱스는 컬렉션 객체의 **createIndex** 메서드를 사용해 만들 수 있으며, 인덱스 항목은 다음처럼 속성 이름에 오름차순 정렬일 때는 1을, 내림차순 정렬일 때는 -1 값을 설정합니다.

```
let result = await 컬렉션_객체.createIndex({name: 1, age: -1})
```

다음 코드는 지금까지 내용을 테스트하는 예입니다.

• src/test/sort-test.ts

```
01: import {connect} from '../mongodb/connect'
02:
03: const sortTest = async() => {
04:   let connection
05:   try {
06:     connection = await connect()
07:     const db = await connection.db('ch12-2')
08:     const personsCollection  = db.collection('persons')
09:     await personsCollection.createIndex({name: 1, age: -1})
10:     await personsCollection.deleteMany({})
11:     await personsCollection.insertMany([
12:       {name: 'Jack', age: 32}, {name: 'Jack', age: 33}, {name: 'Jane', age: 10}
13:     ])
14:
15:     const cursor = personsCollection.find({name: 'Jack'}).sort({age: -1})
16:     const result = await cursor.toArray()
17:     console.log(result)
18:   } catch(e) {
19:     console.log(e.message)
20:   } finally {
21:     connection.close()
22:   }
23: }
24:
25: sortTest()
```

```
[
    { _id: 5de61e788086e31140ac244d, name: 'Jack', age: 33 },
    { _id: 5de61e788086e31140ac244c, name: 'Jack', age: 32 }
]
```

CSV 파일 몽고DB에 저장하기

이제 이 절의 가장 큰 주제인 10만 건의 데이터가 담긴 CSV 파일의 내용을 몽고DB에 저장해 보겠습니다. 앞선 12-1절에서 writeCsv.ts 파일을 실행했다면 data 디렉터리에 fake-100000. csv 파일이 생성되었을 것입니다. 프로젝트 디렉터리에 data 디렉터리를 만들고 그 안에 fake-100000.csv 파일을 복사해서 붙여넣습니다.

data/fake-100000.csv 파일이 준비되었다면 12-1절에서 본 readCsv.ts 파일의 코드를 다음처럼 수정하면 데이터를 몽고DB에 간단히 담을 수 있습니다.

```
for(let object of csvFileReaderGenerator(filename)) {
  await collection.insertOne(object)
}
```

다음 코드는 CSV 파일을 읽어서 users라는 컬렉션에 데이터를 담고, **birthday**와 **name** 속성에 인덱스를 생성하는 내용을 구현한 예입니다.

• src/insert-csv-to-mongo.ts

```
01: import {connect} from './mongodb/connect'
02: import {getFileNameAndNumber} from './utils'
03: import {csvFileReaderGenerator} from './csv/csvFileReaderGenerator'
04:
05: const insertCsvToMongo = async(csvFilename, collectionName, index) => {
06:   let connection
07:   try {
08:     connection = await connect()
09:     const db = await connection.db('ch12-2')
10:     const collection  = db.collection(collectionName)
```

```
11:      await collection.deleteMany({})
12:      await collection.createIndex(index)
13:      let line = 1
14:      for(let object of csvFileReaderGenerator(filename)) {
15:        await collection.insertOne(object)
16:        console.log(`${line++} inserted.`)
17:      }
18:      console.log('\n insertion complete.')
19:    } catch(e) {
20:      console.log(e.message)
21:    } finally {
22:      connection.close()
23:    }
24: }
25:
26: const [filename] = getFileNameAndNumber('./data/fake-100000.csv', 1)
27: insertCsvToMongo(filename, 'users', {birthday: -1, name: 1})
```

:: 실행 결과
```
1 inserted
...생략...
99999 inserted.
100000 inserted.
 insertion complete.
```

limit과 skip 메서드

이제 데이터가 DB에 정상으로 저장되었는지 확인해 보겠습니다. 그런데 10만 건이나 되는 데이터를 find({}) 형태로 찾는 것은 문제가 있습니다. find 메서드는 이런 상황에 대응하도록 검색된 데이터의 개수를 제한하는 limit 메서드를 제공합니다. 또한, 페이징(paging) 등의 기능을 할 수 있도록 검색된 결과의 앞 N번째를 거를 수 있게 해주는 skip 메서드도 제공합니다. 다음 코드는 검색된 결과 중에서 100번째부터 다섯 개의 건수만 선택하는 예입니다.

```
let cursor = await usersCollection.find({}).sort({birthday:-1, name:1}).skip(100).limit(5)
```

다음 코드는 앞에서 만든 users 컬렉션의 데이터 중에서 다섯 건을 얻어와 name과 birthday
속성값만 화면에 출력하는 내용입니다.

• src/find-limit-skip.ts

```
01: import {connect} from './mongodb/connect'
02: import {IFake} from './fake'
03:
04: const findLimitSkip = async() => {
05:   let connection, cursor
06:   try {
07:     connection = await connect()
08:     const db = await connection.db('ch12-2')
09:     const usersCollection = db.collection('users')
10:
11:     let cursor = await usersCollection.find({}).sort({birthday:-1, name:1}).
         skip(100).limit(5)
12:     let result = await cursor.toArray()
13:     console.log(result.map((user: IFake) => ({name: user.name, birthday: user.
         birthday})))
14:   } catch(e) {
15:     console.log(e.message)
16:   } finally {
17:     connection.close()
18:   }
19: }
20:
21: findLimitSkip()
```

```
[ { name: 'Leila Stone',
    birthday: 'Wed Sep 28 1966 06:54:37 GMT+0900 (GMT+09:00)' },
  { name: 'Hilda Craig',
    birthday: 'Wed Sep 28 1966 04:10:48 GMT+0900 (GMT+09:00)' },
  { name: 'Jessie Pittman',
    birthday: 'Wed Sep 28 1960 23:05:31 GMT+0830 (GMT+09:00)' },
  { name: 'Melvin Yates',
    birthday: 'Wed Sep 28 1960 22:10:40 GMT+0830 (GMT+09:00)' },
  { name: 'Danny Curtis',
    birthday: 'Wed Sep 28 1960 19:24:37 GMT+0830 (GMT+09:00)' } ]
```

이제 데이터가 DB에 담겼으니 이를 REST 방식의 API 서버로 구현해 보겠습니다.

12-3 익스프레스로 API 서버 만들기

실습 프로젝트 구성

이번 절에서는 앞선 12-2절의 프로젝트 구조에서 웹 서버를 구현하기 위해 **express** 패키지를 추가로 사용합니다. 이번 절에서 추가로 설치해야 할 패키지는 다음과 같습니다.

```
> npm i -S express body-parser cors
> npm i -D @types/express @types/body-parser @types/cors
```

다음은 이번 절에서 사용하는 프로젝트의 package.json 파일로서, **script** 항목에 **start** 명령을 추가했습니다.

```
                                                              • package.json
01: {
02:     "name": "ch12-3",
03:     "version": "1.0.0",
04:     "main": "src/index.ts",
05:     "scripts": {
06:         "start": "ts-node src"
07:     },
08:     "dependencies": {
09:         "body-parser": "^1.19.0",
10:         "chance": "^1.1.7",
11:         "cors": "^2.8.5",
12:         "express": "^4.17.1",
13:         "mkdirp": "^1.0.4",
14:         "mongodb": "^3.6.3",
15:         "rimraf": "^3.0.2"
16:     },
17:     "devDependencies": {
18:         "@types/body-parser": "^1.19.0",
19:         "@types/chance": "^1.1.1",
```

```
20:     "@types/cors": "^2.8.9",
21:     "@types/express": "^4.17.9",
22:     "@types/mkdirp": "^1.0.1",
23:     "@types/mongodb": "^3.6.3",
24:     "@types/node": "^14.14.20",
25:     "@types/rimraf": "^3.0.0",
26:     "ts-node": "^9.1.1",
27:     "typescript": "^4.1.3"
28:   }
29: }
```

마지막으로 12-2절의 src 디렉터리에 있는 코드를 복사하면 준비가 끝납니다.

REST 방식 서버

REST(representational state transfer)는 HTTP 프로토콜의 주요 저자인 로이 필딩(Roy Fielding)의 2000년 박사 학위 논문에서 소개되었으며 1990년 말에 표준이 되었습니다. REST는 웹 서버 소프트웨어 구조의 한 형식입니다. REST 서버는 HTTP 프로토콜의 GET, POST, PUT, DELETE와 같은 메서드를 사용해 웹 클라이언트와 통신하는 서버입니다.

API 서버란?

API 서버는 '웹 API 서버'를 간단히 부르는 용어입니다. API 서버는 일반적인 웹 서버와 달리 서버에서 HTML을 생성해서 웹 브라우저 쪽에 제공하지 않고, JSON 포맷의 데이터만을 제공하는 서버입니다. 모바일 앱이 보편화되면서 API 방식의 서버가 대중화되었습니다.

익스프레스 프레임워크

노드제이에스 환경에서 API 서버는 대부분 익스프레스(express) 프레임워크를 사용합니다. 익스프레스 프레임워크를 사용하면 다음 코드처럼 웹 서버를 쉽게 만들 수 있습니다.

```
01: import express from 'express'
02: const app = express(), port = 4000
03:
04: app
05:     .get('/', (req, res) => res.json({message: 'Hello world!'}))
06:     .listen(port, ()=> console.log(`http://localhost:${port} started...`))
```

앞서 package.json 파일에 start 명령을 정의했으므로 터미널에서 간단하게 다음 명령으로 웹 서버를 동작시킬 수 있습니다.

```
> npm start
```

웹 서버가 제대로 동작하는지 확인하고자 웹 브라우저를 열고 http://localhost:4000 주소로 접속합니다. 앞 코드에서 05행이 실행되어 다음 화면처럼 JSON 포맷 데이터가 출력됩니다.

웹 서버 동작 확인

라우팅 기능 구현

웹 브라우저의 주소 창에서 http://localhost:4000/users/1/2와 같은 경로로 접속했을 때 이를 처리하려면 코드를 다음과 같은 구조로 작성합니다.

```
app.get('/users/:skip/:limit', 라우터 콜백 함수)
```

skip과 limit 앞에 콜론(:)은 다음 코드로 경로에서 1과 2와 같은 값을 얻기 위해 사용합니다.

```
const {skip, limit} = req.params
```

이제 index.ts 파일의 내용을 다음처럼 수정합니다.

• src/index.ts

```
01: import express from 'express'
02: const app = express(), port = 4000
03:
04: app
05:   .get('/', (req, res) => res.json({message: 'Hello world!'}))
06:   .get('/users/:skip/:limit',(req, res) => {
07:     const {skip, limit} = req.params
08:     res.json({skip, limit})
09:   })
10:   .listen(port, ()=> console.log(`http://localhost:${port} started...`))
```

이제 터미널에서 동작 중인 웹 서버를 Ctrl + C 를 눌러 종료하고, 다시 npm start로 실행한 후 웹 브라우저에서 접속해 보면 skip과 limit의 실제 값이 출력되는 것을 확인할 수 있습니다.

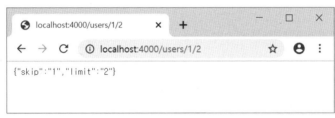

라우팅 기능

익스프레스 미들웨어 추가

REST 방식의 API 서버들은 웹 페이지의 본문 내용을 분석하려고 할 때 bodyParser와 cors라는 패키지를 use 메서드를 사용해 다음처럼 작성해야 합니다.

```
import bodyParser from 'body-parser'
import cors from 'cors'

app
  .use(bodyParser.urlencoded({extended: true}))
  .use(cors())
```

몽고DB 연결

몽고DB에 저장된 데이터를 실제로 서비스하려면, 다음 코드에서 보듯 몽고DB 서버에 접속하는 코드를 만들어야 합니다. 그런데 이 코드에서 02행의 runServer를 구현하는 것이 관건입니다.

• src/index.ts

```
01: import {connect} from './mongodb/connect'
02: import {runServer} from './runServer'
03:
04: connect()
05:   .then( async(connection) => {
06:     const db = await connection.db('ch12-2')
07:     return db
08:   })
09:   .then(runServer)
10:   .catch((e: Error) => console.log(e.message))
```

앞 코드에서 runServer 함수는 다음처럼 구현할 수 있습니다.

• src/runServer.ts

```
01: import express from 'express'
02: import bodyParser from 'body-parser'
03: import cors from 'cors'
04:
05: export const runServer = (mongodb) => {
06:   const app = express(), port = 4000
07:
08:   app
09:   .use(bodyParser.urlencoded({extended: true}))
10:   .use(cors())
11:   .get('/', (req, res) => res.json({message: 'Hello world!'}))
12:   .get('/users/:skip/:limit', async (req, res) => {
13:     const {skip, limit} = req.params
14:
15:     const usersCollection = await mongodb.collection('users')
```

```
16:    const cursor = await usersCollection
17:      .find({})
18:      .sort({name: 1})
19:      .skip(parseInt(skip))
20:      .limit(parseInt(limit))
21:    const result = await cursor.toArray()
22:    res.json(result)
23:  })
24:  .listen(port, ()=> console.log(`http://localhost:${port} started...`))
25: }
```

이제 다시 Ctrl + C 를 눌러 웹 서버를 중지했다가 다시 npm start로 실행한 후 웹 브라우저
에서 접속해 보면 다음 화면을 볼 수 있습니다. 이 서버가 API 서버로 동작하고 있음을 알 수
있습니다.

API 서버 동작 확인

이제 이 화면을 리액트 프레임워크를 사용해 다음처럼 바꿔보겠습니다.

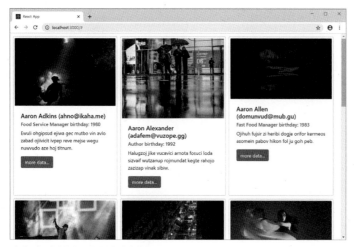

리액트 프레임워크로 만들 웹 페이지 모습

12-4 리액트와 부트스트랩으로 프런트엔드 웹 만들기

API 서버는 JSON 포맷의 데이터만 보내주므로, 앞에서 확인한 화면처럼 웹 브라우저에서 자바스크립트가 동작해 동적으로 HTML을 만들어 주어야 합니다. 그런데 웹 브라우저에서 이러한 방식으로 동작하는 웹 서비스를 프런트엔드 웹(frontend web)이라고 합니다. 과거에는 프런트엔드 웹을 개발할 때 제이쿼리(jQuery)를 많이 사용했지만, 지금은 리액트(React.js)와 같은 프런트엔드 프레임워크를 사용하는 추세입니다.

실습 프로젝트 구성
이제 타입스크립트를 사용하는 users라는 이름의 리액트 프로젝트를 생성하겠습니다. 터미널에서 다음 명령을 실행합니다.

```
> npx create-react-app users --template typescript
```

그러면 이 명령을 실행한 위치에 users 디렉터리가 만들어지고, 관련된 프로젝트 파일들이 만들어집니다. 다음은 **create-react-app**가 생성해 준 package.json 파일 내용입니다.

• package.json

```
01: {
02:   "name": "users",
03:   "version": "0.1.0",
04:   "private": true,
05:   "dependencies": {
06:     "@testing-library/jest-dom": "^5.11.4",
07:     "@testing-library/react": "^11.1.0",
08:     "@testing-library/user-event": "^12.1.10",
09:     "@types/jest": "^26.0.15",
10:     "@types/node": "^12.0.0",
11:     "@types/react": "^16.9.53",
```

```
12:        "@types/react-dom": "^16.9.8",
13:        "react": "^17.0.1",
14:        "react-dom": "^17.0.1",
15:        "react-scripts": "4.0.1",
16:        "typescript": "^4.0.3"
17:        "web-vitals": "^0.2.4"
18:    },
19:    "scripts": {
20:        "start": "react-scripts start",
21:        "build": "react-scripts build",
22:        "test": "react-scripts test",
23:        "eject": "react-scripts eject"
24:    },
25:    "eslintConfig": {
26:        "extends": "react-app"
27:    },
28:    "browserslist": {
29:        "production": [
30:            ">0.2%",
31:            "not dead",
32:            "not op_mini all"
33:        ],
34:        "development": [
35:            "last 1 chrome version",
36:            "last 1 firefox version",
37:            "last 1 safari version"
38:        ]
39:    }
40: }
```

이제 VSCode 터미널에서 프로젝트 디렉터리로 이동한 후 package.json에 설정한 다음 명령을 실행합니다.

```
> npm start
```

create-react-app으로 만든 프로젝트는 npm start 명령만으로 웹 브라우저가 자동으로 실행되면서 http://locahost:3000 주소에 접속합니다. 모든 것이 정상이면 다음 화면을 볼 수 있습니다.

리액트 실행 화면

App.tsx 파일 수정

리액트의 소스코드는 src 디렉터리에 있어야 합니다. create-react-app으로 만든 프로젝트는 항상 src 디렉터리에 App.tsx라는 이름의 파일이 있습니다. 이제 이 파일을 열어서 다음 내용으로 바꿉니다.

• src/App.tsx

```
01: import React from 'react'
02:
03: const App: React.FC = () => {
04:   const user = {name: 'Jack', age: 32}
05:   return (
06:     <div className='App'>{
07:       JSON.stringify(user)
08:     }</div>
09:   )
10: }
11:
12: export default App
```

그리고 Ctrl + S 를 눌러 파일을 저장하면 수정된 내용이 자동으로 다시 컴파일되어 웹 브라우저 화면에 반영됩니다.

수정된 내용이 반영된 모습

JSX란?

JSX(JavaScript XML)는 페이스북이 만든 간단한 프로그래밍 언어입니다. JSX 언어는 자바스크립트의 확장 기능 형태로 동작합니다. 앞 코드에서 06~08행에는 다음 내용이 있는데, 이 부분이 JSX입니다.

```
<div className='App'>{
  JSON.stringify(user)
}</div>
```

보통 JSX 코드가 있는 자바스크립트 파일은 확장자를 .jsx를 사용합니다. 그런데 개발 언어가 타입스크립트이면 .tsx를 사용합니다. 앞에서 App.tsx 파일의 확장자가 .ts가 아닌 것은 이 내용이 반영된 결과입니다. JSX 코드가 있는 파일은 반드시 첫 줄에 React라는 심벌을 import 문으로 불러오는 코드가 있어야 합니다.

```
import React from 'react'
```

컴포넌트란?

JSX 코드는 아무 곳에서나 사용할 수 없고, 리액트가 컴포넌트(component)라고 부르는 함수의 반환값으로만 사용할 수 있습니다. 다음 코드에서 App이 컴포넌트의 한 예인데, 이 함수는 JSX 코드를 반환합니다. 보통 JSX 코드는 컴파일러를 혼란스럽게 하지 않도록 소괄호 기호 ()로 감싸줍니다.

```
const App: React.FC = () => {
  return (
    <div className='App'></div>
  )
}
```

API 서버에서 실제 데이터 가져오기

이제 12-3절에서 개발한 API 서버를 동작시키고, 이번 절의 프로젝트에서 접속해 실제 데이
터를 가져오겠습니다. ch12-3 디렉터리를 대상으로 VSCode를 실행하고 터미널을 열어
npm start 명령으로 서버를 동작시킵니다. 그런 다음 이번 절에서 생성한 프로젝트의 src 디
렉터리에 다음과 같은 내용으로 IUser.ts 파일을 작성합니다.

• src/IUser.ts

```
01: export interface IUser {
02:   _id: string
03:   name: string
04:   email: string
05:   sentence: string
06:   profession: string
07:   birthday: Date
08: }
```

그리고 다시 src 디렉터리에 다음과 같은 내용의 getDataPromise.ts 파일을 작성합니다.
getDataPromise는 2차 고차 함수 형태로 구현되었습니다.

• src/getDataPromise.ts

```
01: import {IUser} from './IUser'
02:
03: type GetDataPromiseCallback = (a: IUser[]) => void
04: export const getDataPromise = (fn: GetDataPromiseCallback) => (skip:number, limit:
    number) =>
05:   fetch(`http://localhost:4000/users/${skip}/${limit}`)
06:   .then(res => res.json())
07:   .then(fn)
```

이제 마지막으로 App.tsx 파일의 내용을 다음처럼 수정한 후 Ctrl + S 를 눌러 소스코드를 저장합니다. 그러면 방금 실행한 웹 브라우저에 수정 내용이 반영됩니다.

• src/App.tsx

```
01: import React from 'react'
02: import {IUser} from './IUser'
03: import {getDataPromise} from './getDataPromise'
04:
05: const App: React.FC = () => {
06:   getDataPromise((users: IUser[]) => console.log('users', users))(0, 1)
07:   return (
08:     <div className='App'>please open console window!</div>
09:   )
10: }
11:
12: export default App
```

그리고 웹 브라우저에서 다시 F12 키를 눌러 개발자 도구 창을 연 다음 [Console] 탭을 선택하면 다음 화면처럼 서버에서 실제 데이터를 얻은 것을 볼 수 있습니다.

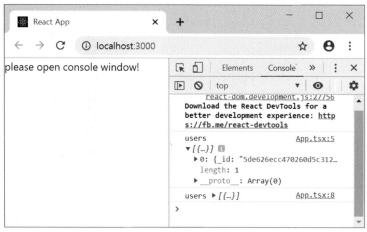

서버에서 데이터를 가져온 모습

useState 함수 사용하기

다음 코드에서 한 가지 문제점이 있다면, 서버에서 수신한 users값을 컴포넌트에서 사용할 수 없고 단지 콜백 함수 내부에서만 사용할 수 있다는 점입니다.

```
const App: React.FC = () => {
  getDataPromise((users: IUser[]) => console.log('users', users))(0, 1)
  return (
    <div className='App'>please open console window!</div>
  )
}
```

리액트는 이 문제를 해결할 수 있도록 다음 useState 함수를 제공합니다.

```
import React, {useState} from 'react'
```

useState 함수는 배열에 적용한 비구조화 할당 구문을 사용해 다음처럼 데이터 users와 users를 변경할 수 있는 setUsers 함수를 얻게 해줍니다. useState의 입력 매개변수인 빈 배열 [] 은 users에 초깃값으로 사용됩니다.

```
const [users, setUsers] = useState<IUser []>([])
```

예홍쌤의
한마디

useState의 반환값인 배열에 비구조화 할당을 하면, 개발자가 users와 같은 변수나 setUsers 와 같은 함수 이름을 마음대로 지을 수 있습니다.

이제 App.tsx 내용에 useState로 얻은 users와 setUsers를 실제로 사용하는 08행의 코드를 추가하겠습니다.

• src/App.tsx

```
01: import React, {useState} from 'react'
02: import {IUser} from './IUser'
03: import {getDataPromise} from './getDataPromise'
04:
05: const App: React.FC = () => {
06:   const [users, setUsers] = useState<IUser[]>([])
07:   getDataPromise((receivedUsers: IUser[]) => {
08:     setUsers([...users, ...receivedUsers])
09:   })(0, 1)
10:   return (
11:     <div className='App'>{JSON.stringify(users)}</div>
12:   )
13: }
14:
15: export default App
```

소스 파일을 저장하면 웹 브라우저의 화면 내용은 다음처럼 바뀝니다.

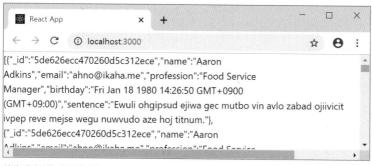

실제 데이터를 웹 페이지에 표시

useEffect 함수 사용하기

그런데 앞에서 구현한 App.tsx 파일에 한 가지 문제점이 있다면, App 컴포넌트가 웹 브라우저에 의해 새로 고침될 때마다 호출된다는 점입니다. 리액트는 이 문제를 해결할 수 있도록 useEffect라는 함수를 제공합니다.

```
import React, {useState, useEffect} from 'react'
```

useEffect 함수는 다음과 같은 형태로 사용합니다.

```
useEffect(() => {
  // 구현 내용
}, [])
```

이제 코드를 다음처럼 수정해서 실행해 보면 웹 브라우저 화면은 바뀌지 않지만, getData Promise는 App 컴포넌트가 처음 그려질 때(렌더링이라고 합니다) 딱 한 번만 실행됩니다.

• src/App.ts

```
01: import React, {useState, useEffect} from 'react'
02: import {IUser} from './IUser'
03: import {getDataPromise} from './getDataPromise'
04:
05: const App: React.FC = () => {
06:   const [users, setUsers] = useState<IUser[]>([])
07:   useEffect(() => {
08:     getDataPromise((receivedUsers: IUser[]) => {
09:       setUsers([...users, ...receivedUsers])
10:     })(0, 1)
11:   }, [])
12:
13:   return (
14:     <div className='App'>{JSON.stringify(users)}</div>
15:   )
16: }
17:
18: export default App
```

서버에서 데이터 계속 가져오기

이제 다음 화면처럼 버튼을 하나 추가해 누를 때마다 서버에서 데이터를 계속 가져오는 내용을 구현하겠습니다.

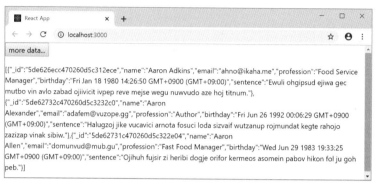

버튼을 누를 때마다 데이터를 새로 가져옴

그런데 사실 이 내용은 useEffect 부분의 코드를 재구성하면 간단하게 해결됩니다.

• src/App.tsx

```
01: import React, {useState, useEffect} from 'react'
02: import {IUser} from './IUser'
03: import {getDataPromise} from './getDataPromise'
04:
05: const App: React.FC = () => {
06:   const limit = 1
07:   const [skip, setSkip] = useState(0)
08:   const [users, setUsers] = useState<IUser[]>([])
09:   const onClick = () => {
10:     getDataPromise((receivedUsers: IUser[]) => {
11:       setSkip(skip + limit)
12:       setUsers([...users, ...receivedUsers])
13:     })(skip, limit)
14:   }
15:   useEffect(onClick, [])
16:
17:   return (
18:     <div className='App'>
19:       <p><button onClick={onClick}>more data...</button></p>
20:       <p>{JSON.stringify(users)}</p>
```

```
21:     </div>
22:   )
23: }
24:
25: export default App
```

부트스트랩 CSS 프레임워크 사용하기

이제 화면에 CSS 기능을 추가해 웹 페이지를 디자인해서 예쁘게 만들어 보겠습니다. 이러한 작업은 부트스트랩(bootstrap) 같은 CSS 프레임워크를 사용하는 것이 보통입니다. www. bootstrapcdn.com 사이트에 접속해 보면 다음 화면을 볼 수 있습니다.

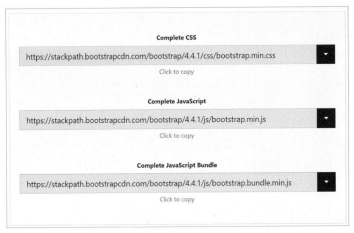

부트스트랩

여기서 [Complete css]와 [Complete JavaScript Bundle] 부분을 복사해서, public 디렉터리의 index.html 파일에 다음처럼 추가해 줘야 합니다.

• public/index.html

```
01: <!DOCTYPE html>
02: <html lang="en">
03:   <head>
04:     <meta charset="utf-8" />
05:     <link rel="icon" href="%PUBLIC_URL%/favicon.ico" />
06:     <meta name="viewport" content="width=device-width, initial-scale=1" />
```

```
07:     <meta name="theme-color" content="#000000" />
08:     <meta
09:       name="description"
10:       content="Web site created using create-react-app"
11:     />
12:     <link rel="stylesheet" href="https://stackpath.bootstrapcdn.com/bootstrap/
        4.3.1/css/bootstrap.min.css" integrity="sha384-ggOyR0iXCbMQv3Xipma34MD+dH/1
        fQ784/j6cY/iJTQUOhcWr7x9JvoRxT2MZw1T" crossorigin="anonymous">
13:     <link rel="apple-touch-icon" href="logo192.png" />
14:     <link rel="manifest" href="%PUBLIC_URL%/manifest.json" />
15:     <title>React App</title>
16:   </head>
17:   <body>
18:     <noscript>You need to enable JavaScript to run this app.</noscript>
19:     <div id="root"></div>
20:         <script  src="https://stackpath.bootstrapcdn.com/bootstrap/4.4.1/js/boot
    strap.bundle.min.js"    integrity="sha384-6khuMg9gaYr5AxOqhkVIODVIvm9ynTT5J4V1cfth
    mT+emCG6yVmEZsRHdxlotUnm" crossorigin="anonymous"></script>
21:   </body>
22: </html>
```

카드 컴포넌트 만들기

이제 부트스트랩 CSS의 **card** 컴포넌트를 사용하는 리액트 컴포넌트를 다음처럼 만들겠습니다.

• src/Card.tsx

```
01: import React from 'react'
02: import {IUser} from './IUser'
03:
04: const random = (max: number) => Math.floor(Math.random() * max)
05:
06: export const Card: React.FC<{user:IUser, click: ()=> void}> = ({user, click}) => {
07:   const {name, email, sentence, profession, birthday} = user
08:   const b = new Date(birthday)
09:   const src = `https://source.unsplash.com/random/1000x${random(300) + 500}`
10:
```

```
11:    return (
12:      <div className='card'>
13:        <img src={src} className='card-img-top'/>
14:        <div className='card-body'>
15:          <h5 className='card-title'>{name} ({email})</h5>
16:          <h6 className='card-subtitle mb-2 text-muted'>{profession} birthday:
             {b.getFullYear()}</h6>
17:          <p className='card-text'>{sentence}</p>
18:          <a href='#' className='btn btn-primary' onClick={click}>more data...</a>
19:        </div>
20:      </div>
21:    )
22: }
```

그리고 src/App.css 파일의 내용을 다음처럼 만들겠습니다.

• src/App.css

```
01: .App {
02:   width: 100%;
03:   background-color: white;
04:   padding: 5px;
05:   display: flex;
06:   flex-wrap: wrap;
07: }
08:
09: .card {
10:   width: 22rem;
11:   padding: 5px;
12:   margin: 5px;
13: }
```

마지막으로 App.tsx 파일을 다음처럼 수정해서 방금 작성한 내용을 반영합니다.

```
01: import React, {useState, useEffect} from 'react'
02: import {IUser} from './IUser'
03: import {getDataPromise} from './getDataPromise'
04: import {Card} from './Card'
05: import './App.css'
06:
07: const App: React.FC = () => {
08:   const limit = 1
09:   const [skip, setSkip] = useState(0)
10:   const [users, setUsers] = useState<IUser[]>([])
11:   const onClick = () => {
12:     getDataPromise((receivedUsers: IUser[]) => {
13:       setSkip(skip + limit)
14:       setUsers([...users, ...receivedUsers])
15:     })(skip, limit)
16:   }
17:   useEffect(onClick, [])
18:
19:   return (
20:     <div className='App'>{
21:         users.map((user: IUser, key:number)=> (<Card click={onClick} user={user} key={key.toString()} />))
22:     }</div>
23:   )
24: }
25:
26: export default App
```

그러면 웹 브라우저 화면은 다음처럼 바뀌고, 〈more data...〉 버튼을 누르면 카드 형태의 정보가 추가로 생깁니다.

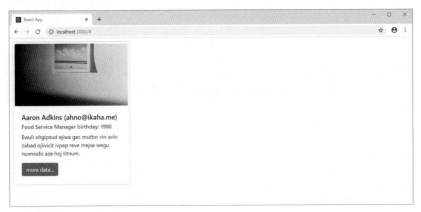

최종 실행 결과

지금까지 타입스크립트와 함수형 프로그래밍에 대해 알아보았습니다. 긴 내용을 끝까지 읽어주셔서 감사합니다.

Web Course
웹 코스

웹 기술의 기본은 HTML, CSS, 자바스크립트!
기초 단계를 독파한 후 응용 단계로 넘어가세요!

기초 단계

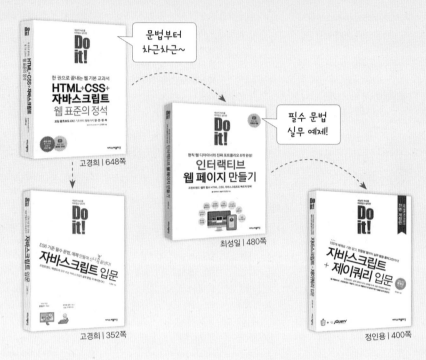

문법부터 차근차근~

필수 문법 실무 예제!

Do it! 한 권으로 끝내는 웹 기본 교과서
HTML+CSS+자바스크립트 웹 표준의 정석
고경희 | 648쪽

Do it! 인터랙티브 웹 페이지 만들기
최성일 | 480쪽

Do it! ES6 기준 필수 문법, 예제 만들며 신나게 끝내기
자바스크립트 입문
고경희 | 352쪽

Do it! 자바스크립트 + 제이쿼리 입문
정인용 | 400쪽

응용 단계

Do it! 반응형 웹 페이지 만들기
김운아 | 344쪽

Do it! 클론 코딩 영화 평점 웹서비스
니꼴라스, 김형태 | 248쪽

Do it! 클론 코딩 트위터
니꼴라스, 김준혁 | 256쪽

나는 어떤 코스가 적합할까?

A 웹 퍼블리셔가 되고 싶은 사람

- Do it! HTML+CSS+자바스크립트 웹 표준의 정석
- Do it! 인터랙티브 웹 만들기
- Do it! 자바스크립트+제이쿼리 입문
- Do it! 반응형 웹 페이지 만들기
- Do it! 웹 사이트 기획 입문

B 웹 개발자가 되고 싶은 사람

- Do it! HTML+CSS+자바스크립트 웹 표준의 정석
- Do it! 자바스크립트 입문
- Do it! 클론 코딩 영화 평점 웹서비스 만들기
- Do it! 클론 코딩 트위터
- Do it! 리액트 프로그래밍 정석

기초 프로그래밍 코스

파이썬, C 언어, 자바로 시작하는 프로그래밍!
기초 단계를 독파한 후 응용 단계로 넘어가세요!

**기초
단계**

박응용 | 360쪽

김성엽 | 576쪽

김동형 | 856쪽

시바타 보요, 강민 역 | 408쪽

시바타 보요, 강민 역 | 464쪽

시바타 보요, 강민 역 | 432쪽

**응용
단계**

김창현 | 296쪽

강성윤 | 712쪽

김종관 | 564쪽

나는 어떤
코스가
적합할까?

A 파이썬 개발자가 되고 싶은 사람

- Do it! 파이썬 생활 프로그래밍
- Do it! 점프 투 장고
- Do it! 점프 투 플라스크
- Do it! 장고+부트스트랩 파이썬 웹
  개발의 정석

B 자바·코틀린 개발자가 되고 싶은 사람

- Do it! 자바 완전 정복
- Do it! 자바 프로그래밍 입문
- Do it! 코틀린 프로그래밍
- Do it! 안드로이드 앱 프로그래밍
  — 개정 8판
- Do it! 깡샘의 안드로이드 앱 프로그래밍
  with 코틀린 — 개정판

Application Course
앱 프로그래밍 코스 | 자바, 코틀린, 스위프트로 시작하는 앱 프로그래밍!
나만의 앱을 만들어 보세요!

기초 단계

진짜 개발자가 되는 Java 프로그래밍 입문서
Do it! 자바 완전 정복
김동형 | 856쪽

기초 문법부터 안드로이드 활용까지
Do it! 코틀린 프로그래밍
황영덕 | 680쪽

Do it! 스위프트로 아이폰 앱 만들기 입문
송호정, 이범근 | 704쪽

앱 개발의 모든 것을 담았다!
Do it! 안드로이드 앱 프로그래밍
정재곤 | 800쪽

Do it! 깡샘의 안드로이드 앱 프로그래밍 with 코틀린
강성윤 | 712쪽

응용 단계

실전 코드로 배우는 플러터 기본과 활용법
Do it! 플러터 앱 프로그래밍
조준수 | 500쪽

타입스크립트와 훅으로 나만의 인스타그램 앱 만들기
Do it! 리액트 네이티브 앱 프로그래밍
전예홍 | 856쪽

구글, MS, 삼성이 주목하는 차세대형 기술 PWA
Do it! 프로그레시브 웹앱 만들기
김응석 | 576쪽

나는 어떤 코스가 적합할까?

A 빠르게 앱을 만들고 싶은 사람

- Do it! 안드로이드 앱 프로그래밍 — 개정 8판
- Do it! 깡샘의 안드로이드 앱 프로그래밍 with 코틀린 — 개정판
- Do it! 스위프트로 아이폰 앱 만들기 입문 — 개정 6판
- Do it! 플러터 앱 프로그래밍 — 개정판

B 앱 개발 실력을 더 키우고 싶은 사람

- Do it! 자바 완전 정복
- Do it! 코틀린 프로그래밍
- Do it! 리액트 네이티브 앱 프로그래밍
- Do it! 프로그레시브 웹앱 만들기